라스트 타임

Last Time

알렉스 이 지음

기독교문서선교회

기독교문서선교회(Christian Literature Crusade: 약칭 CLC)는
1941년 영국 콜체스터에서 켄 아담스에 의해 시작되었으며
국제 본부는 영국의 쉐필드에 있습니다.
국제 CLC는 59개 나라에서 180개의 본부를 두고, 약 650여 명의
선교사들이 이동도서차량 40대를 이용하여 문서 보급에 힘쓰고 있으며
이메일 주문을 통해 130여 국으로 책을 공급하고 있습니다.
한국 CLC는 청교도적 복음주의 신학과 신앙서적을 출판하는
문서선교기관으로서, 한 영혼이라도 구원되길 소망하면서
주님이 오시는 그날까지 최선을 다할 것입니다.

Last Time

by
Alex Lee

Korean Edition
Copyright © 2012 by Christian Literature Crusade
Seoul, Korea

영혼의 때를 위하여

　하나님께 모든 영광과 찬양을 돌립니다. 하나님만이 모든 영광을 받으셔야 합니다. 하나님만이 말세를 살아가는 크리스천들에게 이길 힘을 주시는 능력의 주님이십니다. 말세의 성도는 강하고 담대해야하며 온유하고 겸손한 하나님의 사람이 되어야 합니다.
　만왕의 왕, 재림의 주님이신 예수 그리스도께서 순결한 처녀로 성령의 기름을 예비하는 성도를 부르시고 남은 자들을 위한 보호처와 첫째 부활에 참여할 순교자들을 택하고 계십니다.
　사단은 자신의 때가 얼마 남지 않은 것을 알고 성도를 순간마다, 시간마다, 매일매일 지속적으로 미혹합니다. 그러나 크리스천은 구원의 주님이 예수님이심을 날마다 입으로 고백해야 합니다. 그리하면 마귀의 유혹과 세상의 핍박에서 넘어지지 않습니다. 그리고 순교 앞에서도 담대할 수 있습니다.
　하나님이 성경의 말씀을 통해서 부족한 종에게 이 세상 어두움의 주관자들과 크리스천들의 적이 누구인지 분명하고 선명하게 알게 하셨고 말세에 나타날 일들을 깨닫게 해주셨습니다.
　말세를 살아가는 크리스천은 하나님의 말씀을 굳게 붙잡고 시대의 표적들을 구별해야합니다. 말씀은 생명입니다. 이 말씀이 환난과 사망의 음침한 골짜기에서 성도를 구원해 주십니다. 말씀이 바로 예수 그리스도이시기 때문입니다.

　말세의 크리스천은 참으로 깨어야 합니다. 혹시 주님의 사람으로 예비되지 못했다면 바로 오늘 이시간 회개하고 준비해야 합니다. "조금 있다가 해야지", "내일부터 해야지"하고 미루지 마십시오. 오늘만이 준비할 수 있는 시간입니다. 내일은 예수 그리스도의 공중 강림과 환난이 시작되는 시간이 됩니다.

　하나님이 에스겔을 파수꾼으로 택하사 경계의 나팔을 불게하셨듯이 모든 크리스천이 예수님의 심정으로 공중 재림과 심판의 칼이 임하는 그 날을 위하여 나팔 불기를 원합니다. 그리고 경계의 나팔소리를 듣는 모든 크리스천들에게 성경말씀을 이해하는 데 이 작은 책이 조금이나마 도움이 되었으면 합니다.

　본서를 쓸 수 있도록 인도하신 하나님께 다시 한 번 모든 찬양과 영광을 돌려드립니다. 또한 자료를 제공해준 Ebenezer Emergency Fund U.S.A.와 원고 수정을 도와준 샤론 그리고 기도와 물질로 도와주신 모든 분들에게 감사함을 전합니다.

차 례

영혼의 때를 위하여   5

1부 7년 환난 전

1장   마지막 선교   15
2장   이스라엘 회복과 알리야   19
3장   어둠의 세상주관자들   47
4장   세계의 징조   65
5장   세계 교회들의 징조   109
6장   큰 음녀 로마 가톨릭   145
7장   적그리스도와 열 뿔 그림자   167
8장   이방인의 때와 충만한 수   175
9장   휴거   181
10장   미국의 멸망   197
11장   곡의 이스라엘 침략   209
12장   이스라엘 민족의 귀환   219

2부 7년 환난 - 전삼 년 반

1장   남은 자   227
2장   적그리스도의 7년 언약   239
3장   예루살렘 성전 건축   247

4장	두 증인	249
5장	남은 자의 작은 환난	257
6장	창조물 징조	263
7장	적그리스도의 죽음과 하늘 전쟁	273

3부 7년 환난 – 후삼 년 반

1장	적그리스도와 거짓 선지자 통치	283
2장	이스라엘 심판과 도피처	293
3장	유브라데 전쟁	305
4장	우상 숭배와 짐승의 표	309
5장	순교자	317
6장	로마 가톨릭의 멸망	325

4부 7년 환난 후

1장	어린 양 혼인잔치와 재림	333
2장	아마겟돈 전쟁과 적그리스도의 멸망	341
3장	천년왕국	347
4장	곡과 마곡 전쟁	355
5장	백보좌 심판. 사망과 음부 심판. 새 예루살렘	361

1부
7년 환난 전

LAST TIME

예수님이 마태복음 24장을 통해 "너희가 사람의 미혹을 받지 않도록 주의하라 많은 사람이 내 이름으로 와서 이르되 나는 그리스도라 하여 많은 사람을 미혹케 하리라 난리와 난리 소문을 듣겠으나 너희는 삼가 두려워 말라 이런 일이 있어야 하되 끝은 아직 아니니라"(마 24:5-6)고 하셨습니다.

주님이 말씀하신 한 이레 전인 21세기에 일어날 일을 크게 두 가지로 나누어 봅니다.

첫째, "사람의 미혹을 받지 않도록 주의하라" 이는 많은 사람이 예수의 이름을 빙자하여 자신이 그리스도요 메시아라 하여 많은 사람을 미혹케 한다고 하셨습니다(마 24:4-5)

20세기 말과 21세기 초인 현대에 세계 여러 나라에 가짜 그리스도, 가짜 선지자가 많이 등장해서 사람들을 미혹하고 거짓 예수, 선지자 노릇을 계속적으로 하고 있습니다. 예수님은 마지막 때에 적그리스도가 이르겠다 함을 주의 백성들이 들을 것이라 하셨습니다. 요한일서 2:18에 "아이들아 이것이 마지막 때라 적그리스도가 이르겠다 함을 너희가 들은 것과 같이 지금도 많은 적그리스도가 일어났으니 이러므로 우리가 마지막 때인줄 아노라" 말씀하십니다.

둘째는 난리와 난리 소문을 듣겠으나 성도들은 삼가 두려워말라고 하십니다. 주님은 난리와 난리 소문이 있어야 하지만 마지막 끝은 아직 아니라 하셨고 민족이 민족을, 나라가 나라를 대적하여 일어날 것이라 하셨습니다(마 24:6).

지구에는 항상 전쟁이 있었습니다. 20세기에 전쟁은 과거 역사의 전쟁과는 비교가 되지 않을 만큼 과학 무기가 발달해 끔찍한 살생 무기들이 만들어져서 세계 1차, 2차 대전에 사용되었으며 수천만명의 사람들이 죽고 아픈 상처를 받았습니다.

한 이레인 7년 환난이 있기 전 세상에 일어나는 징조 가운데 하나가 이스라엘이 회복되고 유대인들이 고토로 돌아오며 알리야 운동, 백 투 예루살렘 운동이 일어나고 메시아닉 쥬들이 등장합니다.

또한 마귀의 사주를 받는 어둠의 세상 주관자들인 프리메이슨, 일루미나티 그리고 예수회의 활동과 신세계 질서(NWO)가 세계를 통합하려는 자들을 통해서 서서히 이루어지고 세상에서는 짐승의 표(666)의 그림자들이 등장하여 세상 사람들을 미혹하기 시작합니다.

교회들은 베리칩을 받아도 된다 안된다며 양분되는 현상들이 나타나고 전 세계가 아날로그 시대에서 디지털 시대로 전환 되어져 디지털 TV, 컴퓨터, 셀폰, 아이폰 등을 통해 감시, 감청하고 통제하는 시대가 도래합니다.

사단의 세력이라 할 수 있는 이슬람권의 나라들이 오일 파워로 무슬림이 확대되고 이슬람과 관계 없었던 동남아, 아프리카, 유럽까지 오일 머니 앞에 무릎 꿇고 이슬람을 받아들입니다. 또한 수쿠크법을 앞세워 유럽을 장악하고 한 손에는 코란 한 손에는 칼이라는 구호 아래 이슬람에 방해가 되는 자는 누구를 막론하고 테러, 전쟁 등을 통해 죽이거나 협박을 하여 목적을 이루고자 합니다.

세계 여러 나라가 하나님의 말씀에서 떠난 결과 각 나라들은 영토 전쟁, 자원 전쟁 그리고 가뭄으로 인한 물전쟁을 합니다. 많은 사람들이 하나님이 거룩하게 지키라고 하신 몸을 재미삼아 또는 멋을 내려고 문신을 합니다. 그러나 문신을 하는 것이 마귀의 도구로 쓰임을 받는 것인줄 모르고 몸에 사탄과 귀신들의 모습을 한 문신과 각종 음란하고 악한 것들의 모양들을 몸에 그리고 있습니다.

세계 교회에서 일어나는 징조의 현상은 미혹하는 자들이 많이 일어나서 일부 목회자들이 하나님 중심인 신본주의에서 사람 중심인 인본주의로 그리고 성경말씀 중심에서 이성주의도 빠집니다. 또한 인본주의 신학교의 교수들로 인해 일부 신학 대학의 신학생들이 변질되어 주의 종이 아닌 삯군들이 배출 됩니다.

기독교 지도자라고 자처하는 소수의 목회자들이 종교간 대화를 명분으로 로마 가톨릭이 진리의 말씀으로 변화되지도 않았음에도 저들과 하나가 되려하고 그들과 교회 일치 운동, WCC 운동 그리고 그리스도인 일치 기도회등을 통해 스스로 큰 음녀인 로마 가톨릭의 시녀가 되어 갑니다.

로마 가톨릭의 자칭 교황이 하나님의 자리까지 높아지고 세계 교회들은 전도나 선교 보다도 사회와 지역을 돕는 일에 더욱 열심을 내고 특히 중.대형 교회들이 목사 교회 세습을 합니다.

타락한 교단과 교회들이 말씀에서 떠나 동성애 교인, 동성애 목사을 인정할 것이며 성경의 휴거 사건을 방해하는 이단들이 많이 나타나고 신사도 운동과 긍정의 힘등이 교회를 움직이려고 할 것입니다.

세계 정치계는 적그리스도, 열 뿔, 열 발가락의 그림자들이 나타나고 유럽 연합 대통령이 이 세상 어두움의 주관자들과 신세계 질서와 유럽 연합을 이루어 적그리스도의 등장을 맞이할 준비를 합니다.

하나님의 교회들은 이방인의 때와 이방인의 충만한 수 차게 될 것이며 예수 그리스도의 공중 강림(휴거)과 하나님의 택하신 남은 자들이 준비 됩니다.

특히 초강대국인 미국이 하나님의 말씀에서 점점 떠나 사회주의식 정치로 변해가고 나라 정책에 반대하는 자들과 그리스도인들을 수용소에 집어 넣고 핍박할 것입니다. 그러나 전 세계에 휴거가 일어남으로 미국 또한 나라 전체가 큰 혼란에 휩싸입니다.

성경은 러시아와 연합국에 의해서 미국이 심판을 받고 유대인들은 유일하게 도왔던 미국이 망하게 됨으로 이스라엘은 어떤 나라의 도움도 받을 수 없는 어려움에 처하게 됩니다. 그리고 이스라엘은 곡인 러시아과 이슬람 연합국에 의하여 침략을 받습니다. 그러나 이스라엘은 하나님의 보호하심으로 곡과 그 연합국의 침략을 받지 않고 승리합니다.

1장 마지막 선교

Hollywood 외침 전도 사역자들

    예수님이 "이 천국 복음이 모든 민족에게 증거되기 위하여 온 세상에 전파되리니 그제야 끝이 오리라"(마 24:14)고 말씀하십니다.

    성경에서 말씀하는 끝이란 의미는 무엇일까요? 그리고 세상 마지막의 기준은 과연 무엇 일까요? 그 해답은 예수님이 예언하신 말씀에서 답을 찾아야 합니다. 예수님이 종말의 때에 세상의 끝을 정하신 기준이 바로 모든 민족(미전도종족 포함)에게 천국 복음이 증거되고 전파되는 것입니다.

    미국 캘리포니아주 L. A. 인근에 있는 '파사데나'시에 선교센터가 많이 있습니다. 파사데나시의 선교센터는 세계 각국의 선교지역에서 선교사들이 잠시 돌아와 몸과 마음을 재충전하는 곳입니다.

2010년 어느 선교사의 충격적인 선교보고를 접하게 되었는데 그 보고를 듣는 순간 가슴이 뛰며 떨리고 전율이 느껴져 두렵기까지 했습니다. 그리고 성경에 예언된 말씀이 일점일획도 어김없이 이루어지는 하나님의 역사 앞에 두렵고 떨리면서 한편으로는 경외하는 마음이 동시에 들었습니다.

충격적이고 큰 도전이된 선교보고의 내용은 "2020년을 전후해서 세계선교사들이 선교할 지역이 없다는 내용과 2010년 기준 약 3,000종족만이 미전도종족 지역으로 남아 있다"는 것입니다.

이 선교보고는 마태복음 24:14 "이 천국 복음이 모든 민족에게 증거되기 위하여 온 세상에 전파되리니 그제야 끝이 오리라"하신 예수님의 말씀과 같이 복음이 땅 끝까지 거의 전파되어 세상의 끝이 가까이 왔음을 알려주는 신호 같았습니다.

선교사의 선교보고를 통해 예수님이 깨닫게 하신 것은 "너희가 천기는 분별할 줄 알면서 시대의 표적은 분별할 수 없느냐"라는 말씀과 2020년을 전후로 세계에서 일어날 일들을 통해 시대의 표적을 분별하라는 메시지였습니다.

시대의 표적을 깨닫는 크리스천은 '그 날과 그 때'는 오직 하나님의 전적인 주권임을 알기에 기름을 준비한 슬기로운 다섯 처녀와 같이 예수 그리스도의 강림하심을 더욱 준비하고 예비해야 합니다.

성경의 말씀대로 세계선교가 빨리 이루어져가는 시대에 미전도종족이 과연 얼마나 남아 있는지 궁금해졌고 선교의 시간이 어느 정도 남아있는지 알고 싶어졌습니다.

미전도종족이란 선교적인 측면에서 자신의 종족 스스로가 복음화하기 위한 적절한 사람들이나 자원이 될 수 있는 독립적인 그리스도인의 공동체가 없는 집단 또는 종족을 뜻하고 기독교인이 5% 이하인 종족을 미전도종족의 범위에 포함시킵니다.

세계선교의 선교 전략에서 미전도종족(Unreached peoples)의 개념이 도입되면서 세계선교는 전략적인 변화가 일어납니다. 예수 그리스도의 지상 명령인 미전도종족 선교를 하는 데 있어서 무엇보다 정확한 정보의 중요성이 강조되었고 종족을 조사하고 종족 숫자를 계산하는 기준에 따라서 종족 숫자통계가 각각 다르게 나타났습니다.

1989년 제2회 로잔 대회에서 12,000개 정도의 미전도종족이 있다고 보고 되었고, 2010년 제3회 로잔 대회에서는 세계 인구의 28%가 미전도종족이라고 밝히고 있습니다(안희열, "선교계의 월드컵 제3차 로잔 대회에 다녀와서",『크리스천 투데이』, 2010년 10월 25일).

세계 종족 자료에 대한 포괄적인 정보를 제공하고 있는 여호수아 프로젝트(Joshua Project)는 최근에 보다 중립적인 민족적 관점에서 계산한 숫자를 제시합니다. 민족적 관점이란 언어뿐만 아니라 문화 등의 기준을 고려해서 종족을 구분하는데 민족적 관점에서 약 16,000여 개로 추정했고, 또한 언어학적으로 약 7,000여 개 종족이며 방언, 민족의 개념까지 포함해서는 11,000개에서 13,000개 까지 종족수가 있다고 합니다.

여호수아 프로젝트(Joshua Project)는 여호수아 프로젝트 등급(Joshua Project Process Scale)을 기준으로 제시하고 있습니다. 이 기준은 종족 내 복음주의자가 2% 미만일 경우에 미전도종족으로 분류하고 있습니다. 이러한 여호수아 프로젝트(Joshua Project)의 보고서 또한 완전하고 정확하다고는 할 수 없지만 훌륭한 참고자료입니다(http://www.joshuaproject.net).

세계 여러 나라들의 빠른 문화교류와 사회변동의 상황에서 종족집단의 숫자는 유동적으로 변화하기 쉬움을 알아야 합니다.

2001년 F. T. T.(Finishing The Task)의 랄프 D. 윈터와 브루스 A. 코쉬(Ralph D. Winter and Bruce A. Koch)의 보고서에 의하면 8,000개 미전도종족이 남았다고 보고 했습니다. 그리고 10년이 지난 2011년 12월 기준 F. T. T.는 인구 4만 명 이상을 기준으로 재확인된 미전도종족의 숫자는 402종족이 있다고 발표했습니다(http://www.finishingthetask.com).

주님이 맡겨 주신 선교의 시간이 숫자상의 차이가 있고 또한 종족수에 대한 내용과 기본 단위 종족수를 어떻게 하느냐에 따라 숫자가 많이 차이가 납니다. 또한 조사 단체와 선교사의 보고 내용에 따라서 단위, 근거가 많이 다르고 자료에 따라 차이가 매우 크게 나타납니다.

이러한 여러 선교 기관이 조금씩 다른 차이점을 인정하면서 미전도종족수를 전문적으로 연구하는 단체의 노력에 의해서 점점 정확한 종족수에 대한 정보가 알려지고 있음을 감사하며, 여러 단체의 주장하는 선교 속도를 종합해서 추정해 보면 땅 끝까지 복음이 전해질 것으로 예상되는 시기가 2020년에서 2025년으로 추정해 봅니다.

성도여! 만왕의 왕되신 예수 그리스도의 공중 강림과 7년 환난 그리고 주의 재림이 얼마남지 않았습니다. 이제 진실로 모든 교회와 크리스천이 깨어 있어야 할 때이며 지금이 바로 신앙의 자세를 오직 영혼 구원을 위한 전도와 주의 재림을 준비하는 일에 초점을 맞춰야 합니다. 모든 영적 소욕을 앞세워 육신의 소욕을 물리쳐야 하고 예수 그리스도의 순결한 처녀요, 신부로서 신랑되신 주님을 맞이해야 합니다. 기름 준비된 크리스천만이 휴거되고 남은 자가 되어 숨김을 받고 순교하게 됩니다.

알리야와 백 투 예루살렘 2장

성경의 예언대로 이스라엘이 돌아오고 있습니다. 예수님이 이스라엘을 무화과나무에 비유하시면서 "무화과나므의 비유를 배우라 그 가지가 연하여지고 잎사귀를 내면 여름이 가까운 줄을 아나니 이와 같이 너희도 이 모든 일을 보거든 인자가 가까이 곧 문앞에 이른줄 알라 내가 진실로 너희에게 말하노니 이 세대가 지나가기 전에 이 일이 다 이루리라"(마 24:32-34)고 말씀하십니다.

예수님의 공중 강림(휴거)과 재림 그리고 한 이레(7년 환난) 이전 이땅에 일어날 일 가운데 주목해야 할 일이 바로 2,000년 동안 디아스포라로 세계 각 나라에 흩어져 살던 유대인들이 고토 이스라엘 땅으로 돌아오는 사건입니다. 유대인들의 고토인 이스라엘로 귀환하는 것은 하나님의 말씀이 성취되어가고 있음을 나타냅니다.

세상의 마지막이 언제인지 알고 싶으면 성경의 기록된 마지막 때를 알아야 합니다. 그리고 그 마지막의 중심에 이스라엘이 있습니다(신 32:10).

1. 알리야 운동(Aliyah Movement)

> "두려워 말라 내가 너와 함께 하여 네 자손을 동방에서부터 오게 하며 서방에서부터 너를 모을 것이며 내가 북방에게 이르기를 놓으라 남방에게 이르기를 구류하지 말라 내 아들들을 원방에서 이끌며 내 딸들을 땅 끝에서 오게 하라"(사 43:5-6).

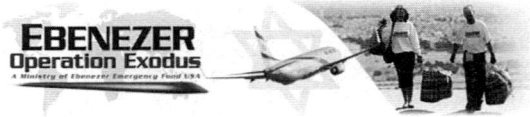

성경에 기록된 말씀이 일점일획도 빠짐없이 이루어지고 있습니다. 그 말씀 가운데 하나가 이스라엘 회복과 유대인들의 고토 이스라엘 귀환입니다. 이것이 바로 유대인의 알리야 운동(Aliyah Movement)과 백 투 예루살렘(Back to Jerusalem)입니다.

유대인들이 하나님의 말씀과 구약 선지자의 예언대로 세계 각처, 각 나라에서 이스라엘과 예루살렘으로 모여들기 시작하는데 이것이 마지막의 시작입니다.

성도는 깨어나야 합니다. 세상 사람들이 인정을 하든 하지 않든, 믿든지 안 믿든지 성경말씀대로 이스라엘이 회복되어 일어나고 유대인이 돌아오고 있습니다. 이 모든 징조가 하나님의 스케줄대로 움직이고 들림을 받게 될 성도는 순결한 처녀들처럼 기름 준비를 시작했습니다.

이스라엘은 100년 전만 해도 세상 사람과 모든 민족에게 거의 인식되지 않은 묻혀진 존재, 에스겔 골짜기의 마른 뼈처럼 보였습니다. 그러나 주님의 손에 의해 이스라엘의 회복이 신속히 이루어지고 있습니다. 21세기에 들어와서는 이스라엘 회복 운동이 모든 민족과 나라가 알도록 이루어지고 있으며 모든 것이 성경말씀대로 이루어져 가고 있습니다. 성도는 이스라엘을 위해 기도하고 물질로 도와야합니다. 이것이 크리스천의 사명입니다.

알리야(Aliyah)는 '올라감'이라는 뜻의 히브리어입니다. 세계 도처에 흩어진 유대인, 즉 디아스포라(Diaspora)가운데 고국(고토) 이스라엘로 돌아오는 이민자를 칭합니다.

Ebenezer Emergency Fund U.S.A.

Ebenezer Emergency Fund U.S.A.에 의하면 뉴욕의 케네디 공항에서 이스라엘 민족인 유대인들이 이스라엘로 이민가는 날에는 큰 축제날이 된다고 합니다. 미국에 남아있는 유대인들이 이스라엘로 출발하는(알리야) 유대인에게 유대인 전통 음악에 맞추어 민속춤을 추고 노래를 하면서 축하해 줍니다.

이스라엘에 작은 소요와 테러가 일어나지만 알리야들은 두려워하지 않고 이스라엘로 돌아오고 있습니다. 이 모든 것이 하나님의 말씀대로, 또한 이스라엘 민족의 생존권을 위해서 그들은 지금 고토로 모여 들고 있습니다. 이모든 것이 하나님의 사랑하심과 마지막 때의 말씀을 이루시는 하나님의 역사이십니다.

세계 모든 교회의 크리스천은 "예루살렘을 위하여 평안을 구하라 예루살렘을 사랑하는 자는 형통하리로다"(시 122:6)라고 하시는 말씀대로 이스라엘을 돕고 알리야하는 유대인들을 살펴야 할 것입니다.

많은 사람들이 유대인들은 부자들이기 때문에 도울 필요가 없다고 생각합니다. 그러나 미국에 거주하는 유대인 외에는 세계 여러 민족과 나라에 사는 유대인들은 이스라엘로 돌아가는 비행기 표를 사는 것조차 힘든 경제 수준에 살고 있습니다.

일 불, 백 불, 만 불, 백만 불, 일억 불 또는 천 원, 십만 원, 천만 원, 백억 원 등 적은 물질이든 많은 물질이든 유대인을 도와야 합니다. 왜냐하면 하나님은 이스라엘을 돕는 자를 도우시고 축복하는 자를 축복하신다고 하십니다.

로마서에 "저희가 기뻐서 하였거니와 또한 저희는 그들에게 빚진 자니 만일 이방인들이 그들의 신령한 것을 나눠 가졌으면 육신의 것으로 그들을 섬기는 것이 마땅하니라"(롬 15:27)고 말씀합니다.

알리야 운동을 한국 교회와 전 세계에 흩어져 있는 한인 교회가 기도와 물질로 감당하면 한국과 한민족이 큰 축복을 받게 될 것입니다. 그러나 이것을 감당치 않고 외면한다면 모르드개가 에스더 왕후에게 이야기 한 말씀과 같이 하나님은 다른 민족을 통해서 이 일을 이루실 것입니다. 크리스천은 하나님이 축복하시는 알리야 운동에 동참하여 축복된 성도가 되어야합니다.

2. 백 투 예루살렘(Back to Jerusalem)

"후에는 내가 그들을 모아 고토로 돌아오게 하고 그 한 사람도 이방에 남기지 아니하리니 그들이 나를 여호와 자기들의 하나님인 줄 알리라"
(겔 39:27-28).

Ebenezer Emergency Fund U.S.A.

유대인은 지금도 매일 하루 세 번씩 기도하고 있습니다. 유월절과 속죄일 예배를 통하여 많은 유대인들이 이스라엘로 돌아오기를 간절히 염원하고 있습니다. 전통적으로 이들의 예배는 "내년에는 예루살렘에서…"라는 기원으로 끝을 맺는데 그것이 이루어지고 있습니다. 특히 인터내셔날 비전(International Vision)은 기도를 통해서 알리야를 발굴하고, 가르치고, 알리고 이스라엘로 돌려보냅니다.

참으로 신기하고 놀라운 일은 이스라엘이 세워지지 않은 상태에서 1882년부터 1948년까지 여섯 차례에 걸쳐 세계 각국 즉 유럽과 러시아 등지에서 56만 명에 달하는 유대인들이 반시온주의와 나치즘을 피해 팔레스타인 땅으로 돌아오게 되었습니다.

하나님은 이 기간 동안 히브리어가 모국어로 재등장하게 하시고 신문과 정치 단체가 생기게 하시면서 예수님이 말씀하신 무화과나무의 비유처럼 독립 국가를 구성할 수 있는 기초들을 마련해 주셨습니다(렘 33:2).

세계 각처에 흩어져 있던 마른 뼈 같은 이스라엘이 하나님의 말씀과 섭리를 따라 움직이기 시작했고 서로 연결되어 힘줄이 생기고 살이 오르고 가죽이 덮이듯, 그들은 하나님의 은혜 가운데 서로의 정보를 교환하며 공감대를 갖고 연합을 이루어 튼튼한 국가를 이루어 가고 있습니다(겔 37:12).

성도여! 다시 한 번 외칩니다. 깨어 나십시오. 주님의 명령입니다. 이스라엘이 회복되어 돌아오고 있습니다.

1) 동방에서 돌아오고 있습니다

"두려워 말라 내가 너와 함께 하여 네 자손을 동방에서부터 오게 하며" (사 43:5).

2011년 7월 첫째 주(3-9일) 이스라엘 정부에서는 최근 인도 동북부 (버마와 방글라데시 접경 지역)에 살던 므낫세 지파 후손 7,000명 이상에게 알리야를 허락하는 결정을 내렸습니다. 이들은 약 2,700년 전 앗수르에게 쫓겨서 인도로 갔고 지금도 유대 전통과 절기, 안식일, 음식법 등을 지키고 살고 있으며 출애굽을 기억하며 이들은 2005년도에 발

견되어 그동안 1,700여 명이 알리야 했고 남아 있는 유대인들 모두 돌아오게 되었습니다.

팔레스틴 정부는 인도 정부를 압박하면서 알리야를 반대하고 있지만 그러나 신실하신 하나님은 잃어버린 10지파 중에 하나인 므낫세 후손들을 지키셨다가 다시 돌아오게 하십니다.

하나님이 므낫세 후손이 돌아오게 하시는 것처럼 나머지 모든 지파들, 르우벤, 스불론, 갓, 에브라임, 레위, 납달리, 아셀, 잇사갈 등 모든 지파가 돌아오도록 기도드려야 합니다.

또한 2011년부터 2012년 초까지 일어난 중동 모든 지역의 민주화 시위와 소요로 이 지역에 있는 유대인들이 자신이 이스라엘 사람인 것을 깨닫는 계기가 되고 알리야 인파가 크게 일어나기를 원합니다(겔 39:25).

동방은 이라크, 시리아, 이란, 인도 그리고 중국 등인데 이지역 유대인들이 귀환하는 알리야 운동을 에스라 작전, 느헤미야 작전이라 불렀습니다.

중동지역에서 1,000년 이상 살던 유대인들이 알리야를 할 때에 중동 국가들이 "알리야하는 유대인들은 모든 재산을 놓아 두고 몸만 떠날 수 있다"라는 법을 제정하였기에 중동의 우대인들은 모든 재산을 버려 두고 조국 이스라엘로 총 121,500명 알리야 했습니다. 특히 이라크에서 1950년에 12만 명의 유대인들이 이라크에서 탈출하여 이스라엘로 돌아갔는데 이들은 느부갓네살에 의해 바벨론으로 잡혀간 유대인의 후손들입니다.

2) 서방에서 돌아오고 있습니다

"서방에서부터 너를 모을 것이며"(사 43:5).

Ebenezer Emergency Fund U.S.A.

서방은 영국, 이태리, 폴란드, 독일, 그리스, 프랑스, 스웨덴 등 서유럽 지역입니다. 6일 전쟁, 걸프 전쟁으로 이스라엘이 승리하자 물밀듯이 돌아왔습니다.

2011년 7월, 스페인 섬 말로르카 데 팔마에 살고 있던 유대인 15,000-20,000 명이 이스라엘 랍비에 의해 인정을 받고 귀국이 허용되었습니다. 이들은 14, 15세기 때 로마 가톨릭에 의해 강제로 개종을 당했던 유대인들입니다. 오바댜 1:20에 스페인과 주변국에서 알리야하는 유대인들이 이스라엘 남부 네게브를 개발하여 정착하게 된다는 예언의 말씀이 기록되어 있습니다.

300만이 넘는 이 지역 유대인이 이스라엘로 돌아오는 대로가 열리게 되어 로마 가톨릭에서 유대교로 개종하지 않고 예수 그리스도를 그대로 영접하여 알리야를 할 수 있도록 되어서 서방의 알리야 운동이 순조롭게 이루어지기를 기도해야 합니다.

네덜란드에는 유대인이 약 45,000명이 살고 있습니다. 최근 국회에서 유대인 정결법에 의한 도살법을 폐기하는 법안을 통과시키려 하고 있습니다. 이 법이 통과되면 유대인 대부분이 영향을 받을 것으로 보고 있는데 유대인들은 특수 정결법(코셔법)으로 도살한 고기만을 먹기 때문입니다. 이 법은 반유대적인 법이 될 것이 분명하며 네델란드 유대인들이 이러 저러한 어려움등으로 알리야하게 될 것입니다.

3) 남방에서 돌아오고 있습니다

"남방에게 이르기를 구류하지 말라 내 아들들을 원방에서 이끌며 내 딸들을 땅 끝에서 오게 하라"(사 43:6).

Ebenezer Emergency Fund U.S.A.

이스라엘의 남방은 애굽, 아프리카, 예겐 등입니다. 1971년부터 알리야 운동이 시작되었으며 남방의 알리야 운동을 "요술 담요 작전"이라 했습니다.

남방의 유대인들을 알리야 시키기 위해 비행기 의자를 떼고 하루 동안 18,000명을 나르기도 했습니다. 또한 남방의 알리야 작전을 출애굽기 19:4의 말씀에 기초하여 "독수리 날개 운동"이라고도 부릅니다. 지금 이 순간에도 하나님이 저들을 알리야 하고 계십니다(사 46:11).

에티오피아에서는 1985년에는 일명 "모세(Moses) 작전"을 통해 7,000명에서 8,000명에 달하는 에티오피아 유대인들이 수단(Sudan)을 통하여 이스라엘로 알리야했습니다.

1991년에는 에티오피아의 유대인들을 구출하기 위한 "솔로몬

(Solomon) 작전"이 개시되어 그해 5월 24일 하루만에 34대의 비행기로 1만 4,000명의 에티오피아 유대인들이 이스라엘로 돌아갔는데 이후 계속해서 에티오피아 유대인들의 이민이 이어졌고 그 숫자는 10만 명을 넘어섰습니다(이스라엘 디아스포라 현황 참조).

4) 북방에서 돌아오고 있습니다

"내가 북방에게 이르기를 놓으라"(사 43:6).

Ebenezer Emergency Fund U.S.A.

북방은 러시아를 포함한 구 소련국가와 동유럽의 나라 그리고 터키를 가리킵니다. 결코 움직이지 않을 것 같았던 북방이 움직이고 북방의 유대인들이 하나님의 말씀대로 알리야했고 지금도 하고 있습니다.

1980년대 구소련의 157개 마을에 총 600만 명이 살고 있었습니다. 그 중에 약 100만 명이 귀환하였고 계속적으로 알리야가 이루어져서 2006년 러시아에는 약 72만 명의 유대인들이 남아 있었습니다. 그리고 2010년에는 약 20만 명이 남아 있었고, 2012년에도 계속해서 유대인들이 돌아오고 있으며 말씀대로 모두 돌아올 것입니다.

통계에 의하면 2011년 1월부터 6월말까지 에벤에셀의 도움으로 구소련에서 알리야한 유대인 수가 1,223명이며 2010년 같은 기간에 돌아온 숫자보다 117명이 늘었습니다(렘 31:8).

러시아의 알리야 역사를 보면 1986년 10월 38명이 제1차 여리고 작전을 감행하였고 크레므린 궁 앞에 모여 해방시켜 달라고 생명을 걸고 여리고 성을 돌 듯이 크레므린 궁을 돌았는데 그 해 16,000명이 소련에서 풀려났습니다.

1989년에는 70,000명이 풀려 났고, 1990년에는 무려 200,000명이 소련에서 이스라엘로 돌아 왔습니다. 하나님은 고르바초프를 사용하셔서 러시아의 개방 정책을 이끌어 내셨고 구소련과 동유럽에서 많은 유대인들이 알리야를 할 수 있도록 하셨습니다.

지금도 이스라엘로 돌아가기를 원하는 유대인들이 크레므린 궁 앞에서 여리고 작전을 하고 있으며 세계 모든 크리스천은 유대인들이 돌아갈 수 있도록 기도와 물질로 도와야 합니다.

5) 미국 유대인의 알리야

Ebenezer Emergency Fund U.S.A.

2011년 7월 12일 245명의 미국에 사는 유대인들이 이스라엘 텔아비브에 도착해서 환영을 받았고, 이 가운데 15명은 바로 이스라엘 군에 입대했습니다. 다른 200명은 저녁에 도착하고 또 다른 팀인 220명은 수요일(13일)에 도착했습니다.

유대인의 알리야 운동 가운데 특별히 가장 어려운 귀환이 미국에 살고 있는 유대인들의 알리야입니다. 미국에 약 530만(2011년 기준) 정도의 유대인이 살고 있습니다.

　미국에 있는 유대인들은 거의 다 큰 부자들이거나 중산층을 이루어 살고 있고, 미국 어느 도시에 가든지 유대인들이 살고 있는 곳이 가장 비싼 집들로 형성되어 있습니다. 그들이 사는 곳이 바로 그 지역의 고급 주택가입니다. L. A. 베버리 힐스, 워싱톤주 시애틀의 섬 하나는 유대인들이 다 차지하고 고급 주택지로 개발하였습니다.

　알리야 운동 초기 멤버들은 예레미아 51:45 "나의 백성아 너희는 그 중에서 나와 각기 나 여호와의 진노에서 스스로 구원하라"는 말씀을 거울로 삼아 이렇게 외쳤습니다.

> "유대인 여러분! 부를 두고 떠나기가 보통 결단이 아닐 것입니다. 미국에 거주하는 모든 유대인들이 이런 갈등을 겪고 있습니다. 그러나 하나님은 미국의 물량주의를 버리고 돌아가서 하나님을 섬기기를 바라고 계십니다. 미국은 지금 세계 대전의 핵으로 모두 파괴될 날이 점점 다가오고 있으며, 이스라엘 백성들은 빨리 빠져 나가야 합니다."

　부족한 저의 생각도 알리야 운동가들과 비슷합니다.

　첫째, 마지막 때에 미국이 하나님보다 높아지려하고 하나님께 영광을 돌리지 않습니다. 이것이 미국의 종말인데 미국은 국기에 대한 맹세에서 하나님 이름 삭제, 공공 장소 십자가 제거, 공립학교 기도 철폐, 창조론 폐기, 십계명 철폐, 동성결혼, 마약, 매춘, 학교 폭력, SB 48, 가정 파괴, 인종 차별, 낙태, 게이의 날 등 수많은 악한 일들이 이루어 지는 멸망 받을 영적 바벨론이 되어 가고 있습니다. 유대인들 뿐만 아니라 믿는 크리스천도 미국이 하나님이 주신 사명을 다 했다고 느껴질 때 미국을 떠나야합니다(계18:4-5).

　둘째, 미국은 곡의 첫 번째 핵 공격을 받아 매우 큰 타격을 받을 것입니다. 그러므로 그 전에 유대인과 크리스천은 미국을 떠나야 합니다. 성경은 북방에서 곡이 일어나서 이스라엘을 공격할 것이라고 말씀하고 있습니다. 곡이 이스라엘과 전쟁을 일으키기 전에 이스라엘의 우방국인 미국을 공격할 것이고 러시아와 그 연합국은 미국에 핵 공격을 하여 이로 인해 미국은 엄청난 피해를 입을 것입니다.

성경은 "파종하는 자와 추수 때에 낫을 잡은 자를 바벨론에서 끊어버리라 사람들이 그 압박하는 칼을 두려워하여 각기 동족에게로 돌아가며 고향으로 도망하리라"(렘 50:16)고 말씀하십니다.

미국에서 알리야 운동을 주도하고 있는 여러 단체들 가운데 예루살렘에 Jerusalem House of prayer for All Nation이라는 단체가 있습니다. 그들은 알리야 운동을 위하여 24시간 연속 기도를 하고 있으며 온 세계 그리스도인에게 경제적으로 도움을 달라고 호소하고 있고 특히 미국에 살고 있는 유대인들에게 강력하게 권고하고 있습니다. 하나님이 미국을 세우셨을 때에 성경말씀으로 일으키셨고 축복하셨습니다. 그러나 현재의 미국은 기독교 국가라는 생각보다는 세계 각국의 이방 잡신들이 모여드는 바벨론 같은 나라가 되어가고 있고, 조금씩 사회주의 국가 형태의 모습을 보이고 있습니다.

성경은 "바벨론 가운데서 도망하여 나와서 각기 생명을 구원하고 그의 죄악으로 인하여 끊침을 보지 말지어다 이는 여호와의 보수의 때니 그에게 보복하시리라"(렘 51:6)고 말씀합니다.

유럽은 이미 적그리스도의 열 뿔 역할을 담당하기 위해 준비가 진행 되어가고 있습니다. 미국 또한 어두움의 세상 주관자들이 신세계 질서(New World Order)를 위해서 그리고 세계 통합을 위해 미국을 조금씩 조정하고 분열시키고 파괴시키려 합니다.

하나님의 말씀에서 세워진 나라가 이런 것을 보면 확실히 예수님의 재림이 가까워졌고 한 이레의 환난 때가 가까이 온 것이 분명합니다. 이스라엘 정부는 세계 각국의 유대인들이 알리야해서 이스라엘로 돌아 가면 한 가구당 17,000불(약 2,000만 원) 정도의 정착금을 주고 한 곳에서 3년 이상 살면 그 돈을 받지 않는 정책을 펴고 있습니다.

2012년 남미 아르헨티나에서 97세의 "마리아 홀스콘" 여사가 알리야 했고, 95세와 93세의 "그로스만" 부부가 미국 볼티모어에서 알리야 했습니다. 그로스만 부부는 71년 결혼생활을 통해 세 자녀를 두었는데 현재 손자 다섯, 증손자 열넷, 고손자 둘이 있는 "네페쉬 베네페쉬" (영혼과 영혼) 단체가 주도한 알리야 역사상 최고령의 부부입니다.

본서를 읽는 세계 모든 크리스천은 현재 진행형인 알리야 운동과 유대인들이 나이의 한계를 넘어 조상들의 땅, 조상들의 하나님 품을 찾는 분들의 정착과 적응을 주님이 도우시고 예수님의 샬롬 안에 거하게 하시기를 축복하고 기도해야 할 것입니다.

6) 유대인들은 언제 이스라엘로 모두 돌아가는가?

하나님은 마지막 때에 세계에 흩어져 있는 유대인들이 모두 고토 이스라엘 땅으로 돌아오시기를 원하십니다. 그러나 보통 사람의 이성적인 판단으로 과연 미국에 편안히 거하는 530만 명의 유대인들이 알리야를 할 수 있을지 의문을 가지게 합니다. 그러나 하나님의 예언의 말씀과 계획은 일점일획도 틀림이 없습니다.

예레미야 50장에 "나 여호와가 말하노라 그 날 그 때에 이스라엘 자손이 돌아오며 그와 함께 유다 자손이 돌아오도 그들이 울며 그 길을 행하며 그 하나님 여호와께 구할 것이며 그들이 그 얼굴을 시온으로 향하여 그 길을 물으며 말하기를 너희는 오라 잊어버리지 아니할 영영한 언약으로 여호와와 연합하자 하리라"는 말씀대로 현재 미국의 유대인들이 이스라엘로 알리야하고 있습니다.

예레미야 50장의 말씀은 한 나라(러시아)가 북방에서 나와서 연합국들과 함께 미국을 선제공격한다고 예언합니다. 시기적으로는 곡인 러시아가 이스라엘을 침략하기 전에 먼저 미국을 공격할 것입니다.

북방에서 오는 한 나라와 그 연합국에 의해 미국은 분명히 불심판(핵폭탄)을 받게 되고 이때를 기준으로 유대인들 뿐만 아니라 미국에 이민왔던 세계 여러 민족이 자신의 나라로 돌아갈 것입니다.

미국에 사는 유대인이나 크리스천은 다시 한 번 하나님의 말씀을 깨닫기를 바랍니다. 그날은 곧 가까이 다가올 것이며 성도는 더욱 더 말씀과 기도로 거룩하여야 합니다. 미국은 파라다이스가 아닙니다 (렘 50:3).

하나님은 전 세계에 있는 유대인 들을 이스라엘로 돌려 보내실 때 한사람도 이방에 남기지 아니하시고 고토 이스라엘 땅으로 돌려보내신다고 말씀하셨습니다.

> "전에는 내가 그들로 사로잡혀 열국에 이르게 하였거니와 후에는 내가 그들을 모아 고토로 돌아오게 하고 그 한 사람도 이방에 남기지 아니하리니 그들이 나를 여호와 자기들의 하나님인줄 알리라"(겔 39:28).

3. 메시아닉 쥬(Messianic Jews)

메시아닉 쥬(Messianic Jews)는 예수님을 믿는 유대인을 말합니다. 1970년대에 미국에서 예슈아(예수님)를 영접한 유대인이 이스라엘로 알리야하여 오늘날 이스라엘 내 영적 리더로 사역하고 있습니다.

2012년을 기준으로 이스라엘 내 메시아닉 쥬는 1만 5,000여 명이 있습니다. 메시아닉 쥬는 경제적인 어려움과 유대인 동족의 박해 등을 겪고 있습니다. 이민 초기 메시아닉 쥬가 예수님을 믿는다는 이유만으로 직장에서 쫓겨나고 크고 작은 테러로 생명의 위협을 받았고 심지어 집이 불타기도 했습니다.

요셉 슐람 목사는 최근에 이스라엘에서 흥미로운 일이 일어나고 있다고 전합니다.

> "몇 년 전 같으면 이스라엘 방송에서 메시아닉 쥬의 메시지가 등장하는 게 불가능할 것처럼 느껴졌죠. 그런데 요즘 그 장벽이 점차 허물어지고 있으며 이스라엘에 신구약 전체를 하나님의 말씀으로 받아들일 수 있는 환경이 조성되고 있으며, 메시아닉 쥬와 정통과 유대인 간의 대화가 시도되고 있다는 것과 정통과 유대인들이 기독교인을 핍박했지만 소득이 별로 없었음을 깨닫게 되었다는 것 그리고 핍박이 오히려 상대를 더 강하게 만든다는 걸 알게 됐다는 것입니다."

그는 또한 메시아닉 쥬의 사회적 지위 향상의 가능성도 커지고 있다고 강조하고 있으며 과거 메시아닉 쥬는 사회에서 하류계층을 주로 형성했지만 이제는 군장교, 대학교수, 비즈니스맨 등 그 영향력이 날로 향상되고 있다는 것입니다.

아셀 인트레이터 목사님은 "현재 이스라엘의 모습을 아브라함, 이삭, 야곱에게 하신 하나님의 약속과 선지자들을 통한 예언의 성취로 봐야 한다"면서 "이는 하나님 계획의 실현으로 파악해야 한다"고 했고, 또한 "메시아닉 쥬는 세 가지 주안점을 갖고 있습니다. 성령 충만하고, 복음을 땅 끝까지 전해야 하며, 이스라엘에 하나님 나라가 회복(실현)되는 날을 꿈 꾼다는 것입니다. 이를 위해선 어떤 고난도 받을 준비가 돼 있습니다"라고 밝혔습니다.

메시아닉 쥬를 구분해 보면 첫째, 먼저 외국에서 태어나서 그곳의 기독교 교회나 단체를 통해서 이미 기독교인이 되어서 이민 온 유대인들(유대인 기독교인)이 있습니다. 둘째, 이스라엘에서 이들과 같이하거나 외국에서 이들과 뜻을 같이 하는 이방 유대인들입니다. 셋째, 이스라엘 땅에서 예수님을 영접한 사람들이 있습니다.

세계 교회는 왜 메시아닉 쥬를 도와야 하는가? 크리스천은 참 감람나무인 이스라엘을 도와야하는 것이 하나님의 뜻임을 알아야 합니다. 참 감람나무인 이스라엘을 인해 모든 기독교인기 하나님의 축복을 더 많이 받고 있음을 알아야 합니다.

성경은 기독교인이 유대인에게 빚진 자라고 하시면서 만일 크리스천이 유대인들의 신령한 것을 나눠 가졌으면 육신의 것 즉 물질적으로 그들을 섬기는 것이 마땅하다고 말씀하십니다.

> "저희가 기뻐서 하였거니와 또한 저희는 그들에게 빚진 자니 만일 이방인들이 그들의 신령한 것을 나눠 가졌으면 육신의 것으로 그들을 섬기는 것이 마땅하니라"(롬 15:27).

성도가 메시아닉 쥬들을 도우면서 주의해야 할 부분이 있습니다. 메시아닉 쥬들이 예수 그리스도를 믿는다고 다 기독교인이라고 쉽게 생각하고 '우리의 형제, 자매'로 착각하는데 의외로 많은 메시아닉 쥬의 리더들이 예수님의 신성을 부인한다든지 삼위일체와 기독교의 기본이 되는 교리들을 부정하는 경우가 있습니다.

예를 들어, 세계 교회들에서 삼위일체를 믿지 않으면 이단인데 메시아닉 쥬 가운데 삼위일체라는 말 자체를 부정하는 사람이(아직 성경말씀을 이해하지 못했기 때문이라 생각) 그들 중에 다수가 있습니다.

성도들은 일부 메시아닉 쥬들이 말씀에서 떠나있을 때, 주저하지 말고 성경말씀을 가르치고 예수 그리스도만이 구세주되심을 전해야 할 것입니다.

4. 유대인 구분

일반적으로 유대인하면 모두가 아브라함과 이삭과 야곱의 자손이라 생각하기 쉬운데 유대인을 두 가지로 구분합니다. 먼저 믿음의 조상 아브라함, 이삭, 야곱, 12지파의 전통적인 혈통을 가진 유대인을 세파르딤(Sephardim)이라 하고 혈통적으로 유대인이 아니지만 개종한 유대인들을 아슈케나짐(Ashkenazim)이라 합니다. 세파르딤에 속하는 유대인들은 약 10%로 그리 많지 않고 거의 90 % 이상이 유대교로 개종한 아슈케나짐(Ashkenazim) 유대인입니다(에 8:17).

세파르딤(Sephardim)에 속하는 유대인들은 한동안 에스파냐와 포르투갈에 거주하고 있는 유대인들의 자손들을 가리키는 말로 통했고 로마 가톨릭으로 개종한 유대인(콘베르소 또는 마라노)도 유대교를 버릴 수 없어서 숨어서 유대인 생활을 했습니다.

중세 이후 유대인을 둘로 나뉘어 각각 아슈케나짐과 세파르딤으로 불렸으며, 아브라함의 혈통을 이어온 세파르딤 유대인은 수적으로는 소수여서 제2차 세계대전 전에는 유대인 총인구 1650만 명 가운데에서 세파르딤은 불과 150만 명 정도였습니다.

지식인, 숙련 노동자들이 대부분인 서유럽계(동구 및 독일계가 주류) 아슈케나짐 유대인들은 이스라엘 건국 초기부터 정치, 경제, 군사 부분에서 두각을 나타내고 있지만 미숙련 노동자로 이루어진 아프리카, 중동계 세파르딤 유대인들은 사회구조의 하층을 형성하여 유대인 사회 내에서 갈등의 씨앗이 되었습니다. 그러나 건국 이스라엘에서 새로이 태어난 2, 3세대들(Sabra, 사브라)이 사회의 주류로 등장함에 따라 세파르딤과 아슈케나짐간의 갈등이 많이 해소되고 있습니다.

5. 예루살렘 성전 준비

이스라엘의 역사에 가장 중요한 것 가운데 하나가 바로 성전을 건축하는 것이며 바로 예루살렘 성전입니다. 성도 여러분, 살아가는 시대에 성전이 지어진다는 소식이나 성전이 지어지기 시작하면 한 이레인 7년 환난이 시작됨을 아십시오. 그리고 예수님의 지상 재림이 진짜! 진짜! 가까이 왔다는 것을 아시고 주님만 바라보는 믿음의 생활을 하시기 바랍니다.

이스라엘의 정통파 유대인들은 지금도 변함없이 하루에 세 번씩 예루살렘의 통곡의 벽에서 성전 건축을 위해 "우리 세대에 성전이 신속히 재건되는 것이 당신의 뜻이기를 바랍니다"라고 기도하고 있습니다. 이는 메시아의 오심을 기다리는 기도입니다.

유대인들의 신앙생활의 촛점은 예루살렘 성전 재건과 메시아의 왕국 건설입니다. 그들은 앞으로 예루살렘 성전이 세워져 성전 제사를 위해 쓰여질 성전 성물을 이미 만들어 준비하여 그날만 기다리고 있습니다. 140km² 넓이의 성전산은 지구상에서 가장 민감한 곳이 되어가고 있습니다.

제3성전 연구소(The Temple Institute)에서 준비하는 제사장은 Yeshiva라는 학교에서 교육을 시키고 있습니다. 구약의 레위기는 성전 제사를 위한 교과서입니다. 구약성경에는 여호와의 전 사무를 보살피는 자는 24,000명으로 명시되고 있습니다(대상 23:4-5).

현재 이스라엘은 예루살렘 성전이 재건될 경우에 성전 제사를 드릴 제사장들과 제사장이 성전에서 제사를 집행할 때 사용할 24카라트 순금으로 만든 금관과 90파운드(43kg)의 순금등대를 제작하여 보관하고 있으며 떡상(Table of shewbread)과 다윗의 십현금(10-string harp)이 준비되어 있습니다. 탈무드(Talmud, 유대인들을 위한 extra-Biblical 문헌들)에는 "예루살렘에 십현금이 나타나면 그때가 메시아의 오심을 알리는 때이다"라고 기록되었다고 합니다. 그리고 붉은 암소인데 2002년 4월 5일에 붉은 암송아지가 태어나서 민수기 19장에 기록된 말씀대로 하자가 없음을 확인했습니다.

유대인 전통에 따르면 붉은 암송아지는 메시아 시대의 도래를 알리는 징조라 합니다. 유대인들은 붉은 암송아지의 출현을 구약 시대의 신정사회로 돌아가는 전조로 보고 있고 중동의 아랍 국가는 중동의 평화를 위협하는 재앙으로 보고 있습니다. 성경을 믿고 예수님의 재림을 기다리는 사람들은 세상의 끝을 알리는 신호로 인식하고 있습니다.

이모든 것은 하나님이 준비시키시고 준비된 사람들을 통해 말씀을 하나하나 이루어가고 계십니다.

6. 유대인의 인구 현황

이 자료는 2006년 7월과 2010년 12월을 기준으로 약 4년 간의 변화된 유대인의 인구 현황입니다.

Joyeous time at the Western Wall with the Olim receiving their Israeli ID cards
Ebenezer Emergency Fund U.S.A.

"내가 너로 큰 민족을 이루고 네게 복을 주어 네 이름을 창대케 하리니 너는 복의 근원이 될찌라 너를 축복하는 자에게는 내가 복을 내리고 너를 저주하는 자에게는 내가 저주하리니 땅의 모든 족속이 너를 인하여 복을 얻을 것이니라 하신지라"(창 12:2-3).

1) The Jewish Population of the World(2006)

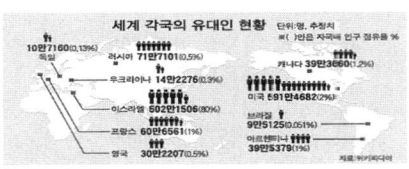

「중앙일보」, 2006년 7월 26일 수요일

2) The Jewish Population of the World(2010)

http://www.jewishvirtuallibrary.org/jsource/index.html

예루살렘을 위하여 평안을 구하라 예루살렘을 사랑하는 자는 형통하리로다(시 122:6).

Countries with Largest Jewish Populations

Rank	Country	Jews	% of World Jewish Population
1	Israel	5,703,700	42.5%
2	United States	5,275,000	39.3%
3	France	483,500	3.6%
4	Canada	375,000	2.8%
5	United Kingdom	292,000	2.2%
6	Russia	205,000	1.5%
7	Argentina	182,300	1.4%
8	Germany	119,000	0.9%
9	Australia	107,500	0.8%
10	Brazil	95,600	0.7%
11	Ukraine	71,500	0.5%
12	South Africa	70,800	0.5%
13	Hungary	48,600	0.4%
14	Mexico	39,400	0.3%
15	Belgium	30,300	0.2%

Jewish Population By Region

Africa			
Country	Total Population	Jews	% Jewish of Total Population
Egypt	84,474,000	100	<.05%
Ethiopia	84,976,000	100	<.05%
Morocco	32,381,000	2,700	<.05%
Tunisia	10,374,000	1,000	<.05%
Total North Africa	297,896,000	3,900	<.05%
Botswana	1,978,000	100	<.05%
Congo D.R.	67,827,000	100	<.05%
Kenya	40,863,000	400	<.05%
Namibia	2,212,000	100	<.05%
Nigeria	158,259,000	100	<.05%
South Africa	50,492,000	70,800	0.14%
Zimbabwe	12,622,000	400	<.05%
Other Sub-Saharan Africa	400,872,000	300	<.05%
Total Sub-Saharan Africa	735,147,000	72,300	<.05%
Total	1,033,043,000	76,200	<.05%

Asia			
Country	Total Population	Jews	% Jewish of Total Population
Israel	7,255,400	5,413,800	74.6%
West Bank and Gaza	3,966,700	289,900	7.3%
Total Israel & Disputed Territories	11,222,100	5,703,700	50.8%
Azerbaijan	8,934,000	6,400	0.07%
Georgia	4,219,000	3,200	0.08%
Kazakhstan	15,753,00	3,700	<.05%
Kyrgyzstan	5,555,000	600	<.05%

Turkmenistan	5,177,000	200	<.05%
Uzbekistan	27,794,000	4,500	<.05%
Total FSU in Asia	77,597,000	18,600	<.05%
China	1,361,763,000	1,500	<.05%
India	1,214,464,000	5,000	<.05%
Iran	75,078,000	10,400	<.05%
Japan	126,995,000	1,000	<.05%
Korea, South	48,501,000	100	<.05%
Philippines	93,617,000	100	<.05%
Singapore	4,837,000	300	<.05%
Syria	22,505,000	100	<.05%
Taiwan	23,000,000	100	<.05%
Thailand	68,139,000	200	<.05%
Yemen	24,256,000	200	<.05%
Other	938,181,900	200	<.05%
Total Other Asia	4,001,336,900	19,200	<.05%
Total	4,090,156,000	5,741,500	.14%

Europe			
Country	Total Population	Jews	% Jewish of Total Population
Austria	8,387,000	9,000	0.11%
Belgium	10,031,000	30,300	0.28%
Bulgaria	7,497,000	2,000	<.05%
Czech Republic	10,411,000	3,900	<.05%
Denmark	5,481,000	6,400	0.12%
Estonia	1,339,000	1,800	0.13%
Finland	5,346,000	1,100	<.05%
France	62,670,000	483,500	0.77%
Germany	82,057,000	119,000	0.15%
Greece	11,183,000	4,500	<.05%
Hungary	9,973000	48,600	0.49%
Ireland	4,589,000	1,200	<.05%
Italy	60,098,000	28,400	0.05%
Latvia	2,240,000	9,700	0.43%

Lithuania	3,255,000	2,800	0.09%
Luxembourg	492,000	600	0.12%
Netherlands	16,653,000	30,000	0.18%
Poland	38,038,000	3,200	<.05%
Portugal	10,732,000	500	<.05%
Romania	21,190,000	9,700	0.05%
Slovakia	5,412,000	2,600	0.05%
Slovenia	2,025,000	100	<.05%
Spain	45,317,000	12,000	<.05%
Sweden	9,293,000	15,000	0.16%
United Kingdom	62,129,000	292,000	0.47%
Other European Union	1,290,000	100	<.05%
Total European Union	497,795,000	1,118,000	.22%
Gibraltar	31,000	600	1.94%
Norway	4,855,000	1,200	<.05%
Switzerland	7,595,000	17,600	0.23%
Total Other Western Europe	13,016,000	19,400	0.15%
Belarus	9,588,000	16,500	0.17%
Moldova	3,576,000	4,100	0.11%
Russia	140,367,000	205,000	0.15%
Ukraine	45,433,000	71,500	0.16%
Total FSU Republics	198,964,000	297,100	0.15%
Total FSU in Europe	205,798,000	311,400	0.15%
Bosnia-Herzegovina	3,760,000	500	<.05%
Croatia	4,410,000	1,700	<.05%
Macedonia	2,043,000	100	<.05%
Serbia	7,656,000	1,400	<.05%
Turkey	75,705,000	17,600	<.05%
Other Balkans	5,995,000	100	<.05%

Total Balkans	99,569,000	21,400	<.05%
Total	809,344,000	1,455,900	.18%

The Americas			
Country	Total Population	Jews	% Jewish of Total Population
Canada	33,890,000	375,000	1.11%
United States	309,000,000	5,275,000	1.71%
Total North America	343,018,000	5,650,000	1.65%
Bahamas	346,000	300	0.09%
Costa Rica	4,640,000	2,500	0.05%
Cuba	11,204,000	500	<.05%
Dominican Republic	10,225,000	100	<.05%
El Salvador	6,194,000	100	<.05%
Guatemala	14,377,000	900	<.05%
Jamaica	2,730,000	200	<.05%
Mexico	110,645,000	39,400	<.05%
Netherlands Antilles	308,000	200	0.06%
Panama	3,508,000	8,000	0.23%
Puerto Rico	3,998,000	1,500	<.05%
Virgin Islands	109,000	300	0.26%
Other Central America	27,143,000	300	<.05%
Total Central America	195,427,000	54,500	<.05%
Argentina	40,666,000	182,300	0.45%
Bolivia	10,031,000	500	<.05%
Brazil	195,423,000	95,600	0.05%
Chile	17,135,000	20,500	0.12%
Colombia	46,300,000	2,700	<.05%
Ecuador	13,775,000	900	<.05%
Paraguay	6,460,000	900	<.05%
Peru	29,496,000	2,000	<.05%
Suriname	524,000	200	<.05%

Uruguay	3,372,000	17,500	0.52%
Venezuela	29,044,000	12,000	<.05%
Total South America	393,221,000	335,100	0.09%
Total	931,666,000	6,039,600	0.65%

Oceania			
Region	Total Population	Jews	% Jewish of Total Population
Australia	21,512,000	107,500	0.50%
New Zealand	4,303,000	7,500	0.17%
Other Oceania	10,023,000	100	<.05%
Total	35,838,000	115,100	0.32%

7. 예루살렘과 이스라엘을 사랑하라

주님의 군사로, 신부로 준비하는 성도여! 이스라엘을 위해 기도하고 축복합시다. 그리고 예루살렘의 평안을 구하시고 예루살렘을 사랑합시다. 형통의 축복이 여러분의 소유가 될 것입니다. 아브라함에게 주신 축복의 말씀이 성도들에게 이루어지시기를 바랍니다.

우리는 이렇게 기도해야 합니다. "170개국에 흩으진 유대인을 찾아내고 품에 안고, 등에 업고, 목말 태워 약속하신 땅 이스라엘과 약속하신 메시아, 예수님께로 이르게 하시옵소서"

LAST TIME

3장 어둠의 세상 주관자들

성경은 종말의 때에 성도가 오직 주님의 힘과 능력으로 강건해지고 마귀의 궤계를 능히 대적하기 위하여 하나님의 전신갑주를 입으라 말씀하십니다. 그리고 성도가 싸워야 할 대상에 대하여 분명하고 정확하게 알려주셨습니다. 그 대상은 바로 정사와 권세와 이 어두움의 세상 주관자들과 하늘에 있는 악의 영입니다(엡 6:10-13).

이 세상에 악한 마귀가 사용하는 사람들이 있습니다. 바로 이 어두움의 세상 주관자들입니다. 과거에 많은 사람들이 그들의 정체에 대해서 잘 알지 못했고 알려고 해도 그들이 좀처럼 자신들의 정체를 나타내지 않았습니다.

어두움의 세상 주관자들은 자신들의 정체를 철저히 숨겨왔고, 비밀스럽고, 은밀하게 자신들만의 세계를 이루어 왔습니다. 과거에는 그들의 정체에 대해서 이야기 하거나 매체를 통해서 전해지기만 해도 전하는 자들이 실종되거나 변사체로 발견되었습니다.

그러나 마지막 종말의 때에 이 어두움의 세상 주관자들이 자신들의 정체에 대하여 숨기지 않고 오히려 세상에 홍보하며 자본, 권력, 명예 등의 힘을 모아 회원까지 모집하는 웃지 못할 일들을 하고 있습니다.

1. 프리메이슨(Free Mason)

프리메이슨이란 석공이란 뜻입니다. 메이슨(mason)의 역사는 3,000년 전 구약성경에 솔로몬이 성전을 건축할 때부터 시작됩니다(왕상 5:18, 7:13-14).

프리메이슨의 공식 명칭인 "Free and Accepted Masons"외에 "Masonry, the Craft, the Brotherhood, the Order, the Fraternal Order, the Lodge" 등 명칭만도 다양합니다. 프리메이슨 상징은 메이슨(석공)의 필수품인 컴퍼스와 직각자입니다. G자는 히브리어로 기멜(Gimel)의 약자이며, 기멜은 '하나'라는 뜻을 가지고 있습니다.

메이슨의 개념과 의식은 주로 10-17세기의 중세 암흑기 시대 때 본격 생성된 것으로 보입니다. 미국의 초대 대통령인 조지 워싱턴은 1793년 워싱턴 D. C.에서 미국 의회의사당 정초식을 메릴랜드 대지부의 지원을 받아 프리메이슨 의식으로 거행했고, 당시 조지 워싱턴은 정식 회원으로서 메이슨 복장인 리갈리아를 입고 있었습니다.

1900년대에는 기업가, 정치가, 목사들까지 가담하면서 세계 최대의 조합(Lodge)이 되며 개신교 목사들의 프리메이슨 참여는 결국 W.C.C., 해방신학, 종교 통합 운동, 사신신학 등 하나님의 말씀에 거역하는 일들에 참여하게 됩니다.

프리메이슨 활동은 인간적인 면(인본주의, 자연주의)을 강조하면서 표면상 자선과 균등, 도덕성, 하나님을 위한 봉사 등을 모토로 삼고 있고 매년 거액의 돈을 병원, 고아원, 양로원, 장학금 등에 사용하고 있습니다.

과거 지하 비밀 동맹 정도로 머물러 있던 프리메이슨이 요즘 지상에서 온통 활개를 치고 이제는 미국에 다니는 차들 가운데에도 앞 뒤에 있는 플레이트 넘버(차 번호판)에 버젓이 프리메이슨 마크를 붙이고 다니며 특정 지역 동네 입구에 프리메이슨 지부의 간판이 세워져 있는 곳을 가끔 보게됩니다.

프리메이슨들은 자신들을 엘리트 중의 엘리트라고 생각하며 권력과 힘이 없는 특히 유색인종들을 싫어하고 혐오하면서도 자신들의 목적을 위해 유색 인종들을 이용하고 조종하고 있습니다. 유색인종을 대통령으로 세우고 세계 은행 총재, 유엔 총재와 이단 통일교 문선명의 아들을 내세워 세계 모든 종교를 통합하려는 뉴에이지적 다원종교론을 내세우고 있고 한발 더욱 나아가 W.C.C. 등에 힘을 쏟고 있습니다.

미국에만 약 250만 명 이상, 해외까지 수백만 명의 회원들이 있으며, 회원 의식은 비밀스럽게 행하는데 정식회원 외에는 잘 알 수 없으며, 기독교에서 가장 문제로 삼는 것이 바로 회원 가입 의식이 반기독교적인 사탄을 찬양하고 숭배하는 이단적인 행위들을 한다는 것입니다.

회원의 등급은 1도에서 시작해서 33도까지 등급이 있고 4도부터는 피로써 언약하게 되어 있습니다. 33도를 "그랜드 마스터"(Grand Master)라고 부르며 평의회를 열어서 최고 의장을 뽑아서 그를 프리메이슨의 의장으로 삼고, 의장의 지시에 전적으로 따르게 됩니다.

최근에는 프리메이슨 사이트를 통해서 일반인들도 회원으로 받아들입니다. 그런데 회원으로 가입하는 사람들 대부분이 저들의 악한 정체을 모르고 오히려 신분 상승의 기회로 삼고 있습니다.

프리메이슨은 현재 세계 종교통합, 세계정부통합, 신세계 질서(NWO)에 적극 지원하고 있고 적그리스도를 돕는자들이 될 것입니다. (요이 1:7-11).

프리메이슨들은 역사의 무대 뒤에서 사람들을 조종하는 역할을 했습니다. 그런데 왜 지금은 자신들의 정체를 세상에 나타내는 것일까요? 무엇이 저들을 음지에서 양지로 이끌어 내는 것일까요? 과거에는 자신들의 정체를 밝히는것 자체를 금지시 했는데 이제 세상 밖으로 표출하는 것은 세상이 점점 어두워가고 있음을 나타내는 것이고 자신들이 주인으로 모시기 원하는 사탄과 자신들의 메시아(적그리스도) 등장이 도래하고 있음을 알리는 것입니다.

세상 어두움의 주관자들은 자신의 메시아(적그리스도)의 도래가 곧 가까이 왔음을 알고 영화, 드라마, 음악, 미술, TV, 컴퓨터, 스마트폰 등 최첨단 과학을 이용하여 사탄을 여러 가지 형태로 알리고 그들의 세상을 점점 확산시키고 있습니다.

기독교 입장에서 프리메이슨이 특히 문제시되는 것은 기독교와 이단 사교에 양다리를 걸치고 있으며, 그들의 주장대로 성경과 예수를 "인정한다"고는 하나, 그들이 믿는 성경과 예수님은 기독교와는 근본적으로 다릅니다.

그들은 "예수는 성육신한 하나님도, 인류의 구주도 아닌 단순히 하나의 영적 지도자일 뿐이다"라고 주장하는데, 이 사상은 뉴에이지와 같은 사상입니다.

성도여! 깨어 나야 합니다. 프리메이슨은 지금도 사탄과 적그리스도를 맞을 준비를 위해 돈, 명예, 권세, 권력을 사용하고 있으며 심지어 모든 방송, 신문매체를 자신들의 손아귀에 이미 접수했고 그래서 세계 각국의 선교사들과 기독교인들이 핍박과 순교를 당해도 방송, 신문은 침묵하고 있습니다. 마지막 말세의 때를 자신들의 세상으로 바꾸려고 합니다.

크리스천은 재림의 주되신 예수 그리스도를 맞이할 준비가 되어 있는지 자신을 살펴보십시오. 그리고 하나님의 전신갑주를 입고 영적인 무장을 준비해야 하고 하나님의 말씀과 기도로 어두움의 주관자들을 대적해야 할 것입니다.

2. 예수회(Jesuit)

> "보라 사단의 회 곧 자칭 유대인이라 하나 그렇지 않고 거짓말 하는 자들 중에서 몇을 네게 주어 저희로 와서 네 발앞에 절하게 하고 내가 너를 사랑하는 줄을 알게 하리라"(계 3:9)

로마 가톨릭에 교황이 두사람이 있다고 하면 믿어지십니까? 바로 하얀 교황(항상 앞에서 얼굴 마담하는 교황)과 검은 교황(예수회 수장)입니다. 실제적인 권한을 행사하는 교황이 누구이겠습니까?

하얀 교황　　검은 교황(아돌포 니콜라스)

예수회는 로마 가톨릭 교회와 교황의 권력에 도전하는 개신교(프로테스탄트)들로부터 로마 가톨릭을 보호하기 위해 만들어진 비밀단체입니다. 가톨릭 신자인 로욜라가 프리메이슨의 사상과 조직을 이어받아 만든 비밀 조직이 바로 이 예수회입니다. 예수회의 창설은 1534년에 몽마르트의 노틀담 사원에서 조직되었습니다.

로마 교황청은 예수회를 정치적인 도구로 이용하려고 했고, 예수회는 이에 부응하여 맡은 소임을 열성적으로 완수했기 때문에 교황청의 신임을 얻어 점차 세력을 넓히게 됩니다.

예수회는 트랜트 종교회의에서 교황의 무오성을 주장하여 교황청의 권위를 높였고, 사제들의 결혼과 자국어 예배, 교황제도의 개선을 요구하는 개혁파의 주장을 교묘한 책략과 논법으로 일축시켜 바오로 3세로부터 '교회의 수호자'라는 칭호를 받게 됩니다.

예수회는 해외 선교에도 힘을 써 정신적 지도자로 성장하는데 과거 "미션"이라는 영화도 예수회의 선전용 영화입니다. 예수회는 교황이 세계를 지배하기 위해서 각국의 지도자를 포섭하는 정치조직으로 발전, 지도층에 대한 권위 있는 고해성사를 주관하고, 고위층 자녀에 대한 교육을 담당하였으며, 1556년 로욜라가 사망할 당시에는 전 세계에 뿌리를 내리게 됩니다.

예수회의 사상은 이단자 로욜라의 주장대로 "수장이 지시하는 것이라면 그 모든 것은 정의로운 것이며 온당한 처사임을 모든 회원은 명심해야 한다", "천주 교회가 검은 것을 흰 것이라고 한다면, 우리는 그대로 받아드려야 한다"라고 강조합니다.

예수회는 회원들에게 성경도 못 읽게 하고 주입식으로 교리와 사상을 교육하며 또한 원활한 사회생활을 위해 다양한 학문을 공부하고, 예의범절이나 친절한 에티켓, 화법까지도 교육시킵니다. 예수회가 돈 많은 미망인에게 접근하는 이유 가운데 하나는 정신적으로 제압하거나 수녀원에 보내 재산을 빼앗기 위함입니다.

예수회 회원은 세뇌적 교육에 의해 상부의 명령에 절대적으로 복종하도록 훈련되며 그들은 이성과 도덕적 양심마저도 버리고 상부의 명령에 따라 살인도 자행할 태세를 갖추게 됩니다.

예수회는 로마 가톨릭이 세계를 지배할 수 있도록 모든 활동을 전개하는 정치조직이며 이를 위해 수단과 방법을 가리지 않습니다. 포섭, 음모, 선전, 선동, 교육(한국의 서강대학교가 예수회에 의해 세워짐), 선교, 반역 등이 동원됩니다.

로마 가톨릭 내에서 교황의 강력한 독재체제를 추구하고, 에큐메니컬 운동을 통해 기독교를 교황권 아래로 편입시키려 하고 있으며 각국의 정치가들이 교황에게 충성을 다할 수 있도록 노력합니다.

예수회 입단식에서 후보자는 고대 신비 종교의 유산이고, 프리메이슨 의식과 유사한 죽은 자를 부르는 초혼, 지옥의 불꽃을 나타내는 화염, 해골, 움직이는 뼈, 인공 천둥과 번개들이 장치되어 있는 곳을 통과합니다.

예수회의 우두머리는 실질적인 총사령관으로서 수장(General)이라 불리고 한번 임명되면 죽을 때까지 재임할 수 있습니다. 예수회 사제는 주교의 통제를 받지 않으며, 1545년 교황 바오로 3세는 그들에게 사목권, 고해 청취권, 성례식 집행권, 미사 집례권 등을 부여했고 그들에게 허용되지 않은 것은 결혼식 주례 뿐입니다.

오늘날에도 33,000여 명의 예수회 공식 회원이 공식활동 중이며 이들은 교황권의 세계 지배를 위하여 불철주야 분주히 활동하고 있습니다.

예수회의 기독교 박해는 너무나 가혹하고 참혹했는데, 박해의 도구인 종교재판소(Inquisition)를 예수회가 만들었습니다. 그들이 종교재판 때 사용하던 악명 높은 고문방법도 예수회가 고안한 것입니다. 예수회는 유럽 곳곳에 종교재판소를 설치하고 개신교를 탄압, 학살, 고문, 개종하게 했습니다.

자세한 사항은 존 팍스의 기독교 순교사화을 읽어 보시면 얼마나 많은 개신교인들이 어떠한 방법으로 고문을 당하며 순교하였는지를 자세히 알 수 있습니다.

예수회와 로마 가톨릭은 1,500년 동안 개신교인들을 7,000만 명에서 1억1천만 명 정도를 죽였습니다.

3. 일루미나티

"서머나 교회의 사자에게 편지하기를 처음이요 나중이요 죽었다가 살아나신 이가 가라사대 내가 네 환난과 궁핍을 아노니 실상은 네가 부요한 자니라 자칭 유대인이라 하는 자들의 훼방도 아노니 실상은 유대인이 아니요 사단의 회라"(계 2:8-9).

프리메이슨 가운데서 가장 활동적이며, 예수회보다 더욱 비밀히 움직이는 조직이 일루미나티입니다. 2009년 상영된 "천사와 악마"라는 영화의 주된 내용이 일루미나티에 관한 내용입니다. 천사와 악마라는 영화를 보면서 참으로 시대가 많이 변했다는 생각이 듭니다. 프리메이슨들이 자기 자신들의 정체를 거침없이 나타내는데 정말 예수님의 재림이 가까왔음을 깨닫게 됩니다.

저들은 마지막 때를 위해 엄청난 돈을 뿌리며 자신들의 편으로 만들어 힘을 키워나가고 있습니다. 하나님의 백성인 크리스천은 더욱 정신을 차리고 물욕, 탐욕, 정치욕, 명예욕, 정욕 등을 버려야 하고 날마다 자신을 십자가 밑에 장사 지내는 거룩한 삶을 살아야 합니다(골 3:5-6).

일루미나티는 18세기 후반 독일의 아담 바이샤우트가 예수회대학에서 공부하다가 진보적 사상을 접하면서 새롭게 창안한 사상으로 당시 세계적 금융재벌이자 프리메이슨 유대인인 로스차일드와 손잡고 1776년 5월 1일 정식으로 창립했습니다.

미국 1달러 피라미드 아래를 주의해서 보시면 로마 문자의 숫자가 기록되어 있는데 해석하면 1776년 이라는 숫자를 나타냅니다. 이것은 일루미나티가 정식으로 창립한 해를 기록한 것입니다.

일루미나티의 근본은 바벨탑이며, 노아의 홍수 이후에 인간이 흩어지지 말자고 만든 것이 바벨탑인데, 인간을 위한, 인간에 의한 인본주의 사상을 가지고 하나님을 대적하기 위해 만든 것이 바로 일루미나티입니다.

일루미나티의 전술은 사탄적, 비성경적, 비민주적입니다. 저들의 강령의 내용은 모든 군주제와 정부를 폐지, 사유재산과 상속제 폐지, 애국주의와 민족주의 폐지, 가족제와 결혼제도 폐지, 모든 종교의 폐지 등입니다.

일루미나티 소속의 유대인이 소유한 민간기업 연방준비은행(FRB)에서 발행한 1달러 지폐 뒷면에는 피라미드 꼭대기에 빛을 발하는 전시안이 있는데, 이는 일루미나티가 지배하는 세상, 즉 신세계 질서에 의한 세계정부를 만들어 모든 사람을 지배하겠다는 뜻입니다. 일루미나티의 세계정복 야욕은 시온의정서를 보면 잘 나타나 있습니다.

MBC TV "서프라이즈"에 소개된 내용입니다.

바이샤우트의 지시로 프랑크푸르트에서 파리로 가던 단원이 벼락에 맞아 죽음으로 시온의정서가 발견되었고, 당시 독일정부는 이들의 음모를 프랑스에게 경고하지만 프랑스가 이를 무시함으로 프랑스 혁명은 성공합니다.

시온의정서에는 돈을 이용해서 정치인을 매수해 권력을 잡고, 언론을 통제해 여론을 자신들이 의도한 방향으로 이끌고, 사람들을 타락시키고, 바보로 만들어서(3S-스크린, 스포츠, 섹스) 다루기 쉬운 동물 같이 만들어 결국 그들의 노예로 만든다는 내용이 담겨있습니다. 그들의 의도는 영적 존재인 인간을 짐승화시키는 것이고 짐승의 표(666)를 통해서 관리, 추적, 통제의 목적이 있습니다.

일루미나티의 "신세계 질서"는 세상을 먼저 타락시키고 물질적으로 만들어 하나님과 멀어지게 해서 혼돈의 세계를 만든 다음 그들이 원하는 방향으로 세상을 정복하겠다는 것입니다. 저들은 목적을 위해서 갖은 음모와 속임수, 테러, 학살, 경제위기, 전염병 유포, 마약장사와 같은 악행을 서슴지 않고 결국 이들은 하나님 대신에 사탄을 꼭대기에 앉히고, 모든 사람이 경배하게 할 것이며, 폭력 조직 같은 세상을 만들 것입니다(살후 2:3-4).

일루미나티 회원들은 노비스(미숙자), 미네발, 계몽된 미네발 등 3개 계급으로 나눕니다. 계몽된 미네발의 계급이 되기 위해서 이교도들의 고대의 신비적인 비밀교리나 의식을 배워 익혀야 했고, 점점 하나님의 말씀에서 떠난 자가 됩니다.

일루미나티는 분명히 사단의 회가 맞습니다. 분별하십시오. 그리고 예수 그리스도 안에서 말씀으로 대적하십시오.

4. 어두움의 세상 주관자들의 기관

1) 연방 준비 은행(FRB)

모든 나라는 각 나라의 기관인 중앙은행에서 자체적으로 돈을 만들어 냅니다. 한국은 조폐공사에서 돈을 만들고 정부가 통화를 조정합니다.

미국은 신기하게도 미국 연방 정부에서 돈을 만들지 못하고 비영리 단체인 연방준비은행(FRB)이라는 곳에서 돈을 찍어내고 통화를 조절하고 있습니다. 연방준비은행은 연방 정부와는 전혀 관계가 없으며 이름만 '연방'을 사용해서 국민들을 속이고 있는데 미국 시민들 자체도 이러한 사실을 잘 모르거나 알아도 크게 놀라면지만 별로 개의치 않고 있습니다.

미국의 전화번호부(411)에는 연방준비은행이 정부기관이 아닌 비영리 단체임을 표시해 줍니다. 그리고 2012년 L. A.에 위치한 "라디오 코리아" 뉴스에 주형석 기자가 "연방준비은행"에 관한 내용을 짧지만 정확하게 요약을 해서 보도를 했는데 그 내용에도 "연방준비은행"이 비영리 단체임을 보도했습니다.

세계의 달러 통화량은 누가 결정하고 조절하겠습니까? 앞서 글을 쓴 것처럼 비영리 단체인 연방준비은행에서 합니다. 미국에는 12개 연방준비은행이 있고 총괄 지배하는 것이 뉴욕연방준비은행입니다.

연방준비은행의 멤버들은 20세기 초 미국의 민주당에서 윌슨이라는 꼭두각시 인물을 내세워 그를 대통령으로 만들고 프리메이슨들로 각료들을 채우고 1913년 12월 23일 모든 상하원의원들이 크리스마스 휴가를 간 사이에 의회에서 "연방준비은행"과 소득세 관련 법안을 날치기 통과시켰습니다.

미국 연방의 헌법개정안은 주정부 3분의 2의 동의를 받아야 하는데 2개 주만 동의했는데도 국무장관은 이 법안을 통과 발효시킵니다. 얼마나 황당한 일입니까? 과연 민주주의 종주국이라는 미국에서 이렇게 엄청난 불법을 통해 날치기 통과된 법이 바로 연방준비은행입니다.

연방준비은행(FRB)은 의회의 감사도 받지 않고, 대통령이나 재무장관의 명령도 받지 않는 초국가적 비영리 기관입니다. 연방준비은행의 주요 소유자는 록펠러, 골드만 삭스, 로스차일드 등 금융 재벌들이며, 프리메이슨(은행가)은 엄청난 금과 자금을 바탕으로 국제결제은행(BIS, Bank for International Settlement), 국제통화기금(IMF, International Monetary Fund)과 세계은행(World Bank)을 만들었고, 이 세 기관은 세계의 중앙은행 구실을 하며 각국의 중앙은행과 은행을 관리하고 통화량을 조절하여 자기들 스스로가 경제의 중심에 있다고 생각합니다.

프리메이슨(은행가)은 남미나 동남아시아에 돈을 넉넉히 빌려 주었다가 일제히 투자금을 회수해 지급 불능상태에 빠지게 하여 외환 위기를 일으킵니다.

그리고 통화량을 축소하고, 공기업을 민영화하고, 구조조정으로 인원을 대량 해고, 감축시키며, 시장을 개방 요구하고, 노동법을 개정(개악)하고, 각 나라의 중앙은행도 민영화하라고 압력을 행사합니다.

은행가들의 요구를 들어 준 국가는 경제가 더 어려워지고, 부동산과 기업은 헐값에 국제 은행가에게 넘어가는데 만약 프리메이슨(은행가)들의 요구에 반항하거나 채무불이행을 선언하면 쿠테타로 정부가 전복되거나 대통령이 암살되는 경우도 있습니다.

한국 외환 또한 프리메이슨의 작품이라 생각하는데 한국은 외환 위기 때 하나님의 도움으로 IMF를 빠져나올 수 있었고 그것은 한국교회에 많은 기도의 사람들이 있기 때문입니다.

2) CFR(Council on Foreign Relations) - 외교관계협의회

CFR 창설 목적은 세계를 통제하고 감시하는 신세계 질서(NWO)를 목적으로 1921년 조직되었으며 미국 정부와 CIA를 조정하고 세계의 정치, 경제, 군사, 종교를 통합하여 적그리스도의 세계 정부를 세우는 데 목표를 두고 있습니다.

CFR 언론 활동은 무엇보다 중요한 사안인데 그들은 미국의 언론을 조정, 통제하고 미국 주요 언론사 오너, 편집장을 CFR 회원으로 교체시켜서 CFR의 뜻대로 여론을 조성, 불리한 기사는 왜곡, 보도하지 않고 있습니다.

특히 개신교에 관한 글들과 중동 지역과 아프리카 지역들 그리고 인도 곳곳에서 일어나는 순교 당하는 뉴스들은 철저하게 차단시키고 있는데, 이것은 세계의 크리스천의 힘이 뭉쳐지는 것을 두려워하기 때문입니다. 저들이 적이라 생각하는 대상은 바로 크리스천들과 유대인들이기 때문입니다.

CFR은 문화계에도 깊히 침투하여 사탄적인 락음악을 만들어 강한 비트와 조명으로 젊은이들을 열광시키고, 마귀의 몸동작을 따라하게 하고, 음악의 내용에 사탄, 섹스, 마약, 술, 담배, 동성연애 등을 넣어서 사탄을 찬양하게 하고 사탄적인 인물들로 만들어 버립니다. 2012년 한국에서 공연한 "레이디 가가"의 경우가 그러한데, 그녀가 공연한 나라마다 동성연애, 동성결혼, 자살 등이 이어지고 있습니다.

CFR은 "Think Tank"를 만들고 홍보해서 마치 지식과 세계를 움직이는 단체처럼 보이게 하지만 이것 또한 인본적이고 하나님을 떠난 사람의 생각으로 세상을 지배하겠다는 뜻입니다.

CFR 정치 활동을 보면 CIA 국장은 대부분 CFR 출신들이며 CIA는 CFR을 위해 존재한다는 평가를 받을 정도로 연관 관계를 가지고 있습니다. 미국의 현대사의 대통령들이 CFR 회원이며 이들의 도움을 받아 대통령에 당선되는데 리처드 M. 닉슨, 제럴드 R. 포드, 지미 카터, 로널드 레이건, 조지 H. W. 부시, 빌 클린턴, 조지 W. 부시, 현직 대통령 버락 오바마도 CFR 회원입니다.

3) 빌드버그 회의(Bilderberg Conference)

1954년 네덜란드의 베른하르트 왕자에 의해 설립되었으며, 재미있는 것은 빌드버그 호텔에서 처음 모임을 가졌다고 하여 빌드버그 회의라고 불리는데 빌드버그 회의를 실질적으로 움직이는 사람은 영국, 스웨덴, 네덜란드, 스페인의 왕실 사람들이며, 미국의 프리메이슨 또한 실질적인 행사를 하고 있습니다.

초청 대상자는 비밀 운영위원회가 참석자를 선별해 초청하며, 알칸소 주지사였던 빌 클린턴이 빌드버그 회의에 명예회원으로 추대된 후 이듬해(1992년) 미국 대통령이 되었는데 무엇을 의미하는 것일까요?

빌드버그 회의는 삼변회와 함께 세계화를 촉진해 신세계 질서와 세계정부수립을 건설하는 것을 목표로 하고 있습니다.

4) 삼변회(Trilateral Commission)

삼변회는 미국, 유럽, 일본 그룹을 의미합니다. 삼변회 조직은 1972년 7월 1일 데이비드 록펠러(CFR 회원) 저택에서 조직하였고 빌드버그, CFR이 설립을 지원하고 총회원은 300명이며 뉴욕, 파리, 도쿄에 본부를 두고 9개월마다 35명으로 구성된 집행 협의회를 통해 운영합니다.

삼변회는 세계 경제를 독점, 다국적 은행가와 기업 엘리트들이 세계 정부를 세우기 위한 조직으로 세계적인 규모의 경제권력을 창출하고 세계 단일 정부 수립을 목적으로 합니다.

삼변회 영향력은 실로 막강한데 특정 인물을 미국 대통령으로 만들고 대통령은 삼변회의 지시대로 정책을 수행하며 연방 준비 은행 총재들 대부분 삼변회 소속 출신들입니다. 역대 대통령 클린턴, 부시, 오바마까지 삼변회 멤버들이 중심이 되어 공화당, 민주당 정당 관계없이 대통령을 만듭니다.

삼변회를 향한 외부 저항도 있었는데, 1980년 미국 재향 군인협회는 삼변회와 CFR에 대한 국정 조사권 발동을 촉구했으며, 1981년 해외전쟁참전용사협회도 조사권 촉구 결의안을 채택했습니다.

맥도널드 하원의원이 결의안을 의회에 제출하였으나 1983년 9월 1일 대한항공 007편을 타고 뉴욕을 출발하여 앵커리지를 경유해서 서울로 가던 중 소련 상공에서 소련 전투기의 공격을 받고 사할린 섬 서쪽에 추락하게 됩니다. 물론 이 사고로 미국 맥도널드 하원의원을 포함한 269명 탑승자 전원이 사망합니다. 나머지는 여러분의 생각에 맡깁니다.

5) 300인 위원회(The Committee of 300)

300인 위원회는 런던에 본부를 두고 세계의 정치, 경제, 사회, 문화, 군사, 종교 등 모든 분야를 좌지우지하며 수많은 단체와 협회를 뒤에서 조종하고 신세계 질서(NWO)를 앞세워 세계 정복자로 자처하며, 세계의 부호와 귀족, 언론인, 정치인, 전문가들이 300인 위원회에 소속돼 있는데 직위는 세습됩니다.

6) 국제 연합(UN)

1945년 50개국의 대표들이 모여 만들었으며, 뉴욕에 있는 UN 본부는 프리메이슨 록펠러가 기증한 땅에 지었습니다. CFR의 많은 회원들이 창립회의에 참가하였고, CFR의 주도로 움직입니다.

7) 보헤미안 클럽

미국 캘리포니아에는 보헤미안 그루브(Bohemian Grove)라고 하는 엘리트들의 여름 캠프가 매년 열리는데 보헤미안 클럽의 상징은 부엉이입니다. 미국 1달러의 앞면 오른쪽 상단을 보시면 부엉이 한 마리가 앉아 있

는 그림이 있는데 돋보기로 잘 보셔야 합니다. 부엉이가 바로 보헤미안의 상징이고 그 뜻은 어두움에 깨어나서 세상을 다 볼 수 있다는, 즉 모든 사람을 통제한다는 뜻을 가지고 있습니다.

LAST TIME

4장 세계의 징조

1. 짐승의 표(666)와 그림자들

"저가 모든 자 곧 작은 자나 큰 자나 부자나 빈궁한 자나 자유한 자나 종들로 그 오른손에나 이마에 표를 받게 하고 누구든지 이 표를 가진 자 외에는 매매를 못하게 하니 이 표는 곧 짐승의 이름이나 그 이름의 수라 지혜가 여기 있으니 총명 있는 자는 그 짐승의 수를 세어 보라 그 수는 사람의 수니 육백 육십 륙이니라"(계 13:16-18).

세계 모든 크리스천과 주님의 정결한 처녀로 부름을 받은 성도여! 깨어납시다.

하나님이 다니엘 선지자에게 말씀하신 마지막 때가 되면 첫째, "사람들의 왕래가 빨라진다"고 하셨는데 세계의 모든 것들이 빨라지고 있습니다. 과거 미국에서 한국을 가려면 2-3개월 동안 배를 타고 갔습니다. 그러나 지금은 비행기로 12시간이면 갈 수 있고 차세대 기술로는 2-3시간 안에 가능합니다.

21세기에 열차는 1988년에 시속 407km로 달리는 열차를 개발한 독일과 1996년 시속 443km 열차를 만든 일본, 2007년 시속 575km까지 속도를 내는 열차를 가진 프랑스, 2010년 시속 486km로 주행하는 데 성공한 중국에 이어 한국이 세계에서 네 번째로 빠른 열차 해무를 개발했는데 서울에서 대구까지 430km의 속도로 1시간 10분이면 도착한다고 하니 엄청난 과학과 기술의 발전입니다.

둘째, "지식이 더 하리라"고 말씀하신 것처럼 세상의 지식이 크게 증가하여 개인이 우주여행을 하는 세상이 되었고 동물을 복제하고 더 나아가 사람이 사람을 복제하는 시대가 되었습니다(단 12:4).

21세기의 과학의 발달은 하나님을 떠난 지식이 되어 오히려 사람들의 영혼과 몸을 공격하고 파괴시키는 무기로서 변해가고 있습니다. 그것들 가운데 하나가 바로 우리가 살아가고 있는 세상에 편리함과 신속함과 광범위함을 위해 나타난 바코드, 베리칩, RFID, QR코드입니다.

세상의 모든 것들이 빨라지고 지식이 점점 더해집니다. 이러한 시대에 성도는 세상에서 일어나는 일들이 '나와 상관 없고, 무관한 일이다'라고 생각하지 말고 깨어서 성경이 현시대에 일어나는 일에 대하여 무엇을 말씀하는지 깨달아야 합니다. 성도는 성경을 읽고, 지키며 기도하고 성령님이 인도하시는 길을 가야 할 것입니다.

에스겔 선지자와 같이 성도 개인이 파수꾼의 사명을 가지고 "오직 예수", "회개하라 천국이 가까이 왔다", "예수님만이 구원이십니다", "짐승의 표(666)를 받지 마세요"라고 세상을 향해 담대히 선포하고 전도의 나팔을 불어야 합니다.

1) 바코드(bar code)

제가 대학생 때인 80년대 한국 서울의 압구정동에 위치한 H백화점

과일 코너에서 처음으로 바코드가 찍힌 과일을 보고 충격을 받은 일을 기억하는데, 이 세상에 바코드가 1970년에 등장하면서 짐승의 표(666)의 그림자가 확실히 나타나게 되었습니다.

21세기에 들어와서는 모든 물건에 붙어 있고 찍혀 있는 것이 바로 바코드인데 컴퓨터 시스템에 데이터를 입력하기 위하여 여러 개의 막대(bar)나 선들을 인쇄해 놓은 것이며, 막대기에 폭과 위치에 따라 바코드 정보는 스캐너(레이져-붉은 색의 스캐너)를 사용해 숫자를 읽습니다.

요한계시록 13장에 "이 표는 곧 짐승의 이름이나 그 이름의 수라 지혜가 여기 있으니 총명 있는 자는 그 짐승의 수를 세어 보라 그 수는 사람의 수니 육백 육십 륙이니라"고 말씀하십니다. 이 말씀을 바로 깨닫게 되면 베리칩이 "짐승의 표다", "아니다"라는 논란에서 벗어날 수 있을 것입니다.

바코드는 12개의 숫자로 구성되어 있고 시작(6) – 중간(6) – 끝(6)의 터미네이터 라인(Terminator Lines)에 의해 나누어 집니다.

이해하기 쉽게 미국 캘리포니아주에 위치한 애나하임에 있는 디즈니랜드에 100명의 사람들이 들어갈 때 처음 들어 가는 사람이 "시작"(6)인데 상품에 붙어 있는 바코드의 시작 코드를 보면 길게 튀어나와 있고 시작의 코드 이것을 "가드 바"라 하는데 "6"이며, 약 50명이 지나가면 확인하는 코드가 "중간"(6) 가드 바 "6"이고, 100명의 모든 사람이 모두 통과하면 "끝"(6) 가드 바 "6"을 표시합니다. 따라서 각 바코드 내에는 시작 - 중간 – 끝 부분에 세 개의 커다란 "가드 바" 6(Six)가 있는 셈인데, 이 세 개의 가드 바가 "666"입니다. 바코드를 보시면 막대기들이 줄을 서 있으며, 이것 가운데 어떤 것은 국제코드, 국가(나라)코드, 검증코드로 분류되어 있습니다.

한 가지 신기한 것은 원래 바코드 체제는 세 가지가 있었습니다. 처음부터 666 체제를 사용하려고 한 것은 아니며 999체제와 444체제가 계속해서 에러가 발생했지만 666체제만은 에러가 발생하지 않았습니다. 한마디로 컴퓨터가 스스로 666만 이해하고, 실행한다는 것이며 따라서 전 세계적으로 IBM에서 개발한 666체제가 특허를 풀어서 일반화 되었습니다.

IBM이 만든 초기 컴퓨터 시스템을 세계 2차 대전 당시 히틀러가 유대인들을 학살하는 도구로 사용되었습니다. 말세에도 과학 시스템이 발전하면서 적그리스도가 이용합니다. 그리고 세계 사람들을 학살하고 많은 크리스천이 순교합니다.

여러분 과거 은행에 가면 99번 지로 창고가 있었음을 기억하십니까? 이것이 바로 666지로 창고인데 사람들이 반감을 가지고 있으니까, 999지로 창고로 바뀌고, 다시 99번 지로 창고로 바꾸었습니다.

하나님의 말씀인 성경을 다시 한 번 읽어 보시면서 깨달으시기를 바랍니다. 짐승의 표는 666입니다.

2) 베리칩(VeriChip)

21세기에 세계 교회의 뜨거운 이슈 가운데 하나가 "베리칩을 받아도 된다", "안 된다" 그리고 "베리칩이 짐승의 표다, 짐승의 표가 아니다"라고 교회와 교단안에서 많은 논쟁거리가 됩니다.

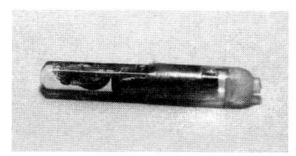

먼저 분명히 밝히는 것은 베리칩은 요한계시록 13장에서 말씀하시는 후삼 년 반에 나타나는 "짐승의 표 666의 그림자"입니다. 그림자란 실체가 있고 실체에 빛이 비추어져 나타나는 것입니다. 실체는 "짐승의 표 666"이고, 빛은 성경말씀이며, 그림자는 베리칩입니다.

그러므로 당연히 베리칩도 받으면 안됩니다. 왜냐구요? 베리칩 안에 666 바코드가 들어있기 때문입니다.

아직은 하나님이 허락하신 때가 아니기에 그림자의 형태로 나타나서 사람들을 미혹하고 있습니다. 베리칩은 "짐승의 표 666의 그림자"입니다. 그러므로 베리칩을 받으면 안됩니다. 한번 베리칩을 받은 사람은 "짐승의 표 666"도 자연스럽게 받게 됩니다.

베리칩 즉 "짐승의 표 666의 그림자"가 점점 빠르게 진행, 발전하고 확산 되어가는 것을 보면서 언젠가는 전 세계가 동일하게 베리칩을 받으라고 광고하고 이것을 적그리스도가 이용하여 후삼 년 반에 "짐승의 표 666"으로 바꾸어서 받게 할 것입니다.

미국은 2014년부터 시작하는 전국민 의료보험 개혁의 일환으로 국민 모두에게 베리칩을 받을 것을 반강제적으로 강요를 할 것입니다.

러시아도 2025년까지 모든 국민이 베리칩을 받아야 합니다. 러시아 의회에서 통과된 법에는 베리칩을 머리에 받게 되어 있으니 참으로 "하나님의 말씀을 대적하는 나라, 극한 북방의 나라, 곡의 나라"라는 것을 다시 한 번 깨닫게 됩니다.

사람들에게 베리칩을 받게 하려는 의도가 무엇일까요? 깨어서 깊이 생각해 보세요. 성경은 깨닫는 사람만이 멸망을 받지 않는다고 말씀하십니다.

베리칩을 직접 개발한 칼 샌더스(Carl Sanders) 박사의 증언에 의하면 현재의 베리칩 안에는 전 인류를 통제할 모든 기능이 이미 전부 내장되어 있다고 합니다.

제17회 신세계 질서(NWO) 회의에서 하나의 세계 정부를 어떻게 하면 만들 수 있을까라는 고민 끝에 칼 샌더스 박사에게 이 세계의 모든 사람들을 식별하고 관장할 수 있는 마이크로칩, 즉 피하주사 바늘로 피부밑에 삽입할 수 있는 것을 고안해 내도록 임무를 주었습니다.

칼 샌더스 박사팀은 피부의 온도 변화에 따라 재충전되는 리튬전지에 의해 전원이 공급되는 초소형 반도체를 고안했는데 바로 주된 요소는 유전자 코드 내장(유전자 코드를 베리칩 조종자들이 바꾸면 자신의 생각, 의지하고는 관계없이 행동하게 하며 생각, 대화내용까지 통제받게 된다)과 GPS(Global Positioning System)가 내장된 감시장치(Surveillance Device, 모든 사람 감시, 추적이 가능하며, 베리칩을 받으면 어느 곳도 숨지 못합니다)입니다. 샌더스 박사는 자신들이 유토피아를 만드는 데, 큰 일을 하는 것으로 착각했다고 합니다.

그러나 칼 샌더스(Carl Sanders) 박사는 예수님을 믿고 베리칩이 얼마나 하나님이 기뻐하시지 않는 일인 것을 알게 되었고 현재는 미국 전역을 돌아다니면서 자기가 유토피아를 건설할 걸로 믿고 개발한 베리칩이 "짐승의 표 666"이라고 외치고 있습니다.

베리칩(VeriChip)은 'Verification(확인, 증명) Chip'의 약자로 개인정보가 담겨진 것으로 몸 안에 삽입할 수 있는, 즉 간단하게 설명하면 무선식별 몸속 신분증입니다.

128개 정보 문자와 데이터 전송용 전자 코일, 동조 콘덴서 등이 실리콘 유리 튜브 속에 들어가며 현재 사용하는 마이크로칩의 길이는 약 7mm이고 직경은 0.75mm로서 쌀알만한 크기입니다. 인체에 들어가는 베리칩은 밧데리가 따로 필요하지 않기 때문에 사람이 살아있는 한 반영구적으로 사용 가능합니다.

아마 후삼 년 반 적그리스도의 시대가 되면 과학의 발달로 몸에 집어 넣는 것보다 몸 밖에 새기게 될 것입니다. 얼마 전에는 잉크로 된 RFID가 개발되었다고 합니다. 이것이 무엇을 상징하는지 다시 한 번 생각해 보십시오.

2004년 7월 "AP통신" 보도에 따르면 멕시코 정부가 법무부 장관을 비롯한 검사와 수사관 160여 명의 몸에 전자태그칩을 이식한 것으로 드러났는데, 중요 정보기관에 출입할 때 보안 및 신원 확인을 위한 것이라고 합니다.

2012년 현재 미군들과 정부 기관에서 또는 보안 시스템에서 근무하는 일부의 사람들이 베리칩을 받고 있으며 어떤 사람들은 자신도 모르는 사이에 베리칩을 받기도 합니다.

몸속에 베리칩이 들어가면 베리칩이 신용카드, 돈, 운전면허증을 대신하고, TV를 켜고 끄는 것, 컴퓨터, 모든 빌딩·건물의 출입카드를 대신합니다.

베리칩은 세계 정부(NWO)가 그들의 메시아(적그리스도)가 나타나서 짐승의 표를 세계 모든 사람들에게 받게 하기 전에 준비시키는 것이며, "짐승의 표 666"을 쉽게 받게 하기 위한 사전 작업의 일환입니다.

신세계 질서(NWO)와 세계 정부를 원하는 어두움의 주관자들은 모든 사람들이 베리칩을 몸속에 받으면 생활에 편리함, 안전함 그리고 보안을 유지할 수 있음을 강조합니다.

그러나 그것은 어두움의 세상 주관자들의 주장일뿐 베리칩을 사람에게 넣어 사람들이 어디에 있든지 찾아내고, 24시간 감시할 수 있으며, 어떤 신분(대통령, 기업 총수, 연예인, 회사원, 학생, 어린 아이), 어떤 장소, 환경에서든지 베리칩을 받은 사람의 생각과 행동을 조종할 수 있습니다.

쥐나 토끼, 풍뎅이 등을 실험한 것을 보면 실험용 동물들, 곤충까지도 움직이기 싫어도 위성에서 동물의 몸 안에 들어가 있는 베리칩에 지시를 하면 좌·우로, 앞·뒤로 움직입니다.

만약 이것을 사람에게 적용하면 어떻게 될까요? 베리칩을 받게 되면 받은 사람 역시 지시하는 자(세계 정부, 적그리스도의 정부)의 명령대로 움직이게 되어 있으며, 그들이 살인을 지시하면 살인을, 테러를 지시하면 테러를, 군인들에게 살상·납치·폭파를 지시하면 그들은 자신의 의지와는 관계 없이 살상·납치·폭파 등의 행동을 하고 움직일 것입니다.

성경은 우리들에게 경고하고 있습니다. 우상에게 경배하고 짐승의 표를 받는 자는 누구든지 밤낮 쉼을 얻지 못하리라 하셨는데 예전에 요한계시록을 연구할 때는 이 뜻이 막연하기만 했지만 이제는 그 말씀이 무엇을 뜻하는지 이해됩니다(계 14:11).

다시 한 번 강조하지만 베리칩은 분명히 짐승의 표 666의 그림자이며 받아도 그만 안받아도 그만이 아니라, 절대로 받아서는 안되는 것임을 명심하고 또 명심해야 합니다.

짐승의 표를 받는 사람은 그마음과 생각과 행동이 짐승처럼 될 것인데, 영화에 자주 소재로 등장하는 좀비를 생각하시면 됩니다. 크리스천이 이러한 사실을 깨닫고 많은 사람들에게 전파하고 알려야 할 것입니다.

　이러한 진실을 알려도 일부 사람들 외에는 믿지 않습니다. 그리고 나라나 정부의 정책을 비판없이 따르려고 할 것입니다. 그러나 하나님이 주시는 지혜의 말씀, 지식의 말씀을 가지고 베리칩의 정체를 증거하면 저들도 언젠가는 깨닫게 될 것입니다. 깨달음도 전적인 하나님의 은혜입니다.

3) RFID

　21세기는 바코드 시대를 거쳐 RFID 시대로 전환되고 있습니다. 여러분이 마켓에 가서 계산할 때 물건 하나 하나를 스캔하면 시간이 많이 걸리고 인력도 많이 필요합니다. 그러나 RFID로 처리하면 줄을 서지 않아도 물건을 하나하나 스캔 하지 않아도 됩니다. 월마트나 코스코에서 물건을 계산할 때 지금은 하나하나 스캔을 해서 계산하므로 시간도 많이 걸리고, 인건비도 많이 지출이 되지만 RFID는 200-300가지의 물건을 약 1초만에 계산이 가능합니다.

　RFID(Radio Frequency ID entification Device)란 생산에서 판매에 이르는 전과정의 정보를 초소형칩(IC칩, 겨자씨보다 작은 크기)에 내장시켜 이를 무선주파수로 추적할 수 있도록 한 기술인데 유통분야에서 일반적으로 물품관리를 위해 사용된 바코드를 대체할 차세대 인식기술로 꼽힙니다.

　RFID는 라디오 전파를 이용하여 원거리에서 정보를 인식하고 부착된 태그로부터 전파를 이용하여 사물의 정보 및 주변 환경을 인식하며 정보를수집·저장·가공·추적함으로써 사물에 대한 원격처리, 관리 및 정보 교환과 서비스를 제공합니다.

　현재 한국의 고속도로, 미국의 프리웨이를 운전하다 보면, 하이패스(HIGH PASS)라는 곳으로 차가 돈을 내지 않고 그냥 지나갑니다. 이것이 RFID 기술의 장점이며, 결재는 자동으로 계산되어 빠져나가게 되고, 정보를 수정하거나 삭제할 수 있는 점도 바코드와 다르며 활용 범위도 무궁무진합니다.

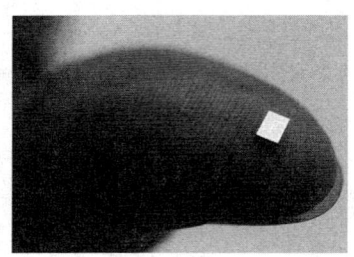

　참으로 편리하고 신기한 RFID 기술이지만 짐승의 표 666 그림자이고 제2의 선악과이며 에서가 장자권을 팔아 먹은 팥죽과 같아서 보암직도하고 먹음직도 하고 지혜롭게 할만큼 탐스럽습니다.

　요한계시록을 강해한 일부 목사들이 짐승의 표인 666을 단지 상징적 또는 영적으로 해석하고 있습니다. 짐승의 표 666이 상징이라면 성경이 왜 그것을 받는 사람이 영원한 불못에 떨어진다고 했을까요? 일부 목사들조차 하나님의 말씀을 왜곡시키고 있으니 성도들은 잘 분별하셔야 합니다. 바로 여러분의 생명과 직결되어 있습니다.

　아직 많은 목사님들이 베리칩에 숨겨진 사탄의 계략을 모를 수 있습니다. 그렇다고 그분들이 깨닫고 말씀 할 때까지 기다리고만 있는 것은 위험합니다. 어쩌면 주님 다시 오실 때에도 깨닫지 못하고 교인들에게 알려줄 기회를 놓칠 수도 있습니다. 사탄은 모든 수단을 동원하여 베리칩이 짐승의 표(666)의 예표(그림자)이라는 것을 숨기려고 하고 알리지 못하게 할 것입니다.

우리가 사는 시대는 말세지말이며 성도는 자기가 자신의 영혼을 스스로 돌아볼 줄 알아야 합니다. 또한 가족과 주님의 몸된 교회와 기름부음을 받은 주의 종들과 믿음의 형제, 자매들의 구원을 위해서 기도하셔야 합니다.

4) QR 코드

QR코드는 그림처럼 생긴 정보를 나타내는 매트릭스 형식의 2차원 바코드입니다. QR은 Quick Response(빠른 응답)의 약자로, QR코드를 찍었을 때 빠르게 정보를 볼 수 있다는 의미인데 색상은 흑백으로 되어 있으며 격자무늬 패턴 속에 정보를 담고 있습니다.

바코드가 1차원적인 숫자코드를 담을 수 있다면 QR코드는 숫자, 알파벳, 한글 등 문자 데이터를 저장할 수 있고 저장용량 또한 바코드보다 우수하며, 한국어로 표현하면 '정보무늬'라고 부를 수 있습니다.

QR 코드의 특징은 바코드는 단방향 즉, 1차원 적으로 숫자 또는 문자 정보가 저장가능한 반면, QR코드는 종횡으로 2차원 형태를 가져서 더 많은 정보를 가질 수 있으며, 숫자 외에 알파벳과 한자등 문자 데이터를 저장할 수 있고 색상이 들어가도 상관이 없습니다.

　QR 코드에는 숫자는 최대 7,089자, 영문자(코드표가 따로 존재) 최대 4,296자, 8비트 바이트 최대 2,953바이트, 한자 1,817자를 담을 수 있습니다. 스마트폰에 앱을 내려받아 스캔하면 즉석에서 인터넷을 통해 그 정보를 읽을 수 있어 최근 일부 교회 주보에도 사용하고 있습니다.

2. TV를 버려라

　성도여 아직도 TV 앞에서 하나님이 주신 귀중하고 소중한 시간을 버리고 계십니까?
　여러분이 TV 앞에서 즐기는 그 시간이 하나님과 만나 대화하는 소중한 기도 시간이며 말씀을 읽는 시간입니다. 그리고 가정 예배가 드려져야 할 시간이 아닙니까?
　가정이 영적으로 살려면 말씀을 읽고 기도하고 가정 예배를 드려야 합니다. TV·컴퓨터·스마트폰·인터넷은 성도가 하나님과 만나는 시간을 차단하는 마귀의 도구입니다.
　적그리스도의 정부와 세계 정부를 준비하는 자들은 신세계 질서을 위해 TV·컴퓨터·인터넷·스마트폰등을 통해서 여러분의 가정·침실·

거실·화장실까지도 보고, 듣고 할 수 있습니다. 여러분은 이러한 사실을 믿어지십니까? 첨단 기계등을 통해서 개인과 가정과 사업체가 감시를 받는다면, 또는 사생활이 보장받지 못한다면 개인의 기분은 과연 어떠할까요?

소송의 나라, 미국에서 감시당하는 일이 일어나도 법적인 공방이 일어나지 않는 것은 미국의 대다수의 국민들은 감시를 받고 있다는 것 자체를 아직 모르기 때문입니다.

한국은 2001년 10월 26일 SBS가 디지탈 방송을 시작함으로써 본격적인 고화질 디지탈 TV 시대의 막이 오르게 되었고, 2010년 1월 1일로 아날로그 텔레비전의 생산이 종료되었습니다. 한 가지 수상한 것은 세계의 여러 나라가 2012년 말까지 아날로그 송출을 중단하고 전면 디지털 방송을 한다는 것입니다.

일본은 2011년 7월부터 아날로그 송출을 중단시켰으며, 미국의 경우 2009년 금융위기의 어려운 시기에도 디지털 방송 전환에 따른 세대별 보조금 지원에 대해 사회적인 논란을 가져 왔습니다.

이 상황은 디지털 방송이 각국마다 이해관계가 다르고 형편이 다른데도 전 세계적으로 무리수를 두면서까지 시행되고 또한 세계 각국의 정부가 한 목소리를 내는 것에 놀라지 않을 수 없습니다.

OECD 국가 가운데 28개국이 2012년까지 디지털 전환 완료예정
대표적인 14개국 비교

스웨덴-2007년(완료)	핀란드-2007년(완료)	네덜란드-2006년(완료)
독일-2008년(완료)	이태리-2012년	영국-2012년
프랑스-2011년	스페인-2010년	일본-2011년
호주-2013년	캐나다-2011년	멕시코-2021년

한국-2012년   미국-2009년

　과학의 발전으로 인한 편리성의 통합이라는 명분으로 이해하기에는 너무나 많은 의문이 생깁니다. 세계의 TV와 전자 기계들이 디지털화되는 것이 마치 조지 오웰의 소설인 『1984년』이 생각나서 너무나 놀랍니다. 그리고 『1984』에 등장하는 "빅 브라더"(적그리스도)가 통치하는 시대가 '점점 다가오는구나'라는 생각이 듭니다.

　세상 사람들은 이것이 시대적 흐름이라 이야기하지만 시대적 흐름으로만 보기에는 너무나 인위적이고 의도적이라는 생각이 듭니다. 이것이 바로 성경에서 말씀한 이 세상 어두움의 주관자들의 전략이고 적그리스도의 세상을 꿈꾸는 세계 정부의 계획입니다.

　아날로그가 디지털을 흉내낼 수 없는 가장 큰 차이점은 바로 '양방향 송수신'이라는 점입니다. 아날로그 방송은 송출시 수신매체에 대한 정보 파악이 불가능하여 방송국이나 방송 담당자의 입장에서 몇 명이 시청하는지 어디서 보고 있는지 알 수 없습니다.

　양방향 송수신이 가능한 디지털 방송은 수신매체로부터 신호를 받아 송신의 내용을 결정할 수 있을 만큼 발전된 시스템입니다. 이것은 다시 말해서 중앙에서 수신매체에 대한 통제가 가능하다는 것입니다.

　디지털 방송의 인프라는 세계 정부를 계획하는 자들이 전 세계를 통제하고 감시하기 위해 반드시 필요한 선결 과제입니다.

　사회주의 중국에서 사생활을 보장받기 어렵다는 것은 잘 알려진 사실입니다. 어디서든 당국의 감시 눈길이 있고 전화와 감청은 수시로 이뤄지고 있으며 곳곳에 깔린 폐쇄회로 TV(CCTV)는 사람들의 일거수일투족을 감시하고 영상에 담습니다.

　「연합신문」(2011년)의 보도에 의하면 베이징의 중심 도로인 창안제에서 발생한 음주 교통사고 운전자를 재판하는 법정에서 검찰측이 제시한 증거물은 중국에선 사생활이란 존재하지 않는다는 사실을 적나라하게 드러냈다는 점에서 충격적이라 할 수 있습니다. 세계가 점점 사생활이라는 단어가 사라져가는 느낌이 드는 것은 왜일까요?

성도여! 적그리스도의 때가 점점 다가오고 있습니다. 그러나 두려워하지 맙시다. 적그리스도는 성도가 두려워할 존재가 아님을 성경은 말씀해 주고 계십니다. 예수 그리스도 안에서 듣대합시다(마 10:28).

3. 미국 건강보험법

2010년 3월 21일, 강제적으로 베리칩을 받아야 하는 "오바마 케어"인 미국 건강보험 개혁안이 의회에서 통과되었습니다. 언론에서는 그에 따른 효율성 및 차후 방안 위주로 언급했지만, 그 이면에는 성경 요한계시록 13장의 짐승의 표(666) 예언이 이루어지기 시작한 것입니다.

주님을 기다리는 사랑하는 성도여러분! 이 법안의 주안점은 바로 베리칩에 관한 것입니다. 베리칩은 요한계시록 13장의 "짐승의 표"는 아니지만 '짐승의 표의 그림자'이고 이것이 준비되어야 요한계시록의 말씀들이 이루어지는 것입니다. 건강보험을 통해서 에덴동산의 선악과의 유혹이 다시 한 번 시작되었습니다.

버락 오바마 미국 대통령이 23일(현지시간) 워싱턴의 백악관 이스트룸에서 이틀 전 하원을 통과한 건강보험 개혁법안에 서명하고 있다. 오바마는 20개의 서로 다른 펜을 이용해 한 자 한 자 자신의 이름을 썼다. 서명에 사용된 펜은 건보 개혁을 지지해 준 사람들에게 기념품으로 선물할 예정이다. 법안은 오바마의 서명과 동시에 법률로서 즉시 발효됐대[워싱턴 AP].「연합뉴스」

 건강보험은 누구나 가지고 혜택을 받으면 편리하고 좋습니다. 그러나 미국의 건강보험법은 목적 자체가 행복 추구를 위한, 사람을 위한 것이 아니라 인체에 기계 장치를 심어(베리칩) 통제하기 위한 수단으로 사용하려고 하는 세계 단일 정부의 프로그램에 지나지 않습니다.

 인체에 이식하려는 베리칩은 "짐승의 표 666의 그림자"이기 때문에, 2010년 3월 21일에 통과된 미국 건강보험 개혁안의 베리칩 시행 법령은 모든 성도에게 새로운 시대가 다가오고 있음을 알리는 신호탄이 된 것입니다.

 미국의 건강보험에 가입하지 않으면 2014년부터는 벌금이 95달러이며 2015년엔 세 배인 285달러이고 2016년엔 일곱 배인 665달러가 부과됩니다. 그리고 그 다음은 어떻게 할까요?

 건강의료보험법이 추구하는 최고의 목표이자 초점은 바로 이 1,001쪽 중에 딱 한 줄 나와있는 "a class II device that is implantable", 즉 베리칩입니다.

건강의료보험의 중요 내용은 베리칩에 내장된 GPS가 개인의 위치, 대화와 행동을 감시하고 추적하는데 감시장치 네트워크(surveillance network)는 지구의 어디서든지 이메일과 전화통화까지 모니터 할 수 있고 각 개인의 온갖 종류의 정보에 정부가 접근할 수 있다는 것입니다.

2,300쪽이 넘는 건강보험개혁법의 전체적인 내용들은 정부가 개업의사나 병원, 보험사, 사업가, 자영업자, 제약회사와 환자들에게 독단적인 파워를 행사를 한다는 내용인데 모든 조항의 주체가 정부로 되어있습니다.

만약 건강 의료보험법이 시행되어 보험에 가입하지 않으면 입원비와 치료비를 환자가 전체 경비를 부담해야 하며 국가가 치료비를 지불해주지 않는데도 벌금 처벌까지 받아야 합니다. 벌금을 피하려면 늦어도 2013년 12월 31일까지는 정부가 제공하는 건강보험에 가입해야만 한다는 것입니다.

미국 건강보험법이 위헌이냐, 합헌이냐의 공방 후에 약 2년 넘게 소강상태에 있었지만 미국 연방 대법원이 이 법안을 통과시킬 것이라 예상했습니다. 그리고 2012년 6월 28일, 연방 대법원의 판사들이 5:4로 미국 건강보험법 합헌 결정을 내렸습니다.

베리칩을 통한 미국 건강보험개혁법이 미국 국민 앞에 공식적인 실시를 목전에 두고 있으며 이것이 실시되면 한국 뿐만 아니라 전 세계 여러 나라들이 미국의 '건보법'을 따를 것입니다.

사랑하는 성도 여러분! 미국에서 실행되는 법이 미국에만 제한되지 않고 전 세계적으로 시행될 것입니다. 분명한 사실은 이 세상은 어느 한 곳도 안전한 곳이 없고 오직 예수 그리스도만이 참된 자유와 안전한 곳임을 알아야 합니다(시 18:2).

4. 혐오범죄방지법

2009년 7월 23일 목요일 야밤중에 전격적으로 처리되었다.

　미국 연방 상원이 2009년 7월23일 혐오범죄예방법안(Matthew Shepard and James Byrd, Jr. Hate Crime Prevention Act)을 통과시켰습니다. 이 법안에서 말하는 '혐오 범죄'는 "성적 지향, 성,·정신적 장애, 신체적 장애, 인종, 출신 국가를 이유로 타인을 공격하는 범죄 행위"를 의미합니다.

　법안 지지자들은 이 법안의 통과를 동성애자(게이, 레즈비언, 양성애자, 트렌스젠더) 권익신장의 역사적 순간이라 자축하고 있는데, 이 법안은 1998년 10월 와이오밍주립대학의 학생이자 게이인 매튜 세퍼드(Matthew Shepard)가 납치돼 살해 당한 사건과 같은 해 텍사스에서 트럭에 치여 사망한 흑인 제임스 바이어드 주니어(James Byrd Jr.) 사건의 이름을 땄습니다. 혐오범죄방지법은 미국 뿐만 아니라 전 세계 교회와 크리스천을 향한 공격입니다. 미국이 혐오범죄방지법을 채택하고 통과 시키므로 세계 다른 나라에게도 많은 영향을 주고 있습니다.

18일 조지아 스테이트 대학에서 열린 연방 법무부·FBI 주최 '혐오범죄 방지 컨퍼런스'에서 바바라 K. 보서만 연방 법무부 인권침해범조과 수석 연구관이 혐오 범죄에 대해 설명하고 있다(애틀란타 「중앙일보」, 2005년 10월 19일).

미국 연방의 상하원의원들이 하나님의 말씀에서 떠나 이러한 큰 죄악을 짓는 일에 동참하는 모습을 보면서 미국이 이제는 기독교 국가에서 점점 멀어져 간다는 생각을 합니다. 세계 정부를 꿈꾸는 자들은 미국의 역대 대통령이 하지 못한 일을 흑인 대통령을 뽑아 거침없이 세계 정부를 향한 법안을 통과시킵니다.

성도는 저들의 의도를 바로 깨달아야 합니다. 혐오범죄방지법이 구체적으로 삼위일체 하나님을 믿는 성도에게 어떤 영향을 미치게 될까요? 이 법이 실질적으로 표면화 되면 일반 국민은 물론이고 특히 기독교의 목회자들이 강단에서 설교할 때, "기독교단 참 종교"라고 말할 수 없습니다.

이런 설교는 "혐오방지법"에 따라 다른 종교를 차별하는 중죄에 해당됩니다. 또한 목사가 강단에서 "회개하라"는 설교를 할 수 없고, 입 밖에 낼 수도 없습니다. 이런 설교 역시 모두 "혐오범죄"에 속한다는 것입니다. 얼마나 패역하고 반기독교적인 법입니까!

성경을 가르치는 목회자들은 로마서 1:27 "이와 같이 남자들도 순리대로 여인 쓰기를 버리고 서로 향하여 음욕이 불 일듯하매 남자가 남자로 더불어 부끄러운 일을 행하여 저희의 그릇됨에 상당한 보응을 그 자신에 받았느니라"는 말씀과 레위기 18:22게 "너는 여자와 교합함 같이 남자와 교합하지 말라 이는 가증한 일이니라"는 말씀을 전할 때에 동성연애가 죄라고 언급할 수 없게 됩니다.

사도행전 4:12의 "다른 이로서는 구원을 얻을 수 없나니 천하 인간에 구원을 얻을 만한 다른 이름을 우리에게 주신 일이 없음이니라"는 말씀은 언급을 할 수 없게 됩니다. 혐오방지법은 다른 종교를 비판하지 못하도록 규정하고 있습니다.

목사는 동성연애하는 사람이 자기들 결혼 주례를 요청할 때 "하나님 보시기에 동성결혼은 가증한 죄"라고 거절하면 동성연애하는 사람들을 차별하고 학대했다고하여 중죄로 처벌받습니다. 이것이 혐오범죄방지법의 실체입니다.

결과적으로 이 법으로 인해 미국 국민의 도덕과 윤리는 땅에 떨어지게 되었고, 이단과 비성경적 사회악은 더욱 힘을 얻게 되었으며 동성애자들이나 성전환자, 타종교 신봉자들은 우대를 받는 반면, 기독교의 진리를 전하는 하나님의 백성에게는 적지 않은 걸림돌이 됩니다.

미국과 세계가 마치 노아의 때와 같이, 롯의 때와 같이, 소돔과 고모라의 도시가 되고 있습니다.

성도여! 시대를 분별해야 합니다. 그리고 심판의 날이 다가오고 있으니 깨어서 기도합시다. 지금이 정말 기도할 때이고 자신의 목숨을 주님의 제단에 관제로 드릴 각오로 매일 매일을 나의 마지막 날처럼 생명의 주님에게 충성해야 합니다.

5. 캠트레일(CHEMTRAIL)-살인 구름

높은 하늘에 떠있는 구름을 잠시 확인해 보십시오. 왜냐하면 화학 구름일지 모르기 때문입니다.

MBC TV 프로그램 "서프라이즈"에서도 캠트레일을 방영한적이 있었습니다(2012년 현재 사이트상에서는 MBC측의 요구로 닫혀 있습니다). 내용은 1998년 2월 13일, 네바다주에 "라미레드 산체스"라는 사람이 출근을 위해 집에서 나올 때, 정체 불명의 비행기가 낮은 고도로 집 앞에 있던 자신의 차와 마을에 이상한 물질을 뿌리는 것을 목격하게 되었습니다. 산체스씨는 자신의 차에 떨어진 황토색 액체의 괴물질을 만져보고, 잠시 후 경찰에 신고합니다. 경찰들이 현장에 도착했을 때는 산체스씨는 이미 의식을 잃은 채로 있었고, 그 후 그는 3일간 의식불명으로 있다가 사망했습니다.

경찰과 FBI는 처음에는 열심을 가지고 사건을 파헤치고 접근하였으나, 나중에는 어떤 이유에서인지는 모르겠지만 사건 자체를 덮으려고 하였습니다. 아마도 상부의 지시에 의해서 이루어진 일일 것입니다.

그런데 가해자는 놀랍게도 미공군 소속 비행기로 확인되었고, 군사기밀이라고 이유로 언급을 회피했습니다. FBI와 경찰의 발표는 더욱 황당합니다. 구름의 실체도 모르면서 정부의 지시대로 "심하게 손상된 오존층을 복구하는 액체"라고 발표하였고, 그 액체 물질은 "오존층 고갈을 완화시켜준다"고 주장했습니다.

1) 캠트레일이 무엇인가?

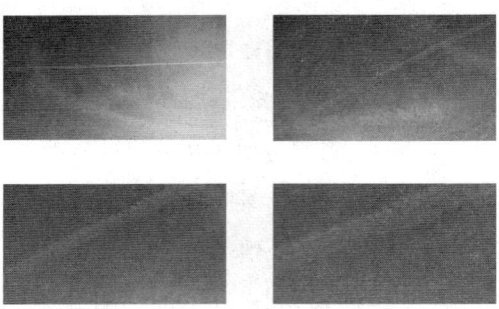

2011년 3월 11일 Valencia, CA.

위의 그림은 2011년 6월 3일, 캘리포니아주 발렌시아시의 하늘을 촬영한 것인데 낮에만 아니라 새벽과 저녁에도 캠트레일을 뿌리고 있었습니다.

2011년 캠트레일을 뿌린 횟수와 2012년 4월, 5월, 6월의 횟수가 많은 차이를 나타냅니다. 제가 작성한 캠트레일 리포터의 기록을 보면 2011년 4월에는 22회, 5월에는 17회, 6월에는 23회였는데, 2012년 4월에는 15회, 5월에 5회, 6월에는 뿌리지 않고 있습니다. 2011년과 2012년의 캠트레일을 뿌린 횟수가 왜 다른지는 잘 알 수 없지만 어떤 정책의 변화가 생긴 것은 분명합니다.

캠트레일은 비정상 비행 구름(살인구름, 화학 구름)으로 최소 3시간에서 최대 8시간 지속되어 구름처럼 남아있고 시간이 지날수록 구름처럼 점점 크게 퍼져 나갑니다.

가끔씩 화학 물질 교체 추정 구간도 발견하게 되는데, 구름이 살포된 지역의 하늘은 원래의 푸르른 모습이 사라지고 검고 어두운 회색빛으로 변하게 됩니다. 그리고 그것이 지상에 도착하는 시간은 아마도 오후 6시 정도로 추정이 됩니다.

캠트레일 성분은 호흡기 질환을 일으키는 각종 바이러스, 미생물과 유해 물질을 다량 함유하고 있으며 각종 질병이 증가하는 현상이 발생하게 됩니다.

2) 콘트레일(CONTRAIL) - 정상적인 구름

2011년 2월 11일 Valencia, CA.

콘트레일(contrail)은 우리가 익히 알고 있는 보통의 비행기 구름입니다. 이 구름은 비행기가 약 30,000 피트 이상의 높은 고도에서 날아갈 때 발생되는 것으로써, 공기가 물의 기포로 압축 또는 엔진을 통과하면서 얼음 결정체로 되거나 날개가 공기를 밀어낼 때 발생됩니다.

정상 비행 구름은 기포가 다시 증발하면서 보통 8-20초 정도 길면 10여 분 사이에 위의 그림 처럼 비행기 날개 뒤쪽에 짧은 길이의 형태로 나타났다 사라집니다.

3) 캠트레일의 영향과 성분

2002년 1월 30일 미국회-구시니치(Dennis Kucinich) 의원이 "우주공간의 무장화 금지법안"을 제출했으며, 무장화 금지법안의 무기 가운데 하나가 캠트레일입니다. 캠트레일이 이해가 가시지 않으시면 월남 전쟁시 사용되었던 고엽제를 생각하시면 됩니다.

월남 전쟁 당시 월맹군이 밀림지역에서 게릴라식 전략을 사용하자 미군과 연합국은 밀림지역을 초토화하기 위해 고엽제를 살포했습니다. 고엽제가 뿌려질 때 아군(미군, 한국군)도 밀림지역에 주둔하고 있었는데 정부에서는 고엽제가 인체에는 아무 영향이 없고, 식물만 초토화시킨다고 발표했습니다. 아무것도 모르는 연합군들은 고엽제가 비행기에서 뿌려질때 몸에 좋다고 비처럼 반갑게 맞은 병사들도 많이 있었다고 합니다.

제가 한국에서 있을 때, 뉴스에서 "월남 파병에서 돌아온 병사 가운데 고엽제를 맞은 군인이 서서히 병들고, 원인도 없이 시름시름 앓다가 죽고 그들의 후손들도 고엽제의 영향을 받아 정상적인 삶을 살지 못한다"는 보도를 들었던 것이 생각났습니다.

캠트레일의 성분은,

첫째, 에틸렌 디브로마이드(Ethylene Dibromide): 동물 독성실험 결과 정자 형성억제와 모체 및 태아독성이 나타났으며 여러 가지 돌연변이 원성과 순환기계의 혈관 육종, 호흡기관 선종, 비강암 등의 발암성을 나타내는 것으로 보고되었습니다.

둘째, 바륨: 방사능 물질. 일반 독성의 3배 포함.

셋째, 알루미늄: 알츠하이머병을 유발하며, 생물학적 배경이 밝혀지지 않은 백혈구와 적혈구 알루미늄 마이콥플라즈마(mycoplasma) 바이러스와 세균의 중간성질 미생물 등 각종 바이러스 등으로 알려지지 않은 생물학적 요소들을 포함하고 있는 것으로 드러났습니다. 특히 미국에서는 캠트레일 때문에 벌이 사라지는 원인으로도 밝혀졌습니다.

4) 지구상에 왜 살포하는가?

1991년 1월 8일, 걸프전 당시의 캠트레일을 살포하여 아프칸 상공에 가득 찬 기사들을 본 적이 있습니다. 캠트레일에 관련된 가설 3가지를 살펴보면,

(1) 인류의 개체수 감소목적

캠트레일은 군사 화학전의 일환으로 분쟁지역 내에서 적의 인구를 감소하기 위한 화학무기입니다. 물론 지금도 사용하고 있고, 발암물질이 상당히 많이 포함되며 생명공학이 발달한 현대에 수많은 사람들이 암으로 죽는 것은 캠트레일의 영향 때문이라고 생각합니다.

세계 정부주의자들은 신세계 질서(NWO)의 계획 가운데 지구의 인구를 6분의 1로 줄이려는 계획, 즉 세계 인구를 10억 수준으로 맞추려는 계획입니다. 이것이 바로 세계 단일화 정부의 계획 중에 하나입니다.

(2) 지구온난화 완화

지구 온난화를 막기 위해 대기권에 수천 톤의 알루미늄 입자를 뿌리는 작업이라 주장합니다. 만약 이것이 사실이라고 해도 이러한 내용이 국민들에게 발표되지 않는 것은 알루미늄을 살포하고 나서 후에 나타날 후유증 때문이 아닐까요?

(3) 광역 심리안정제

미국 정부에서도 캠트레일은 확실한 증거와 피해자들이 있음에도 불구하고 정부에서 딱 입을 닫아버리는 주제 중에 하나입니다. 대중들이 폭동, 반란을 일으킬까봐 심리를 안정시키기 위해 사용되는 것이라 주장하지만 정말 말이 안되는 논리입니다.

캠트레일은 지금도 세계 곳곳의 하늘에 나타나는 실제입니다. 그리고 그것은 독입니다. 독을 마셔도 해를 받지 않는 비결은 오직 예수 그리스도를 따르는 것입니다.

말세의 믿는 자들에게는 표적이 따를것인데, 예수님의 이름으로 귀신을 쫓아내며, 새 방언을 말하며, 뱀을 집으며, 무슨 독을 마실찌라도 해를 받지 아니하며, 병든 사람에게 손을 얹은즉 낫게 하는 능력이 있을 것입니다.

6. 한국 교회여 수쿠크법을 막아라

이슬람은 결코 평화적이며 '정상적인 종교'가 아닙니다. 이슬람은 마귀 세력의 집단이고 테러 집단입니다. 마귀의 하수인이라 해도 과언이 아닙니다.

이슬람은 "한 손엔 코란, 다른 한 손엔 칼"을 외치며 오일 달러의 힘으로 세계를 잠식하고 있습니다. 이슬람이 세계 곳곳에서 벌이고 있는 온갖 테러와 전쟁은 그들의 종교 특성을 설명해 줍니다. 특히 이슬람에서 여성들이 겪고 있는 고통은 상상을 초월하는데 그 가운데 하나가 바로 명예 살인입니다.

수쿠크법은 이슬람 채권법입니다. 이슬람 채권법은 빌리는 자가 이슬람교로 개종하는 것을 원칙으로 하며 개종을 반대하면 자살 폭탄 테러같은 행동을 합니다. 그런데 한국이 왜 이런 폭력적인 이슬람의 채권법인 수쿠크법을 받아들이려고 하는지 묻고 싶습니다. 그리고 제정신을 가진 사람이라면 과연 한국 정서와도 맞지 않는 법을 통과시키려는 것이 온전한 정신인지 묻고 싶습니다.

사랑하는 조국 한국을 위해 기도하면서 나라를 망치려는 자들이 많이 있음을 깨닫게 되었고, 그들이 이슬람 세력으로부터 무슨 로비를 받아 얼마나 챙겼는지 모르지만 하루 속히 정신을 차리고 나라를 망치는 일을 중지하길 바랍니다.

세계 각국에서 이슬람의 수쿠크법을 받아들이고 난 이후의 변화가 많이 있습니다. 스웨덴에 많은 무슬림들이 유입되면서 우수한 스웨덴인들이 해외로 떠나고 있는데 그 이유는 바로 이슬람 이민정책 때문입니다. 스웨덴 정부조차 이슬람 이민정책에 대해 언급하기를 싫어합니다. 왜 그럴까요? 테러를 당하는 것이 두렵기 때문이고 이것이 바로 스웨덴의 현실입니다.

하나님의 말씀에서 떠난 스웨덴이 수쿠크법을 받아들이므로 지금 스웨덴은 과거의 민주주의 나라에서 이슬람화 되어가는 곳이 되었고 학교, 병원, 경찰서, 공공기관이 이슬람의 테러에 의해서 불타고 파괴된다니 한심한 일이 아닐 수 없습니다.

영국에는 이미 2009년, 런던, 맨체스터, 버밍험, 에딘버르, 글라스고 등 주요 도시에 사리아 법정이 있어서 이슬람법으로 재판을 하고 있습니다. 무슬림은 영국을 이슬람화 하는데 성공했습니다. 뉴스를 보시면 영국에서 자주 테러가 일어나는 것을 보게 될 것입니다. 이 모든 원인이 바로 깊은 생각없이 정치하는 정치가들과 그리고 이슬람 세력의 군중 심리에 속은 국민들이 수쿠크법이 '큰 문제가 되겠는가?' 하는 안이한 생각으로 무슬림을 받아 들였기 때문입니다.

선교사들의 선교보고를 통해서 알게 된 사실은 무슬림은 아시아에서 한국을 전진기지로 택하고 2020년까지 한국을 이슬람화하겠다는 전략을 세우고 치밀하게 행동하고 있다고 합니다.

한국으로 무슬림들의 유학을 적극 장려하고 있습니다. 무슬림들은 모두 정부에서 주는 돈으로 유학을 오는데, 이들 유학생들이 포교활동에 아주 열심이라고 합니다. 일례로 서울대학교에 유학 온 무슬림들의 포교활동이 매우 활발하다고 합니다.

또한 무슬림은 한국 여성과의 결혼전략을 세워 추진하고 있고 대한민국 내에 이슬람 대학 설립(특히 사회 지도층으로 진출할 가능성 높은 수재들을 대거 영입하기 위하여, 강한 오일 달러를 쏟아 부어 장학금 대폭 지원 예정이라고 함)을 추진하고 있습니다.

한국의 젊은이들이여! 기독 청년들이여 깨달아야 됩니다.

이슬람의 장학금은 마치 선악과를 따먹은 하와의 모습임을 알아야 합니다. 한번 장학금을 따먹으면(받으면) 그곳에서 빠져나오기가 정말 힘듭니다.

한국의 기독교 자매들이여! 깨어나십시오.

이슬람은 결코 여자를 인정치 않으며 특히 한국에 온 무슬림은 명예 살인을 죄로 여기지 않는 사람입니다. 이슬람 국가에는 매주 명예 살인으로 인해 많은 여성이 죽어가고 있습니다. 이슬람의 목표가 기독교 자매, 유대인 처녀에게 접근하여 결혼하는 것입니다.

이것은 이슬람의 기독교, 유대교 말살 정책과 깊은 관계가 있고 무슬림이 자매를 좋아하거나 사랑해서가 아니라 무슬림을 만들기 위해서 입니다.

자매들이여! 믿지 않는 자들과 멍에를 같이 하지 마십시오. 전도하는 것 외에는 무슬림을 멀리 하십시오. 그들은 신분 체류와 포교 때문에 여러분에게 접근하는데, 때로는 어리숙하게, 때로는 미소를 짓고 순진한 사람처럼, 때로는 돈 많은 멋진 사나이처럼 접근할 것입니다. 만약 자매들이 저들과 결혼한다면 자매와 자매의 자녀에게 무슬림을 강요하고 받아들이지 않으면 여러분을 죽일 수도 있습니다.

사랑하는 한국의 크리스천이 조국의 장래를 위해 모두 정신을 바짝 차려야 합니다. 그리고 막강한 오일 달러를 내세우며 덤벼드는 이슬람의 강력한 로비에 그 어떤 개인이나 단체도 절대 휘둘리는 일이 없길 간절히 소망합니다.

성도여! 한국에 수쿠크법이 들어오면 과연 어떤 일이 일어나겠습니까? 엄청난 테러와 박해 그리고 순교가 일어날 것입니다. 정신을 차리고 기도합시다. 무슬림이 한국 땅에서 물러가길 기도합시다. 이슬람 사원이 한국 땅에서 무너지기를 바랍니다. 그리고 한국에서 일하는 세계 각국의 사람들이 예수 그리스도를 믿기를 바랍니다.

7. 물전쟁

1976년 6월 5일, 이집트의 계속된 공격에 먼저 이스라엘이 이집트를 기습적으로 공격했는데 하나님이 이스라엘이 6일 전쟁을 할 때, 기적과 이적을 베풀어 주셔서 승리하게 하셨습니다.

6일 전쟁의 원인이 바로 물, 즉 강물 때문입니다. 이로 인해 이스라엘은 요르단강 서안과 갈릴리호의 수원지인 골란고원 등을 점령하여 현재의 영토와 수자원을 확보하게 되었습니다.

그러나 미국 오바마 대통령과 세계 나라의 정상은 이스라엘에게 "6일 전쟁" 전의 영토를 환원하라고 거세게 압력을 가하고, 세계 정부주의자들은 계속해서 하나님의 택하신 백성을 괴롭히고 있습니다.

"세계미래회의"라는 단체가 있습니다. 1966년 앨빈 토플러, 짐 테이토 등에 의해 설립된 비정부기구로, 매년 7월 말에 회의를 열고 미래 예측과 트렌드를 제시하고 있습니다. 저의 생각으로는 이 단체 또한 세계 정부주의자의 결과물로 보고 있습니다.

2008년 7월 25일 미국 워싱톤 세계미래회의 내용을 보면 10년 안에 물값은 원유 가격만큼(?) 오르고, 전 세계 인구의 3분의 2가 물부족 현상을 겪으며 물부족 현상이 심화되면 세계의 주요한 강의 하류에 있는 225개의 국가들이 물을 확보하기 위해 강의 상류에 있는 국가와 요단강(이스라엘, 요르단), 나일강(이집트, 수단, 우간다, 에티오피아), 티그리스·유프라테스강(터키, 이라크, 시리아), 인더스강(파키스탄, 인도)등에서 전쟁의 발발할 우려가 크다고 예측했습니다. 공상과학 소설에 등장할 만한 소재로 치부되었던 물전쟁이 실제적인 위협으로 다가오고 있는 것입니다.

이샤야 선지자는 이사야 19:5-8 말씀을 통하여 나일강이 마지막 때에 마를 것임을 예언하고 있습니다. 그 이유는 그들이 전능하신 여호와 하나님을 섬기지 않고, 예수 그리스도를 영접지 않았기 때문이며, 우상과 마술사와 신접한 자와 술객들 때문이라 말씀(사 19:3)하고 있습니다.

성경은 말세에 강과 바다와 땅의 물이 마르고 사람이 강과 시내와 바다에서 떠날 것임을 말씀하고 있습니다. 물이 마르고, 시내가 마르고, 강이 마르는 것은 바로 하나님의 심판의 모습이며, 마른 땅, 마른 시내, 마른 강, 마른 바다를 회복하기 위해서는 죄를 회개하고 하나님께로 돌아가야 합니다.

주님을 기다리며 기름을 준비하는 처녀들이여! 생수가 되시며, 생수의 강이 되시는 예수 그리스도만 바라봅시다.

8. 동성연애. 동성결혼

하나님이 사람을 창조하실 때, 한 남자(아담)와 한 여자(하와)를 창조하셨고 연합하여 아름답게 살도록 하셨습니다. 이것이 성경의 원리이고 말씀이며 아름다운 모습입니다.

그러나 성경은 세상의 마지막이 가까올수록 악이 가득하고 노아의 때, 롯의 때와 같이 될 것이라고 하셨하셨습니다. 이것에 대한 여러 징조가 나타나는데 그 가운데 하나가 바로 동성연애입니다. 하나님의 형상으로 지음을 받은 사람이 동성연애하는 것은 개보다 더 못한 더럽고, 음란하고, 변태스럽고, 역겨운 큰 죄악입니다.

하나님이 이스라엘 민족이 출애굽하여 광야 가운데 있을 때, 가나안 땅의 민족이 멸망받을 수밖에 없는 이유에 대해서 레위기 18장에 말씀하고 있습니다.

가나안 땅 족속의 죄악은 골육지친과 음란죄을 짓고 타인의 아내와 통간하고 여자가 여자로 더불어, 남자가 남자로 더불어 교합하는 죄를 지어 땅이 더러워졌고 땅이 그들을 토하여 버렸다고 말씀하고 있습니다(레 18:24-28).

또한 소돔과 고모라가 멸망을 받게 된 원인 가운데 하나가 동성연애에 대한 하나님의 심판입니다. 하나님이 인간의 죄악을 보시고 "회개하라"고 경고하십니다. 그리고 선지자들과 주의 종에게 말씀을 주시고 보내주십니다. 만약 개인, 민족, 나라가 회개치 않을 때, 그때는 용서하시지 않고 심판하십니다.

동성연애자들의 흔한 주장은 "동성연애자들은 태어나면서부터 그러한 성향을 가지고 태어난다"라고 말합니다. 그것은 사탄의 속임수이며 유혹입니다. 만약 동성애자가 스스로 그렇게 믿는다면 사탄에게 스스로 속고 있는 것이며, 회개하여 돌이키지 않으면 지옥에 들어가는 불쌍한 존재라는 사실을 깨달아야 합니다. 하나님은 결코 인간을 동성애를 가진 자로 만드신 일이 없습니다.

2011년 6월 17일, 유엔 인권이사회(UNHRC)는 동성애 등 개인의 성적 취향과 무관하게 동등한 권리를 인정해야 한다는 내용의 결의안을 채택했습니다. 이 결의안은 "모든 인간은 존엄성과 권리에 있어서 자유롭고 평등하게 태어났으며, 누구든지 아무런 차별없이 권리와 자유를 보장받는다"는 내용을 담고 있습니다.

동성애자들의 레인보우(무지개) 깃발은 동성애자와 동성애 문화를 상징하는 대표적인 표시로 사용하고 있습니다.

20세기 동성결혼을 합법화 한 나라는 1989년 덴마크를 시작으로, 1996년 아이슬란드, 노르웨이, 스웨덴, 미국 하와이주, 1999년 프랑스 그리고 2000년 미국 버몬트주가 시행했습니다.

21세기에 들어와서는 2001년 네덜란드와 독일이, 2002년에는 핀란드 그리고 2003년 벨기에와 2004년 룩셈부르크, 미국 매사추세츠주와 2005년 스페인, 캐나다, 영국이, 2006년 남아프리카 공화국 그리고 2010년 아르헨티나가 시행하고 있습니다.

이 가운데 네덜란드는 현재 친족결혼, 중혼도 합법화 되었고, 스웨덴은 형제간의 결혼도 합법화하고 있습니다. 전통적인 결혼의 가치관은 이미 깨어졌으며, 동거와 결별은 흔하게 되어 50%의 아기들이 아빠없이 태어나고 있습니다.

미국은 1999년 하와이주에서 동성커플도 합법적으로 결혼할 수 있다고 판결이 났고, 2000년 7월 버몬트주는 동성커플의 결혼을 "시민적 결연"(civil union)이라는 말을 사용해 실질적인 부부로 인정했으며, 2004년 2월 미국 매사추세츠주 대법원이 동성결혼에 완전한 권리를 부여한다는 판결을 내렸습니다. 2011년 6월 24일, 뉴욕에서도 동성간 결혼을 합법화하는 법이 통과 되었습니다.

　미국과 유럽이 왜 이렇게 되어갑니까? 하나님의 은혜로 세워진 미국과 유럽의 나라들이 말씀에서 떠나날 때에 아름답고 풍요로운 나라가 아닌 더럽고 추해져가는 나라로 변해가고 있습니다.

　사랑하는 성도 여러분! 일어나 새벽을 깨우고 울며, 애통하며, 기도해야 할 때가 되었습니다. 주 예수 그리스도의 재림의 때가 점점 다가오고 있습니다. 우리는 한 영혼이라도 더 구원을 받기 위해 전도합시다. 이것이 우리의 사명이고 반드시 해야할 일입니다.

9. 문신(Tattoo)

　성경은 문신에 관하여 한번 말씀하셨는데 바로 레위기 19:28에 "죽은 자를 위하여 너희는 살을 베지 말며 몸에 무늬를 놓지 말라 나는 여호와니라"고 말씀하고 계십니다.

　하나님은 이스라엘 백성들이 애굽에서 430년 동안 종살이 할 때, 그들이 취했던 우상숭배의 관습을 금지시키셨습니다. 그 가운데 한 가지가 죽은 자들로 인하여 슬픔을 표현하기 위해 칼등으로 자신의 몸을 자해하고 문신을 하는 습관입니다. 고대 애굽 사람들도 그들의 몸에 이방 신들의 상징을 새겼다고 합니다.

　문신(타두)는 타투 전용 잉크와 바늘, 타투 머신을 이용하여 피부에 색을 집어넣어 그림이나 글자 등을 몸에 새기는 것인데 문신의 영어식 표현이 타투(Tattoo)입니다.

　문신의 종류를 살펴보면 타투, 헤나, 스티카 타투 등이 있고 헤나와 타투는 신체를 꾸민다는 목적을 빼고는 서로 종류 자체가 아예 다릅니다. 문신(타투)의 특징은 피부에 색을 집어넣는 것으로 영구히 지워지지 않으나 헤나는 천연 염료를 이용하여 피부에 스며들게 해서 문양을 그리는 것으로 2-4주 정도 지속됩니다.

성경적으로 문신은 반기독교적, 인본주의적, 마귀적인 요소가 너무나 많이 있습니다. 바로 하나님의 성전인 인체(몸)에 그림을 그리고 낙서를 하는 것입니다.

성경은 "너희가 하나님의 성전인 것과 하나님의 성령이 너희 안에 거하시는 것을 알지 못하느뇨 누구든지 하나님의 성전을 더럽히면 하나님이 그 사람을 멸하시리라 하나님의 성전은 거룩하니 너희도 그러하니라"(고전 3:16-17)고 말씀하셨습니다.

미국 캘리포니아주 L. A.와 할리우드뿐만 아니라 대다수 지역에서 문신 가게들이 성행하고 있습니다. 이러한 현상은 말세의 현상 가운데 하나이고, 깊은 의미에서 "짐승의 표 666"과도 연관이 있다고 생각합니다.

제가 2006년 부터 2012년까지 약 7년 동안 L. A. 피트니스 센터에서 매년 문신하는 남성의 비율을 조사한 결과입니다. 조사지역은 주로 남가주(California)를 대상으로 하였고 조사는 3곳 카운티를 대상으로 했습니다.

LA COUNTY 8곳 - VALENCIA, SANTA CLARITA, NORTHRIDGE, UNIVERSAL CITY, PASADENA, MIRACLE MILE, HOLLYWOOD BLVD, CERRITOS
ORANGE COUNTY 2곳 - LA HABRA, IRVINE
SAN DIEGO COUNTY 3곳 - VISTA, KEARNY MESA, 4S RANCH

2006년 7-8%, 2007년 9-11%, 2008년 12-14%, 2009년 17-19%, 2010년 21-25%, 2011년 32-38%, 2012년 40-45%의 비율을 나타내고 있습니다. 연도별 현황을 살펴보면 증가하는 속도가 매우 빠르게 진행되고 있음을 알 수 있습니다. 이러한 현상은 바로 마귀가 사람을 자신의 도구로 사용하여 자신의 때가 가까이 왔음을 나타내고 있습니다.

크리스천은 문신에 관하여 어떤 자세를 가지고 있어야 할까요? 문신은 이방 사람(구원 받지 못한 자)이 죽은 자를 위해 하는 행위임을 알아야 합니다.

성경은 사람의 몸이 하나님의 성전, 성령이 거하시는 곳이라 했고 하나님의 성전인 몸을 거룩케 하라고 말씀하셨습니다. 사람이 문신을 하면 짐승의 표 666을 자연스럽게 받을 수 있는 가능성이 많습니다. 왜냐하면 짐승의 표 666을 오른손이나 이마에 받게하는 데 문신의 모양을 한 칩이 아닐까 생각합니다.

성경은 "악은 모든 모양이라도 버리라"고 하셨습니다. 문신의 모양을 한번 보십시오. 대부분 모습들이 악하고, 더럽고, 음란하고, 귀신과 악한 사탄의 모습을 새기고 있습니다. 이러한 징조는 사탄이 자기의 때가 가까왔음을 사람들의 몸을 통하여 나타내고 있습니다.

성도는 예수 그리스도의 증거자요, 하나님의 백성이며 언젠가 성 삼위일체되신 성부 하나님, 성자 예수님, 성령님과 영원히 거할 것입니다.

하나님의 백성은 하나님의 성전인 몸에 문신이나 그림을 그리거나 낙서를 해서는 안됩니다. 그리고 거룩하게 자신의 영과 혼과 몸을 하나님의 은혜 가운데 지켜야 합니다.

10. 자살(suicide)

　자살하면 반드시 그 영혼이 음부에 들어가고 백보좌 심판 후에 몸과 영혼이 영원히 꺼지지 않는 불인 지옥에 들어가게 됩니다. 자살은 자신에 대한 살인이며 창조주 하나님에 대한 도전입니다. 모든 사람의 인생의 주인은 자신이 아닌 오직 하나님이십니다. 사람의 영혼과 몸을 만드신 분이 창조주 하나님이십니다.

　한국의 2011년도 하루 자살 사망자가 43명이고, 총 사망자 수는 총 15,566명의 통계가 있습니다. 전 세계에서 가장 높은 자살률을 나타납니다. 자살에는 베르테르 효과라는 말이 사용됩니다. 괴테가 쓴『젊은 베르테르의 슬픔』이라는 소설에서 주인공 베르테르가 자살로 생을 마감하는 것을 보고, 많은 젊은이들이 베르테르처럼 자살로 생을 마감하였습니다. 베르테르 효과라는 말은 유명인의 자살을 모방하여 따라서 자살하는 것을 일컫는 말입니다.

　여배우 이OO가 자살한 그 달에 모방 자살이 400명이 넘었으며, 전 부산 시장이 자살했을 때 그 후 한달 동안 모방 자살이 700명 이상이였다고 하니 얼마나 크나큰 죄악이며 안타까운 일입니까?

　사람의 자살 배후에는 귀신이 반드시 역사하며 불행의 근원자인 마귀가 인간을 불행하게 만드는 것입니다. 또한 마귀는 살인, 폭행, 범죄, 전쟁, 각종 중독, 각종 병을 일으킵니다.

　성경은 자살에 관해 '하라', '하지 말라'가 아니라 그것 자체가 하나님의 보시기에 죄악임을 알려주고 말씀을 통해 자살을 금지하십니다.

　하나님이 천지를 창조하시고 "좋았더라"하셨고 인간을 창조하신 후에는 "보시기에 심히 좋았더라" 하셨습니다. 사람은 하나님의 창조물이며, 창조물 스스로가 자기 자신을 파괴하는 행위는 창조자 하나님께 대한 반항이며 대적임을 알아야 합니다. 성경은 사람의 "생명이 천하보다 귀하다"고 말씀하셨고, 생명을 주신 분이 하나님이시며 생명을 취할 수 있는 유일한 분임을 말씀하십니다.

마귀는 사람이 하나님의 말씀에서 떠나거나 말씀이 없을 때 사람의 마음을 미혹하여 "죽어라 그러면 슬픔도, 고통드, 미움도 모두 잊어버릴 수 있다"고 유혹합니다.

성경 속에 자살 사건이 기록되어 있습니다. 아비멜렉은 전쟁 중에 한 여인이 내던진 맷돌 윗짝에 머리뼈가 부서져서 임종 직전에 자살했고, 사울왕의 경우 전쟁에서 중상을 입고 스스로 자기 칼을 취하여 그 위에 엎드러져 자결했으며, 압살롬의 반역을 충동했던 아히도벨은 자기 모략이 시행되지 않음을 보고 스스로 목매어 죽었고, 시므리는 성이 함락됨을 보고 왕궁에 불을 놓고 그 속에서 죽었습니다. 예수님을 판 가룟 유다는 은을 성소에 던져 넣고 스스로 목매어 죽었는데 저들이 과연 지금 어디에서 고통을 받으며 있겠습니까? 자살의 충동이 일어날 때 기도하십시오. 죽기를 각오하고 하나님께 부르짖으십시오.

하나님은 모세, 요셉, 다윗을 고난 가운데서 연단 시키셨습니다. 그들은 죽지 않고 오히려 고난과 환난을 통해서 승리의 삶을 살게 되었습니다.

사람이 사는 동안 의미 없는 고난은 없으며 하나님은 감당할 시험만 허락하시고 합력하여 선을 이루어 주십니다(고전 10:13). 그리스도인들은 하나님을 사랑하고 두려워해야 하며 어려운 고난과 역경이 올 때 하나님께 곤고함을 부르짖고 기도해야 합니다. 자살은 절대 안되고 생각지 말아야 합니다.

하나님의 신실하심을 믿고 엎드리기를 바랍니다. 하나님 앞에 겸비하고 인내하시면 때가 되어 반드시 여러분을 높이실 것입니다. 성경은 고난이 유익이라고 말씀하고 있습니다. 사람의 몸은 자신의 것이 아닙니다. 오직 하나님이 주장하시게 해야합니다.

11. 낙태

"엄마의 자궁 속에 있는 태아는 인간입니까"라는 질문을 가끔 받게 됩니다. 성도들의 생각은 어떠하십니까? 인간입니까? 아닙니까?

과거에는 인공 유산은 위험하고 비윤리적이라고 생각했고 금지시켰습니다. 그러나 지금은 의학이 발달하고 전 세계에 걸쳐 인구폭발에 대한 억제 요구와 또 개인의 편리를 위해 낙태를 손쉽게 하고 있습니다. 사람들이 낙태를 그렇게 서슴지 않고 행하는 가장 큰 이유는, 낙태를 그저 피덩어리 하나만 제거하는 간단한 수술로 생각하는 데 있습니다. 즉 태아는 생명을 가진 존재인 것을 알면서도 생명 따위는 신경을 쓰지 않습니다. 모든 엄마의 자궁 속에 태아는 수정된 순간부터 독립적인 인격과 하나님의 형상을 지닌 생명입니다.

남자와 여자가 결혼하여 아기를 갖게 되면 대부분 초음파 검사를 받습니다. 이때 초음파에 나타난 아기의 모습을 보고 사랑스럽고 신비하고 생명의 탄생에 대해 놀랍니다. 그리고 부부가 같이 합창이라도 하듯이 "사랑하는 아기야" 또는 "내 아기"라고 감탄사를 연발합니다. 아기를 보고 "내 아기"라고 감탄사를 하는 것은 법적인 인간의 권리가 있는 인격체이거나 생물학적 '수정아'이기에 감탄을 하는 것이 아니라 생명을 가진 소중한 존재이기 때문입니다.

1개의 세포가 수정된지 23일째 되면 이미 심장이 형성되어 뛰기 시작하고 45일쯤 되면 뇌가 구성되어 뇌파가 감지됩니다. 그리고 12주

정도 되면 이미 몸의 모든 형체가 생길뿐 아니라 손톱도 생기고 지문도 발견되며 성구별도 뚜렷해집니다.

이 글을 쓰면서 고등학교 때 교육용으로 보았던 낙태 수술 장면이 떠오릅니다. 그 장면은 산부인과 의사가 낙태 수술을 위해 자궁 속에 기계를 넣습니다. 순간 자궁 속의 아기는 놀라서 좁은 공간이지만 기계를 피해서 이리저리 움직입니다. 그 모습에 얼마나 가슴이 아팠었던지…. 지금도 생각하면 안타까운 마음입니다.

잠시 후 이리 저리 피하던 태속의 아기는 팔이 잘리고 발이 잘려 나가고 그리고 작은 태아의 신체가 여러 조각으로 잘려 나옵니다. 엄마의 자궁 속에 있는 아기는 법적인 인격체, 생물학적 수정아라는 단어도 용어상으로는 맞지만 진짜는 하나님이 허락하신 생명입니다.

하나님이 사람에게 귀한 생명을 주시며 "천하보다도 귀한 생명"이라 하셨습니다. 이렇게 귀한 생명을 낙태라는 방법으로 죽인다면 이 것은 분명히 '살인죄'를 짓는 것입니다.

산부인과 의사에게 부탁드립니다. 여러분이 교인이거나 아니면 믿지 않는 사람이거나 꼭 명심해야 할 것이 있습니다. 낙태를 시키는 것은 살인이며, 살인죄를 짓는 것입니다. 살인자의 최후가 어떻습니까? 세상 법은 사형 아니면 무기징역입니다. 그러나 하나님의 법은 영원히 꺼지지 않는 불심판입니다.

지금까지 낙태 수술을 하면서 무거운 마음을 가졌거나 아니면 아무 생각없이 수술을 했습니까? 이제는 그만 멈추십시오. 그리고 무거운 짐을 예수 그리스도께 내려 놓으십시오. 주님만이 여러분의 터닝 포인터가 되십니다.

특히 젊은이들에게 부탁드립니다. 결혼하지 않은 남녀가 육체적인 관계를 갖는 것은 간음죄를 짓는 것이요, 낙태를 하는 것은 살인죄입니다. 제가 이렇게 글을 쓰면 "혹시 누구? 화성인!"이라고 놀랄지 모릅니다.

그러나 낙태된 아이들의 소리를 들어보십시오.

"엄마 왜 나를 죽였어요. 엄마 왜 나 못살게 했어요. 내 피의 울음소리 안들려요. 엄마 내 목소리 안들려요 엄마!" 하는 죽은 아기의 피소리가 하나님의 보좌 앞에 사무칠 것입니다.

젊은 이들이 낙태한 것을 회개하지 않고 당연한 줄 알고 죄가 되는 줄 모르고 살아간다면 참으로 불쌍한 일입니다. 그렇게 되면 여러분의 마지막도 지옥입니다.

많은 사람들이 농담으로 '결혼 예물로 아기가 최고'라고 하는 이야기도 들었습니다. 그리고 많은 연예인이 마치 자랑이라도 하듯 결혼 전 임신 사실을 말하고 연예 기자들은 혼전 임신이 마치 톱뉴스라도 되는 것처럼 기사을 쓰고, 세상 사람들은 신기한 이야기를 들은 것처럼 떠들어 댑니다.

결혼 전 육체적 관계를 갖는 것은 간음죄을 짓는 것입니다. 낙태를 하는 것은 살인죄를 짓는 것임을 그리고 낙태에 참여하거나 옆에서 낙태를 하라고 부추기는 것도 큰 죄임을 알아야합니다.

12. 게임 그리고 사이버 중독

한국 방문시 지하철을 타면 가끔 당황스러운 장면을 목격합니다. 거의 모든 사람들이 고개를 숙이고 무엇인가를 집중해서 보고 있습니다. 다름이 아니라 휴태대폰을 통해 영화, 드라마, 스포츠, 오락 프로그램들을 시청하고 있는 것입니다. 특히 청소년들은 휴대폰을 통해 게임에 집중하고 있습니다. 성경은 모든 아버지어게 "아비들아 너희 자녀를 노엽게 하지 말고 오직 주의 교양과 훈계도 양육하라"(엡 6:4)말씀하십니다.

아버지는 자녀를 양육하는 데 있어 하나님의 말씀을 가르치고, 훈계해야 합니다. 하지만 21세기의 아버지와 자녀들은 서로 만나 대화할 시간이 없다는 이유로 눈 한번 마주치기가 어렵습니다.

특히 청소년 시기에 아버지들의 역할은 무엇보다도 자녀에게 중요합니다. 청소년기는 권위에 도전하고, 반항하그, 적대적 혹은 비판적 사고를 합니다. 어떻게 생각하면 모두가 한번쯤 겪는 청소년기의 정상적인 발달이고 전형적인 특징입니다.

하지만 지금은 인터넷, 휴대폰에 중독된 청소년들이 늘어나고 부모와 자녀들이 집에 있어도 눈 한번 마주칠 기회가 없어지면서 부모들이 모르는 청소년들만의 세계가 형성되어 가고 있습니다.

청소년 그들만의 공간과 세계가 무엇입니까? 바로 게임과 사이버 공간에 빠져있고 그곳에서 제공되는 모든 가치체계가 다라고 생각합니다.

부모들이 어린 자녀나 청소년의 게임하는 것을 보신 적이 있습니까? 또는 게임을 중지시킨 적이 있습니까? 아니면 '저러다가 말겠지'라고 생각하십니까? 죄와 마찬가지로 게임과 사이버 공간의 사용시간이 길어지면 길수록 여러분의 자녀들은 죄의 열매을 맺고 마귀의 미혹에 점점 빠지게 됩니다.

IT에 중독되는 청소년을 보면 처음에는 별일 아니라고 생각하는 경우가 많이 있습니다. 이러한 어른들의 잘못된 판단은 어린 아이들이 폭력적으로 변해가고 청소년들의 범죄수위가 높아지게 합니다.

성도 여러분! 구역예배를 드릴 때에 여러분의 자녀들은 어디에 있습니까? 그리고 무엇을 하고 있습니까? 예배시 부모들은 막상 자신들의 자녀가 눈 앞에선 컴퓨터와 휴대폰에 빠져 조용하다고 생각하여 방치하게 됩니다. 만약 이렇게 예배를 드리면 여러분의 아이들은 예배의 중요성을 잊어버리거나 오히려 예배 시간을 이용해서 게임을 하고 사이버 공간에 들어갑니다.

게임과 사이버 공간은 부모들이 아는 것보다 그들의 세상은 훨씬 크며 부모들이 생각하는 상상 이상의 일이 벌어지고 있습니다. 그리고 아이들은 이곳에서 자신들만의 문화를 형성하면서 언어폭력을 저지르고, 또 성적으로 노출되어 있습니다.

사이버 공간상에서 자신의 부모나 상대방의 부모를 성적으로 비하하는 '패드립'이라는 신조어까지 나왔는데 패드립이란 '패륜적 애드립'을 말합니다.

인터넷 상에서 널리 알려진 '패드립' 관련 글이 있는데 "××야, 나를 욕하지 말고 차라리 내 애미(엄마), 애비를 욕해라.""××야, 니 애미 창녀고 니 애비는 개냐."

어떤 느낌이 드십니까? 여러분의 아이는 이런 것을 잘 모르겠지라고 생각하십니까? 이런 생각은 모든 부모들의 착각입니다. 인테넷을 사용하는 아이들은 대부분 아는 내용입니다.

요즘은 인터넷을 통해 확산된 패드립이 스마트폰을 통해 일상화 되는 경향이 있습니다. 스마트폰 채팅 프로그램인 카카오톡을 통해 '패드립 배틀'이 이뤄지고 있습니다.

모든 부모님들!

여러분의 자녀들과 눈을 마주보고 그리고 대화하고 자녀를 인정해 주십시오. 자녀들은 부모에게 인정받고 싶은데 부모가 인정해 주지 않는다면 밖으로 배회하고 사이버 공간에서 비슷한 또래들끼리 말도

안 되는 대화를 통해 그 욕구를 충족시킬 것입니다.

   칭찬은 고래도 춤추게 만든다는 말이 있습니다. 여러분의 자녀들을 인정하시고 칭찬하십시오. 막연한 칭찬이 아니라 진정 사랑하는 마음으로 인정하십시오.

   하나님도 우리를 향해 애틋해 하시고 대화하시기를 원하십니다.

LAST TIME

5장 세계 교회들의 징조

　예수 그리스도는 복된 소식이며 복음 자체입니다. 그러나 마귀는 세상에 종교을 만들어 사람들이 복음이 아닌 이방신을 찾아 방황케합니다.
　에덴동산에 죄가 들어오므로 모든 사람이 죽었습니다. 그러나 복음이 전파되고 누구든지 복음이 되신 예수 그리스도를 영접하고 믿기만 하면 죄에서 해방을 얻고 영생을 얻습니다. 이는 종교가 아닌 생명이요 복된 소식이기 때문입니다.
　복음(Gospel)은 종교가 아닙니다. 복음과 기독교를 세상 종교의 하나로 전락시키려는 마귀의 궤계가 하나님의 교회에 몰래 들어와서 기독교를 종교로 생각하는 목사들에 의해 누룩처럼 점점 퍼져나가고 있습니다.
　거짓 목사, 거짓 선지자들은 많은 사람들을 유혹하고 죄악의 길로 달려가게 하여 자신들보다 배나 지옥 자식들을 만들고 있습니다. 성경은 "머리는 곧 장로와 존귀한 자요 꼬리는 곧 거짓말을 가르치는 선지자라 백성을 인도하는 자가 그들로 미혹케 하니 인도를 받는 자가 멸망을 당하는도다"(사 9:15-16)라고 말씀하십니다.

WCC의 세계 종교 통합을 원하는 거짓 목사들은 자기 편리대로 말씀을 해석하고 가르칩니다. 거짓 선지자, 거짓 목사들은 모든 종교를 이해하고 사랑해야 한다고 합니다. 저들은 다른 종교를 사랑하고 이해하게 되면 하나가 될 수 있다고 하지만, 예수님이 빠진 사랑은 참 사랑이 아니며 그 속에는 진리가 없습니다 세상 사랑이 진리를 희생시킬 때, 그 사랑은 이미 참 사랑이 아님을 알아야 합니다.

1. 교회을 미혹하는 자들

성경은 믿는 자와 믿지 않는 자, 의와 불법, 빛과 어두움이, 그리스도와 벨리알이 어찌 조화가 될 수 있느냐 말씀하십니다(벧후 6:14-16). 그런데 일부 목사들이 하나님의 말씀에서 떠나서 로마 가톨릭과 구원도 생명도 없는 이방 종교, 불교, 힌두교, 이슬람교 사람들과 종교 통합하고 또한 교회 일치의 운동을 전개하고 있습니다.

하나님의 교회가 이방 종교와 연합하면 개인과 사회와 그 나라는 하나님의 심판을 받고 패망하게 됩니다. 정신을 차리고 깨어 있어야 할 시대입니다.

한국 교회를 사랑하고 기도하는 한 사람으로 안타까운 것은 한국에 일부 목사들이 미국 교회 목사들, 특히 백인 목사들과 친분을 가지기를 노력하고 조금 친분이 생기면 그들이 주장하는 프로그램들을 따라 합니다. 물론 외국 목사들과 교류를 가지는 것은 좋은 일입니다. 그러나 그들이 성경적으로 영적으로 바로 서 있는지 분별하지 않고 말씀 중심적이지도 않는 프로그램들을 부분별하게 한국 교회로 들여옵니다. 참으로 한심스러운 것은 자신들이 유학과 목사요 신학 박사라고 자처하고 자랑합니다.

많은 한국의 교인들이 말씀을 바로 배우지 못하고 깨닫지 못하여 신천지가 유혹하면 신천지로, 신사도 운동가들이 오면 신사도 운동하는 곳으로 이리 기웃, 저리 기웃하고 있습니다. 이러한 상황이 누구의 잘못입니까? 바로 말씀을 바르게 가르치지 못한 일부 목사들의 잘못입니다.

목사는 오직 하나님의 말씀과 기도로 거룩해지는 것을 아십시오. 특히 말세에는 주의 종이 먼저 하나님의 전신갑주로 무장되어 있어야 합니다. 성경은 말세를 향하여 "양식이 없어 주림이 아니며 물이 없어 갈함이 아니요 여호와의 말씀을 듣지 못한 기갈이라"(암 8:11) 말씀하십니다. 목사는 오직 예수, 복음되신 예수 그리스도만 전해야 합니다.

성경은 적그리스도가 출현하기 직전에 먼저 배도가 일어날 것이라 말씀하십니다. 배도가 일어나는 것은 거짓 목사들과 선지자들에게 교인들이 미혹을 받았기 때문입니다.

한국 교계에 일부 교단이 종교 통합과 종교 다원주의을 받아 들이는 것이 하나님이 기뻐하시는 것으로 착각하지만 대부분의 목사님들은 종교 통합과 종교 다원주의를 반대합니다. 하지만 일부에서는 사회적 지위, 교단과의 관계를 생각해서 또는 잘못된 것을 알면서 그냥 받아들이자는 거짓 선지자, 거짓 목사들이 나타나고 있습니다.

2. 교회 일치 운동(Ecumenical Movement)

하나님의 말씀에서 떠난 자들이 모여 기독교와 로마 가톨릭 그리고 세계 이방 종교가 하나가 되는 운동을 하고 있습니다. 이것이 바로 교회 일치 운동이라 부르는 에큐메니칼 운동입니다. 이들은 교회 일치, 종교 일치라는 미명하에 악한 일들을 하고 있습니다.

하나님이 참으로 교회 일치 운동을 기뻐하실까요? 사람들이 바벨탑을 쌓을 때 하나님이 언어를 혼잡케 하셨고 그들을 세계 각처로 흩으셨습니다.

그런데 세상 끝에 흩어졌던 세계 모든 민족들이 영어를 중심으로 언어를 통합하고 이 어두움의 세상 주관자들이 세계 정부를 세워 정치, 군사, 경제와 모든 나라들을 하나의 세계로 만들려고합니다.

하나님의 말씀에서 떠난 종교 지도자들이 어두움의 주관자들의 조종을 받아 에큐메니컬 운동을 통해 세계 모든 종교를 통합시키려 합니다. 이것은 기독교를 말씀에서 떠나 죄아래 두려는 마귀의 전략입니다.

교회 일치 운동에 앞장서는 목사들과 로마 가톨릭의 신부들은 에큐메니칼 운동을 교회 일치, 교회 연합 운동이라고도 주장합니다. 그러나 에큐메니컬 운동은 세계 모든 교회와 종교들이 하나님을 떠나 사람의 힘으로 바벨탑을 쌓아 모든 종교가 하나 되자는 운동입니다.

하나가 된다는 것, 일치한다는 것이 이성적인 판단으로 매우 좋아 보이고 아름다와 보입니다. 그러나 그 속에는 세계 종교를 통합해 모든 사람들을 하나님께로부터 떠나게 하고, 말씀으로부터 떠나게 해서 장차 임할 적그리스도를 구세주로 맞이하게 하려는 검은 음모가 숨어 있습니다.

에큐메니칼주의자들은 재일치를 첫째 목표로 하고 그리스 정교회나 로마 가톨릭과의 협력으로 기독교와 세계 모든 종교를 통합하려 합니다. 저들이 대표적으로 사용하고 이용하는 단체가 WCC (세계교회협의회)입니다.

예수님이 "너희는 세상의 소금이니 소금이 만일 그 맛을 잃으면 무엇으로 짜게 하리요 후에는 아무 쓸데없어 다만 밖에 버리워 사람에게 밟힐 뿐이니라"(마 5:13)고 말씀하셨습니다. 그런데 일부 미혹된 목사들이 말씀에서 떠나 기독교의 맛을 다 잃어버리고 교황 밑으로 편입되려고 합니다.

말씀을 사랑하는 목사님, 성도님! 이제 파수꾼의 나팔을 부셔야합니다. 그리고 한국 교회와 나라 그리고 민족의 구원을 위해 하나님께 기도하고 가족과 이웃을 위해 부르짖어야 합니다.

지금은 한국 교회의 위기입니다. 하나님이 한국 교회의 위기를 민족 전체의 구원 받는 기회로 바꾸어 주시기를 기도합시다.

3. 세계 종교 올림픽 WCC 2013년 한국 개최

세계교회협의회(WCC) 제10차 총회가 2013년 한국 부산 벡스코(BEXCO)에서 열립니다. WCC 총회는 7년마다 개최되고 세계 110개국의 장로교, 감리교, 루터교, 성공회, 정교회 등 349교단 5억 8,000만 명이 가입한 세계 최대 기독교 단체입니다.

세계교회협의회인 WCC는 자신들의 총회를 시대적 과제와 신학적 방향을 설정하는 세계 교회들의 총회라고 주장합니다.

세계교회협의회(WCC) 제 10차 총회가 2013년 부산 벡스코(BEXCO)에서 열린다. WCC 총회 준비위원회가 조직 구성을 마무리 짓고 있다[연합뉴스].

　세계 최대의 교회 협의회가 기독교의 본질에서 떠나 종교 통합과 종교 혼합의 장이 되어 가고 있습니다. 한국 WCC 개최에 앞장선 권오성 목사는 "2013년 WCC 10차 총회 유치는 한국 교회의 기쁨일 뿐 아니라 아시아 교회가 새롭게 하나님의 선교 역사를 만들어 가는 기회가 될 것이며 이웃 종교(이방 종교)와 함께 모범적으로 평화를 이뤄 가는 현장을 세계에 알리는 계기가 될 것"이라고 하면서 한반도는 물론이고 아시아의 화해와 평화를 증진시키는 귀중한 시간이 될 것이라고 개최 결정 소감을 밝혔습니다.

　그러나 세계교회협의회인 WCC의 참뜻은 기독교만의 부활과 생명 그리고 구원에서 벗어나 모든 종교에도 구원이 있고 모두가 같은 목적을 가진 종교로 생각하고 세상 모든 종교들과 화합하고 융합하여 하나가 되자는 운동입니다.

　WCC는 종교다원주의, 인본주의 성경관, 세속적 구원론, 종교혼합주의, 선교무용론, 기독교 이름의 정치단체이며 WCC는 기독교 이름을 가장해서 정통적 기독교 신앙을 파괴하는 단체입니다(2009년 9월 예장 고려측 성명서와 11월 예장 합동측 총회장 담화문 참조).

WCC는 실제로 세상의 모든 종교는 품어도 '절대 진리'(예수 그리스도)는 철저하게 부정하는 집단입니다. 과연 절대 진리이신 예수 그리스도를 부정하는 저들을 하나님이 기뻐하시겠습니까?

WCC 총회 역사를 살펴보면 반기독교적인 내용이 너무나 많이 있습니다. 예수님이 빠진 세계 평화, 공산주의에 대한 관심을 극대히 표명, 그리스도의 보편성을 주장하면서 종교 혼합주의와 세속주의 그리고 용공주의를 수용하고 인정, 사회 및 정치적 해방과 타종교에 대한 관용을 베풀고 대화, 이방 종교 대표자들과 천주교 사제들 그리고 바티칸 기자단과 공산권 대표들이 참석하여 열렸고 에큐메니컬 운동의 정체성과 교회 일치에 대한 논의, '종교다원화'가 집중적으로 논의되었습니다.

70년도와 80년도 초에 저들의 영향으로 한국 교계에 '해방 신학', '민중 신학', '도시 산업 선교회' 등이 등장하여 마치 '기업인은 나쁜 사람, 노동자들은 착한 사람'이라는 인식을 심어주고 노동자들과 시민들을 위해 존재하는 것처럼 보였지만 오히려 한국 교회에 상처를 주고 사회적으로는 착한 일부 시민들을 좌경화 시키는 일을 했습니다.

교회는 성경을 절대 유일한 하나님의 말씀으로 믿고 고백하지만 세계교회협의회인 WCC의 성경관은 범교단, 초교파, 종교다원주의 수용과 포용으로 성경만을 신학과 신앙의 절대 유일한 표준으로 삼는 절대 기초교리를 믿지 않습니다. 성경말씀의 구원은 오직 예수 그리스도 한분 밖에 없고 모든 성도들은 이것을 믿고 따릅니다.

그러나 세계교회협의회의 구원관은 그리스도를 주로 고백한 것은 성경적이지 않고 신앙은 역사적 경험의 산물이기에 사람에게 강요되서는 안된다고 주장합니다. 이것은 하나님의 교회가 예수 그리스도 중심에서 세상의 모든 잡신 중심의 보편 구원론으로 변질되었습니다.

교회의 사명은 땅끝까지 오직 예수 그리스도를 전하는 것입니다. 그러나 표면적으로 선교을 목적으로 시작된 에큐메니컬 운동이 '영혼 구원, 복음 선교'가 아닌 '사회 정치 선교'로 순수한 복음 선교 목적보다 사회봉사 중심의 선교로 변질하였습니다.

성경은 "다른 복음은 없나니 다만 어떤 사람들이 너희를 요란케 하여 그리스도의 복음을 변하려 함이라"(갈1:7)고 말씀하시는데 과연 WCC에 구원이 있겠습니까? 성도여 이제는 분별해야 할 때입니다.

WCC 제10차 총회가 2013년 한국의 부산에서 개최된다고 합니다. 정말 하나님의 기뻐하시는 총회일까요? 아마 하나님의 섭리가 분명히 그곳에 있습니다. 만약 부산에서 10차 총회가 개최된다면 하나님의 심판이 한국 교회에 분명히 내릴 것입니다.

한국 교회는 이스라엘과 유다 민족을 거울로 삼아야 합니다. 이스라엘 민족이 하나님의 말씀에서 떠나 이방 신들을 섬기고 종교를 통합시켜 종교 혼합주의에 빠졌습니다. 결국 북이스라엘은 주전 722년, 남유다는 주전 586년에 하나님의 심판을 받아 나라를 빼앗겼습니다.

영혼의 때를 위해 사시는 성도 여러분!

성경 어디에도 세계교회협의회인 WCC가 주장하는 이웃 종교, 세계 종교들과 함께 연합하고 통합하여 평화를 이루라고 하신 말씀이 없습니다. WCC 운동하는 자들이 정녕 하나님의 종이 맞는지 분별해야 합니다.

WCC는 세계 모든 교회의 통일을 지향하는 초교파적인 교회의 협의체이고 세계 모든 종교를 하나로 통합하려는 마귀의 앞잡이입니다.

WCC는 아마 한 이레(7년 환난) 동안 적그리스도의 편에 서서 그리스도인들을 핍박하고 순교시키는 데 앞장서는 악한 단체로 사용될 것이고 요한계시록 13장 "땅에서 올라오는 짐승"인 거짓 선지자들이 많이 나올 것입니다.

　종교 통합을 외치는 자들은 표면적으로는 예수 그리스도의 이름으로 모여 경건의 모양이 있는것 같지만 경건의 능력을 부인하는 자들입니다. 성도는 저들과 화합하거나 그들과 일치하지 말고 말씀으로 대적해야합니다.

4. 개신교, 로마 가톨릭 일치 기도회

　천주교의 이단적인 교리는 과거부터 21세기에 이르는 1700여년 동안 한번도 변한 것이 없습니다. 그러나 기독교의 일부 목사들이 하나님의 말씀에서 떠나 변화하려고 합니다.

　유다왕 여호사밧이 평안할 때에 하나님께 아뢰지 않고 이스라엘 왕 아합에게 내려가서 연합한 것과 같이 일부 영적 타락한 목사들이 자신들 뿐만 아니라 교인들까지 로마 가톨릭의 그늘 아래로 끌고 들어가고 있습니다.

　기독교와 로마 가톨릭 그리고 성공회가 2009년 1월 18일 서울 올림픽 공원에 위치한 올림픽 홀에서 약 2천여 명의 교인과 가톨릭, 성공회 신자들이 모여 "그리스도인 일치 기도회"를 열었습니다. 2009년은 세계교회협의회(WCC)가 정한 "한국 그리스도인 일치 기도의 해"였습니다. 타락한 로마 가톨릭과 연합치 말아야 하는데 소수의 목사들이 타락한 이방 종교 지도자들과 함께하는 죄를 지었습니다.

　하나님의 사랑하는 한국 교회는 하나님의 말씀에서 떠난 로마 가톨릭이나 성공회들과는 결코 하나가 될 수 없음을 잘 알고 있습니다.

　혹자는 "로마 가톨릭은 기독교 TV, 라디오, 신문 등을 동원해 수많은 양들을 영원한 멸망으로 유인하는 신학적인 테러리스트들입니다. 저들의 죄악은 너무나 무겁고, 또 저들을 옳게 여기고 따르는, 사람을 의지하는 자들이 받을 수치와 저주는 회복이 불가할 것입니다"라고 했습니다(『에큐메니즘의 이상과 우상』, p5).

2010년 1월 19일 천주교 부산교구 중앙 주교좌 성당「연합뉴스」

요한계시록에 기록된 음녀 로마 가톨릭은 하나님의 교회가 아닙니다. 하나님은 마리아나 성인을 통한 기도를 결코 들으시지 않습니다.

한국 교회가 에큐메니컬 운동에 가담하는 것은 로마 가톨릭이 약 1,700년 동안 수천만 명의 기독교인을 죽이고, 우상 숭배하고, 신성 모독하며, 부정 축재한 죄에 대한 심판과 저주를 함께 받겠다고 결심한 것과 같습니다(Fox의 순교사 역사 참조).

5. 예수 동아리 교회(예동)

"예수 동아리 교회" 회원 20여 명이 석가탄신일을 맞아 서울 강남구 삼성동 봉은사를 찾아 종교 사이의 화합과 평화를 기원하는 108배를 올렸습니다.

예수 동아리 교회가 예수님의 이름을 도용하여 사용한 것 외에는 저들은 교회도, 목사도, 교인도 아닌 단지 대학교의 동아리 회원 수준의 사람들입니다. 하나님의 종도 아닌 사람이 목사 가운을 입고 절에서 108배를 하는 악한 자의 모습을 보면 역겹고 토해버리고 싶은 마음입니다.

예수 동아리 교회의 사람들과 교주는 정상적인 정신을 가진자들이 아닙니다. 이성은 가졌으나 그 영혼이 마귀에 속하여 사용 당하는 자들입니다.

예동 교주와 그 회원들은 종교 화합을 명분으로 내세우지만 이것은 화합이 아닙니다. 저들은 마귀의 속삭임에 넘어가 마치 자신들이 종교 화합을 이끄는 선구자처럼 여기고 있는 것입니다. 그러나 저들은 자신들이 얼마나 미쳤고 악한 죄을 짓고 있는지 모릅니다.

6. 신학교 신입생 오리엔테이션

성경 진리의 말씀을 가르치고 배워야 할 신학교가 이제는 신학생들에게 우상 숭배를 가르치고 우상의 제물을 먹고 마시게 하고 우상 앞에 절하게 하니 이를 어찌해야 합니까?

말씀을 잘 모르고 진리에 무지한 신학생들이 졸업 후에 지교회로 가서 교인들에게 무엇을 가르치겠습니까? 참으로 한심하고 답답하고 안타까운 마음입니다. 이러한 마음이 저만의 생각은 아닐 것입니다.

신학교 학생들이 신입생 학과별 특성화 오리엔테이션을 절에서 한다는 말입니까? 신학교 학생들을 절로 보낸 신학교 총장은 참으로 제정신을 가진 자입니까? 그리고 신학교에 하나님의 말씀을 두려워하는 교수들이 없습니까? 진리를 사랑하는 사람이 한 사람도 없고 파수꾼의 나팔을 부는 사람이 한 명도 없다는 말입니까?

어떻게 신학교 신입생들을 종교간 소통과 화합을 위한 토론회라는 미명하에 불교예절, 새벽예불, 108배, 아침공양, 염주꿰기 등의 프로그램에 참여시킬 수 있다는 말입니까?

한신대학교가 2012년 2월 18일 종교화합을 주제로 신입생 오리엔테이션을 개최했다「경기일보」(http://www.ekgib.com).

우상숭배한 신학생들에게 고합니다. 아직 여러분에게 기회가 있습니다. 아직 늦지 않았습니다. 여러분들이 말씀의 분별력이 없기에 너무나 엄청나고 가공할만큼 무섭고, 무거운 크나큰 죄에 참여하게 된 것입니다.

성령님이 여러분께 깨닫는 은혜를 주셨다면 하나님 앞에 통회 자복을 해야합니다. 만약 젊은 신학생 여러분들이 회개치 않고 돌이키지 않으면 여러분의 마지막 모습이 어떠할지 천만번 생각해 보십시오.

하나님은 여러분을 사랑하십니다. 하나님께 지금 돌아오십시오. 그리고 회개하십시오. 주님의 보혈의 피로 씻음을 받으십시오.

7. 종교 간 대화

성경은 "너희는 저희와 서로 통하지 말며 저희도 너희와 서로 통하게 말라 저희가 정녕코 너희의 마음을 돌이켜 저희의 신들을 좇게 하리라"(왕상11:2)고 말씀하십니다.

신학생들은 아직 어려서, 말씀을 잘 몰라서 실수했구나 하지만 신학박사인 목사, 신학교 교수가 이방 종교인들과 연합하는 모습을 보고 뭐라고 글을 쓰기가 참 힘이 듭니다.

신학대 교수가 토론회 질의응답 시간을 통해 성경의 가르침을 실천할 때 종교 간 갈등이 해소될 것이라고 강조했습니다. 기독교는 종교가 아닙니다.

8. 개신교 교회와 성공회 교환 예배

2011년 6월 19일 오전 서울 장충동 경동교회의 주일 예배에서 성공회 신부들과 교인들이 함께 예배(?)를 드렸(보았)습니다.

「국민일보」의 기사를 보면 "교회 안에 신부들의 행렬과 강단 앞 탁자 위에 향로을 흔들고, 공동번역 성경으로 낭독하고(공동번역 성경은 하나님을 표현할 때 하나님이 아닌 하느님으로 표기한다) 한 절 끝날 때마다 성호를 긋고 앉은 채로 큰절을 올리는 모습, 떡과 포도주를 나누고 서로를 축복하는 기도를 신부와 교인들이 번갈아 노래로 고백했다"라고 표현하고 있습니다

또한 같은 시간 서울 정동 서울주교 성당에서는 경동교회 안미정 목사가 장로교 예배를 인도했습니다. 경동교회와 성공회 서울주교성당

은 올해로 11번째 교환 예배를 이어오고 있다는 것입니다. 물론 신문에서도 다른 언급없이 종교 화합을 미화하는 글을 올리고 있습니다.

주님을 믿는 자들과 믿지 않는 자들이 연합을 하고 더욱이 교회와 교회가 아닌 로마 가톨릭이나 성공회와의 교환 예배는 하나님이 보시기에 참으로 가증스럽고 역겹고 더러운 모임입니다.

예배가 무엇입니까? 바로 전능하신 하나님께 신령과 진정으로 드리는 예식이 아닙니까. 혼합된 종교 예배는 절대로 하나님이 기뻐하시지 않으시고 받으시지도 않습니다. 저들이 오감으로 들인다는 예배는 하나님이 받으시는 예배가 아닙니다. 예배는 오직 신령과 진정으로 하나님께만 드려져야 하는 것입니다.

저들의 예배를 하나님이 받지 않으신다면 그럼 과연 누가 받고 좋아할까요? 깊이 한 번 생각해 보십시오. 바로 사탄이 받고 좋아할 것입니다.

세상의 어떤 제도, 법, 종교의 교리도 결코 하나님의 말씀을 앞설 수 없습니다. 그러나 인본주의 목사와 교인들은 자기들이 좋아하는 인간적이고 사람 냄새 나는 구수한 예배, 사람끼리 화합하는 예배만을 원합니다.

종교가 혼합된 교환 예배는 인본주의 교인들에게는 마치 에덴동산에서 선악과를 바라보는 하와와 같이 먹음직도 하고, 보암직도 하고, 지혜롭게 할 만큼 탐스럽게 보일 것입니다.

인본주의 교인들이 종교 혼합이라는 과일을 먹는 순간, 하나님이 이스라엘왕 사울을 떠나신 것처럼 저들의 예배를 받지 않으시고 저들의 교회에서 떠나십니다. 종교 화합, 종교 교환 예배를 하는 교회와 교인들은 바로 깨달아야 합니다. 종교간 교환 예배는 바로 우상 숭배하는 악한 죄요 큰 죄악을 짓는 것입니다. 그리고 철저히 회개하고 하나님께로 돌아와야 합니다.

9. 한국 교회의 헌금 500억을 들여 만든 "평양과학기술대"

한국 교회 목사들의 무분별한 평양 방문과 방북 목사들의 섹스비디오 기사들을 접하면서 일부 목사들이 하나님이 맡겨 주신 양떼를 돌보지 않고 왜 북한에 줄서기를 하는지 참으로 이해할 수 없는 행동들 앞에 의분을 감출 수 없습니다.

사랑하는 나의 조국, 한국을 생각할 때마다 하나님께 감사와 영광을 돌립니다. 나의 조국, 한국은 한국 교회와 교인들의 기도를 통해서 하나님의 사랑과 축복을 받은 나라가 되었습니다.

지금도 날마다 새벽에 나라와 민족을 위해 기도하시는 목사님과 교인들이 계시고 특히 각 교회의 연로하신 집사님, 권사님이 매일 새벽과 저녁에 하나님께 부르짖는 기도가 있기때문에 한국 교회는 행복합니다.

한국 교회의 권사님, 집사님들의 기도는 언제나 한국 교회와 나라와 조국을 위해 기도하시고 다음은 사랑하는 가족과 자녀들과 자손들 그리고 이웃을 위해 기도를 하십니다.

나의 사랑하는 조국, 한국의 놀라운 경제 성장의 기적은 새벽마다 저녁마다 눈물을 뿌리며 기도하는 분들로 인해 하나님께 축복을 받게 되었음을 결코 잊어서는 안될 것입니다.

저는 주의 이름으로 기도하는 분들을 사랑합니다. 그리고 고맙고 감사합니다. 성도들의 기도로 후손들이 편안하게 살아가고 있음을 감사합니다.

그런데 최근에 한국에서 북한에 줄서기를 하는 종북 세력들이 있다고 합니다. 그리고 그들 가운데는 일부는 목사들이 있다는 것입니다. 한국 교회는 바로 알고 깨어서 북한에 돈을 바치고 줄서기 하는 일부 목사들을 경계하십시오. 그리고 북한을 돕는다는 핑계로 여러분에게 돈이나 물질을 요구하면 단호하게 거절하십시오.

북한의 동포들은 우리 민족이기에 당연히 도와야 합니다. 지금도 북한을 위한 선교회나 선교사들이 목숨을 걸고 순교을 각오하면서 선교에 임하고 있습니다. 오히려 이러한 선교사님들과 선교회를 위해 물질을 아낌없이 쓰시는 분들에게 박수를 보냅니다.

북한 공산 집단은 아직도 첫째로 제거해야 할 대상을 교회와 교인들로 생각합니다. 특히 목사는 제일 먼저 숙청의 대상으로 삼고 있음을 알아야 하는데 일부 목사들이 하나님께 바친 헌금을 자신 마음대로 북한에 제공하고 있습니다.

방북하는 일부 목사들의 생각을 알 수 없지만 혹시 북한 공산당 집단에 눈도장을 찍고 인정 받기를 원하는 목사가 있다면, 그러한 착각은 일찍이 버리는 것이 좋습니다. 북한의 뜻에 동조하는 것은 하나님의 말씀에서 떠나서 악하고 어리석고 무지한 죄악임을 알아야 합니다.

북한 공산당은 그들의 목적만 달성되면 북한을 도왔던 목사, 정치인, 일반 사람들까지 처절하게 죽입니다. 왜냐하면 이것이 북한을 이용한 마귀의 전략이기 때문입니다.

초대 교회는 하나님께 드려진 예물들은 온전히 전도와 선교 그리고 구제하는 일에 사용했습니다. 현대의 많은 교회들 또한 성경대로 헌금을 전도와 선교 그리고 기독교 교육과 고아와 과부를 돌보며 어려운 성도들과 커뮤니티의 가난한 자들을 전도하고 구제하는 일에 사용합니다. 그러나 일부 교회들은 하나님께 드린 헌금을 목사의 잘못된 판단과 사적인 생각에 따라서 사용하고 있습니다. 한국의 특정 교회가 몇년 전 북한에 500여억원의 교회 헌금을 들여 준공한 평양과학기술대는 결과적으로 사망한 김정일의 선군 정치에 이용됐습니다.

그리고 평양과학기술대는 북한 공산군의 군 간부 양성소와 북한에 현대식 과학기술 제공으로 핵과 미사일을 만드는 무기 제조 연구소로 변질되었고 무엇보다 문제가 되는 것은 500여억 원의 교회의 헌금이 양과학기술대 뿐만 아니라 김일성의 영생탑을 만드는 데 사용된 것입니다.

10. 목사의 교회 세습

한국 교회의 많은 목회자들이 지금도 골방에서 나라와 민족을 위해 눈물을 뿌려 기도하고 말씀을 전파하고 있습니다. 바로 하나님의 종이기 때문입니다. 종에게는 소유의 개념이 없습니다. 종의 모든 것이 주인의 것입니다. 특히 하나님의 종으로 부름을 받은 목사는 주인되신 하나님의 말씀에 오직 순종해야만합니다.

선배 목사님들이 가끔 교훈적으로 하시는 말들 가운데 '목사는 돈 조심, 명예 조심, 여자 조심'하면 목사의 길을 바로 갈 수 있다고 했습니다. 그러나 이제는 하나 더 첨가해서 목사의 교회 세습을 조심해야 합니다.

하나님의 종으로 부름을 받은 목사에게 하나님의 말씀에 순종하는 것이 올바른 원칙입니다. 목사가 말씀에 대한 원칙을 위반하고 불법을 행하면 목사 개인의 부패와 타락이 시작되고 교인들에게도 실망과 분노를 느끼게 합니다.

현재 미국과 한국 교회의 일부 대형 교회를 중심으로 재미있는(한심한) 일이 일어나는데 다름이 아니라 왕정 시대에만 가능했던 세습 제도가 교회 목사들을 통해서 버젓이 일어나고 있습니다.

세계 여러 나라에서 정치 세습은 용인되지 않고 이익을 목적으로 조직된 기업에서도 세습제도는 자랑스런 일로 평가받지 못하고 있습니다. 기업도 경영자(CEO)와 소유자(Owner)를 분리하여 운영하고 있습니다.

그런데 하나님을 섬기는 교회에서 목사의 교회 세습이라는 낭패스럽고 부끄러운 일이 일어나고 있는 것입니다. 진정한 하나님의 종이 되어 교회를 섬기는 목사라면 어떻게 주인의 허락도 없이 임의대로 자기의 아들, 사위을 세습시켜 담임 목사로 앉힐 수 있다는 것입니까?

오래 전에 배도자 빌리 그래함이 북한의 김일성을 위대한 영도자로 찬양한 후에 얼마 지나지 않아서 자기 아들에게 미국 최대의 선교 재단을 세습시켰습니다. 그리고 그의 사랑하는 애제자 로버트 슐러 목사(전 미국 수정교회 담임)도 자기 아들에게 교회를 세습했다가 마찰이 생겨 파면시키고 딸에게 교회를 세습하고, 그것도 부족해서인지 교회의 헌금으로 집을 사고 사위을 운영위원회에 앉혀 헌금을 개인이 유용했습니다.

세계 최고의 교회라는 수정교회가 2011년 5월에 법원에 파산 신청을 했고 교회는 결국 부동산 회사에 매각되었고, 얼마 후 로마 가톨릭에 약 5,000만 불에 교회가 넘어가는 일이 발생했습니다.

한국 교회의 일부 교인들 가운데는 목사가 미국에서 신학공부를 □다고 하면 대단한 사람으로 착각합니다. 그래서인지 미국의 저질 불량 풍습도 made in U.S.A.이라고 하면 대단하다고 생각해서 한국의 일부 목사들이 따라하는 모양입니다. 교회를 섬기는 한사람으로 얼마나 마음이 아픈 일인지 모릅니다.

하나님의 교회를 세습한 저 종은 과연 하나님의 교회를 어떤 시각으로 보고 있기에 하나님을 두려워함없이 무모한 짓을 자행하는 것일까? 한번쯤 생각하게 됩니다.

교회 세습을 하는 목사가 처음부터 교회를 기업으로 여기지는 않았을 것입니다. 그러나 하나님의 이름으로 세운 교회가 성장하여 교인이 늘어나고 물질이 쌓이자 욕심이 생기고 물질을 사랑하는 마음이 자라서 하나님을 두려하는 마음도 없이 무지하고 비열하게 하나님의 교회를 자신의 개인 교회로 여기게 되었을 것입니다.

그 결과, 목사의 교회 세습은 당연한 결과물이며 교회 세습 목사들은 하나님 앞에서 두려움 없이 무서운 죄를 자행하고도 여전히 주의 종으로 대접받으며 호의호식하고 있습니다.

한국 교회의 교회 세습은 아버지 목사와 아들 목사의 부자 세습과 몇 대을 이은 교회 세습 그리고 변칙 세습이 있습니다. 변칙 세습은 여러 가지 형태가 있는데, 첫째 케이스는 아버지 목사가 천문학적 헌금을 동원해 개척 교회를 설립한 뒤 아들을 담임목사로 앉히는 세습입니다.

둘째 케이스는 아버지가 담임하고 있는 교회에서 교인들의 반대로 목사 아들이 다른 교회의 담임 목사를 하고 아들이 담임하는 교회의 목사가 아버지 목사 교회의 담임목사로 오는 변칙 세습입니다. 가끔은 이러한 과정에서 브로커까지 개입되는 불법이 행해집니다.

셋째 케이스는 '부목사는 담임목사가 될 수 없다'는 모 교단의 헌법 조항 때문에 일을 하지 않으면서도 버젓히 부목사로 사례비를 받고, 행정상 타교회 부목사로 있는 것처럼 위장하는 불법 세습입니다.

넷째 케이스는 지방 교단의 묵인하에 몇몇 교회의 목사들이 교회의 공동의회를 거치지 않고 각 교회의 담임목사로 서로 교체하는 불법도 있습니다.

하나님의 말씀에 불순종하면서까지 왜 세습을 그렇게 원할까요? 바로 담임목사 교회 세습은 부와 명예를 이어가는 것이기 때문입니다. 이것은 종이 주인의 뜻을 무시하는 것과 같습니다.

한국 목사의 교회 세습은 교계 안팎의 광범위한 비판 여론에도 상관하지 않고 아버지 목사가 아들 목사에게 교회를 대물림하거나 대물림을 추진하고 있는데 이들 대부분의 교회가 돈과 권력을 가진 중대형 교회들 입니다.

이처럼 목사의 교회 세습이 대세인 것처럼 비춰지자 일부의 젊은 목회자들은 지금이 신라시대도 아닌데 "목사도 진골, 성골이 아니면 목사하지도 못한다"는 농담을 합니다.

젊은 목사의 입에서 이러한 농담이 나오는 것은 한국 교회에서 목회를 하려면 아버지 목사의 뒷배경이 없으면 한국 교회나 교단에서 크기가 어렵다는 것을 이야기 한 것입니다.

지금은 에스겔 시대처럼 목사들이 파수꾼의 사명을 감당하고 나팔을 불어야 할 때입니다. "오직 예수"만 전하고 회개를 선포하고 성도를 깨워야 합니다. 하나님은 "나를 존중하는 자를 내가 존중하고 나를 멸시하는 자를 내가 경멸하리라"(삼상 2:30)고 말씀하셨습니다.

11. 교회의 십자가 철거

십자가는 인류 구원의 상징입니다. 예수님이 지시고 달리신 십자가가 없었다면 우리의 구원은 있을 수 없습니다. 십자가는 크리스천에게는 사랑과 은혜이며 기쁨과 소망입니다.

한국을 방문할 때 주로 새벽에 공항에 도착하게 되는데 비행기 안에서 바라본 사랑하는 조국은 언제나 엄마의 품처럼 포근하게 반겨줍니다. 그리고 새벽의 어두움을 뚫고 빛나는 교회 십자가의 불빛은 하나님의 사랑으로 다가옵니다.

2012년 5월 25일자「연합신문」의 '아이굿뉴스'에 "안양지역 교회들이 지역 주민들을 위해 안전사고의 위험이 있는 교회 십자가 철탑 104개를 철거하기로 안양시와 합의한 것으로 알려지면서 지역주민들로부터 좋은 반응을 얻고 있다"는 기사가 나왔습니다. 그리고 6월 12일에 "SBS 뉴스"에도 보도되었는데, 뉴스 제목이 "교회 십자가 불 끕니다"였습니다.

안양시 시목회와 안양시 기독교연합회가 앞장서서 도시경관 개선 사업을 전개하고 있는 안양시와 수차례 협의 후 주민들의 불편과 위험을 줄이기 위해 교회 십자가 철탑을 철거하기로 했고 또한 안양시와 협의를 통해 밤 11시부터 이튿날 새벽 4시까지 십자가 야간 조명을 자율적으로 끄도록 교회들을 설득해 나갈 예정이라 합니다.

안양시 시목회와 기독교 연합회 그리고 일부 목사들이 교회 십자가을 철거하는 데 앞장서는 이유로 "그 동안 밤새 빛나는 십자가 조명이 지역 주민들의 수면권을 해친다는 민원이 자주 발생해왔다"는 것과 "십자가 조명을 끄는 것은 에너지 절약과 함께 주민의 수면권을 보호한다는 측면도 있지만 한국 교회에 대한 지역사회의 전반적인 부정적 인식을 바꿀 수 있는 계기가 되길 바란다"며 교회들의 적극적인 참여가 있기를 소망한다고 밝혔습니다.

참으로 안타깝고 통탄할 뉴스가 아닐 수 없습니다. 목사가 지역의 대변인 것처럼 '십자가 불빛으로 시민들이 수견권 방해를 받았기 때문에 이제는 보호해야 된다'고 '전력도 절약해야 한다'고 합니다. 그리고 한편에서는 교회 십자가 철거가 '신선한 의미'가 있답니다.

참으로 세상 사람들에게는 그럴듯하게도 들릴 수도 있습니다. 그런데 "십자가 불빛 때문에 시민들이 잠을 자기 힘들다"고 주장하는데 그렇다면 한국의 동네마다 넘쳐나는 여관, 호텔, 술집 등에서 발생하는 음란의 불빛은 무엇입니까?

또한 한국 교회가 전력을 너무 많이 사용하기 때문에 절약하는것이 좋겠다고 하시는데 십자가의 불을 밝게하면 할수록 한국에서 전력 사용량이 가장 많은 밤문화의 조명들이 꺼질 수 있습니다. 공중 권세 잡은 자 사탄과 귀신들이 교회에서 밝히는 붉은 십자가의 빛을 얼마나 싫어하는지 아십니까?

사랑하는 성도여 사람들의 미혹에 넘어가지 마십시오.

항상 마귀의 전략과 전술은 세상 사람들이 볼 때에 아주 그럴사 해 보이고 합리적으로 보이며 긍정적으로 보입니다. 그런데 이러한 마귀의 전략에 목사들이 넘어가서 조금씩 교회의 자리를 내어주면 언젠가는 교회로서의 사명을 감당하기 어려울 때가 옵니다. 그리고 교회를 상징하는 십자가 불이 하나둘씩 꺼진다면 믿지 않는 자들에게 교회에 대한 존재감이 멀어질 수 있고 한국 교회가 영적으로 큰 타격을 받을 것입니다.

몇 십년 전, 한국의 대형 교단이 '교인들이 교회 십자가를 마치 복 받는 것처럼, 미신처럼 생각한다'는 이유로 교단의 속한 십자가를 철거 했는데, 그렇게 결정을 내리기까지 십자가를 우상시하는 잘못된 풍조도 있었고, 일부 목사들은 "십자가는 마음판에 있으면 되지, 달지 않아도 된다"고 "십자가는 나무에 불과한데 그 나무를 성도가 우상화 한다"면서 떼었습니다.

성도가 십자가를 우상화 한다고 떼어낸다면 한국의 일부 대형 교회

가운데 목사를 우상화 하는 수준에까지 도달한 교회들도 있는데 이러한 강단에 우상화된 목사는 어떻게 설 수 있습니까?

아이러니하게도 십자가가 미신적인 의미를 준다하여 교회 강단의 십자가를 떼어낸 대형 교단이 교회 밖의 십자가들은 철거하지 않는 이중적, 이율배반적인 모습을 하고 있습니다.

하나님이 이스라엘 백성들이 광야에서 불평을 할 때 불뱀을 보내어 사람들을 물게 하셨고 많은 사람들이 고통으로 죽어 갔습니다. 그때 모세에게 구리뱀을 만들어서 장대에 높이 달라고 명하셨고 보는 자는 살 것이라 말씀하셨습니다. 그리고 놋뱀을 쳐다본 자는 누구든지 죽음에서 생명을 얻었습니다.

그러나 이스라엘 백성들이 모세가 만든 그 구리뱀을 가나안에 가지고 가서 그것을 숭배하는 도구로 삼을 때, 히스기야 왕이 놋뱀을 부숴 버렸습니다.

일부 교회는 헌금을 드릴 때도 찬양대와 온 교인들이 십자가 방향으로 향해서 드린다든지, 천주교처럼 십자가에 깡마른 예수님의 나신을 붙입니다.

또한 십자가를 우상시해서 집안 여러 곳에 달아두고 그 밑에서 기도하는 사람들 혹은 차안에 달고 다니며 부적시 하는 것들은 십자가의 의미를 잘못 알고 있기 때문이고 교회에서 제대로 교육을 받지 못했기 때문입니다.

신앙생활에 있어서 잘못하면 하나님을 바라보는 것이 아니라 십자가을 우상시하는 것처럼 영적인 놋뱀을 만들 수 있고 하나님이 아닌 물질로 향할 수 있습니다.

십자가는 믿는 자들에게는 구원의 능력입니다. 믿는 자들이 잘못 사용하면 우상이 될 수 있지만 믿지 않는 세상 사람들에게는 구원의 증표입니다.

안양시 시목회와 안양시 기독교연합회가 주민을 위하고 진정 잃어버린 영혼을 사랑한다면 십자가 철거를 중단해야 합니다.

십자가를 교회에 꼭 달아야 하는 이유가 있습니다. 사탄이 무서워하고 싫어하는 것이 몇 가지가 있는데 그가운데 하나가 바로 십자가입니다. 예수님이 십자가에서 보혈의 피를 흘리심으로 인류의 모든 죄를 사하셨기에 마귀는 십자가를 제일 싫어합니다.

사도 바울은 이세상에서 십자가 외에는 자랑할 것이 없다고 했습니다. 그런데 마귀가 제일 싫어하는 십자가를 왜 우리 기독교인들 손으로 교회로부터 몰아내고 뜯어내야 합니까? 교회 강단에서, 교회 건물에서 십자가를 뜯어내거나 철거하는 것은 사탄의 미혹에 넘어가고 속은 것입니다.

십자가를 교회당에서 떼려는 것은 올림픽에서 금메달을 획득한 선수의 국기를 달지 말라는 것과 같습니다. 주님의 핏값으로 세우신 주님의 몸된 교회인 것을 십자가로 구별하여 보여주어야 합니다.

예수님도 "자기 십자가를 지고 나를 좇지 않는 자도 내게 합당치 아니하니라" 하셨고 "아무든지 나를 따라 오려거든 자기를 부인하고 자기 십자가를 지고 나를 좇을 것이니라" 하셨습니다.

성도는 십자가를 바라보면서 십자가는 구원을 얻는 우리에게는 하나님의 능력이요, 그리스도와 함께 십자가에 못박힘과 이제는 내가 사는 것이 아니라 오직 내 안에 주님이 사심을 깨닫게 됩니다. 그리고 일주일 세상에서 살다가 주일에 교회에 나와 십자가를 바라볼 때 주님의 은혜를 다시 한 번 생각합니다. 교회들이 교회 안에 주님을 상징하는 십자가를 달기를 간절히 기도합니다.

12. 목사의 로만 칼라(Roman Collar) 착용

옷은 그 사람의 위치를 대변해 줍니다. 운동 선수는 운동복을 결혼하는 신랑, 신부는 예복을 입습니다. 마찬 가지로 주의 종인 목사는 목사에 맞는 옷을 입어야 합니다.

미국 교회의 일부 목사들은 형식에 치우치지 않는다는 뜻으로 양복을 입지 않고 티셔츠를 입고 설교를 합니다. 그런데 한국 교회의 일부 목사들이 로마 가톨릭의 신부들이 입는 로만 칼라를 입고 설교하는 모습을 봅니다. 목사가 말씀을 전하는 강단에서 티셔츠를 입는것도 조금 어색하지만 로만 칼라를 입는 것은 더더욱 황당해 보입니다.

로마 가톨릭은 신부들이 성당이나 외부에서 목 부분에 로만 칼라가 있는 긴 검정수단을 입혔는데 발목까지 감싸는 긴 의복입니다. 요즘에는 신부들이 현대 생활에 맞는 간편한 로만 칼라와 검은 양복이나 검소한 정장을 착용합니다.

로만 칼라와 수단(Soutane)은 그 뜻 자체가 로마 가톨릭 사제라는 뜻입니다. 로만 칼라는 로마 가톨릭 성직자들이 목에 두르는 아마포로 된 희고 빳빳한 칼라인데 로마 가톨릭에서 부제품을 받게 되면 로만 칼라를 착용하게 됩니다. 이것은 '독신의 정결'의 의미와 로마 가톨릭 교회의 신부인 것을 나타내는 공식복장입니다.

그런데 어떻게 목사가 로만 칼라를 입고 강단에 설 수 있습니까? 자신이 로마 가톨릭 사제라고 생각해서입니까? 아니면 로마 가톨릭의 추종자라고 해서 입는 것입니까? 그것도 아니견 경건하게 보이기 위해 입는 것입니까?

예수님을 따르고 가르치는 목사가 복장에서부터 거짓말을 하고 교인들로 하여금 로마 가톨릭에 물들 수 있는 여건을 형성하니 얼마나 악한 죄를 짓고 있는가를 생각해야 합니다.

13. 교회 임직자 분당금

중세 교회사에서 로마 가톨릭이 1500년경 로마의 산피에트로성당의 신축 자금과 빚 갚을 자금을 모으기 위하여 독일 마인츠의 대주교 테첼과 협정하여 중부 독일지방 신자들에게 면죄부를 팔았습니다. 로마 가톨릭이 발상한 면죄부는 돈을 주고 면죄부를 사면 죽은 자의 죄가 사해져서 연옥에서 천국으로 간다는 것입니다.

면죄부를 사면 죄가 사해지고 죽은 자가 천국 간다 하는 생각은 성경의 말씀이 아닙니다. 당시 로마의 교황은 무지한 대중을 상대로 돈을 받고 하나님의 용서와 구원을 파는 사이비 교주의 엄청난 죄를 지었습니다.

독일의 비텐베르크대학의 교수이자 로마 가톨릭 신부인 마르틴 루터는 1517년 10월 30일 로마 가톨릭이 성경에서 떠난 교리적 왜곡과 면죄부 판매, 성직자의 타락 등을 지적, 규탄하는 95개 조항의 의견서를 발표하여 유럽에서 종교개혁이 시작되었고 오늘날의 개신교(Protestant)가 등장하게 되었습니다.

하나님이 인간의 죄를 용서해 주시고 구원해 주시는 것은 사람이 무슨 돈을 많이 헌금하거나 어착한 행위를 해서가 아닌 오직 믿음때문입니다. 하나님이 주시는 인간의 구원에는 돈이 1원도 필요치 않습니다.

교회가 성장하면 교회 봉사를 위해 자연스럽게 직분자를 세우게 됩니다. 그런데 임직식을 통해 세우는 직분자들인 안수집사, 권사, 장로를 세움에 있어서 신앙적으로 매끄럽지 않은 부분이 나타납니다. 언제부터인지는 몰라도 임직자들은 일정액을 분담하여 임직식에서 교회에 헌금하는 형식을 취하여 헌납합니다. 돈을 거출하고 직분자로 세우는 것은 직분 매매에 해당됩니다.

사도행전의 초대 교회가 집사 7명을 세울 때 직임을 부여하는 대가로 일정액을 분담하는 일이 없었습니다. 오직 성령과 믿음과 지혜가 충만함이 집사를 뽑는 기준이 되었습니다. 7명의 안수 집사는 구제뿐만 아니라 스데반과 같은 순교자와 빌립 같은 위대한 전도자까지 나왔습니다. 그런데 왜 오늘날은 임직자가 되려는 사람이 선거운동을 하고 교회는 돈을 거출하고 하니 이것이 과연 성경적이며 개혁정신인가 묻고 싶습니다.

교회들이 임직자를 세우면서 그 명목으로 자발적인 것이 아닌 강요나 분담 요청에 의하여 단돈 1원이라도 거두어 들인다면 개혁정신을 위반하는 직분 매매에 해당한다는 것을 깨닫기 바랍니다. 교회는 돈이 아닌 오직 성령과 믿음과 지혜가 충만한 자를 직분자로 세워야 할 것입니다.

14. 미국 장로교 게이 목사 허용

「로스앤젤스타임스」(*Los Angeles Times*)는 "미네소타 주의 한 장로교 지역조직이 2011년 5월 10일 진행된 표결에서 게이 목회자 허용에 찬성했으며 장로교 전체 지역조직의 과반을 넘어 결정됐다"고 보도했습니다.

미국 장로교는 교단 총회에서 게이들도 목사로 임명할 수 있도록 교단 규약을 개정하고 지역 조직별로 승인 절차를 밟아왔는데 미국 장로교의 게이 목회자 허용 관련 규약 개정은 1997년부터 2010년까지 교단총회를 포함해 총 4회 추진됐습니다.

2011년 드디어 저들이 목표로 삼아 왔던 게이 목사 안수가 통과 되었습니다.

많은 크리스천이 이 기사를 보고 "어떻게 게이가 목사가 될수 있는가?"라고 반문하시면서 잠시동안 정신이 아찔했을 것입니다. 미국 장로교가 몇년 전 게이 교인을 허용한다고 하더니 결국에 게이 목사도 허용하는 것을 보고 개탄하지 않을 수가 없습니다.

미국 장로교(PCUSA) 교단이(미국에 있는 한인 교회들이 많이 소속되어 있습니다) 성공회, 복음주의 루터 교회, 연합 그리스도 교회에 이어 네 번째로 게이 목사 임명을 허용했습니다.

성도여! 게이 목사가 강단에서 무엇을 전할 수 있습니까? 강단에서 할 수 있는 것은 성경말씀이 아닌 긍정의 힘과 같은 윤리와 도덕 그리고 사람들의 마음을 감동시키는 이야기를 떠들것입니다.

미국 장로교단의 게이 목사 안수 통과로 마귀가 얼마나 좋아할까요. 교회 강단과 예배당까지 자기들의 안방으로 하나씩 되어가니 얼마나 좋을까요.

하나님의 말씀에서 떠난 교회와 나라 그리고 개인은 결코 부흥이 일어날 수 없습니다. 말씀에서 떠난 미국 장로교회의 현상황을 살펴보면 50-60%의 교인이 줄었으나 그나마 한인 교회가 많은 숫자를 채워주고 있습니다.

15. 신사도 운동(New Apostolic Reformation)

캘리포니아주 파사데나에 위치한 풀러 신학교의 교수로 일했고 많은 신학생들에게 학문적인 영향를 미쳤던 신사도 운동 창시자 피터 와그너는 1990년대 이후를 신사도적 종교개혁(New Apostolic Reformation) 시대라고 주장합니다.

피터 와그너에 의하면 2000년의 밀레니엄이 지난 2001년에 이르러 마침내 제2의 사도시대가 개막되었다고 주장합니다.

피터 와그너는 스스로 자신을 '사도'이라고 주장하며 1,600년 동안 계속된 비성경적 교회의 직분체제가 드디어 제2의 사도시대를 맞아 성경적으로 변하고 있다는 것입니다. 신사도 운동가들도 자신들을 '사도'로 불려지기를 원합니다.

피터 와그너는 "지금은 제2의 사도시대이고 하나님은 지금 새로운 시대에 새로운 계시들을 부어주고 계신다"고 하면서 그와 신사도 운동가만이 하나님의 계시를 직통으로 받고 하나님과 직접 대면한다고 주장합니다.

피터 와그너와 그의 추종자들은 오늘날 교회가 직통계시를 받는 '사도와 선지자'의 모델로 변화되어야 한다고 주장하면서 하나님은 오늘날에도 전 세계에서 사도와 예언자들을 모으시고 일하게 하신다는 것입니다. 특히 신사도 운동가들이 주장하는 것 가운데 핵심 요소가 바로 성령 세례입니다.

신사도 운동가들이 말하는 성령 세례를 받으면 쓰러짐, 낄낄거림, 짐승소리, 기괴한 방언, 몸을 주체하지 못하는 현상들이 나타난다고 강조합니다. 일반 교회에서 성령 세례하면 방언이나 예언을 생각 했지만 신사도 운동가들은 이적, 치유, 기적등을 모두 포함합니다.

성령님이 역사하시면 이적, 치유, 기적들이 나타납니다. 그러나 마귀도 자신의 추종자들을 통해서 거짓 역사를 합니다.

성경에서 직통 계시를 받은 하나님의 사람들이 많이 있습니다. 성령님께서 말씀과 기도로 거룩한 성도에게 직통 계시를 주시는 것을 인정하고 21세기 현대 교회에서 하나님의 음성을 듣는 형제, 자매들이 많이 있습니다. 그리고 실제적으로 이적과 기적을 주십니다.

예수님이 주의 종이 진짜인지 가짜인지 알기 위해서는 "그들의 열매로 그들을 알 것이라" 말씀하셨습니다. 그런데 신사도 운동가들의 행동의 열매를 볼 때에 성경적이지 않고 많은 사람들을 속이고 특히 사탄의 역사로 일어나는 행동들을 보면서 저들은 분명히 말세에 미혹하는 자들임을 알 수 있습니다.

2010년 LA에 위치한 'Glory Church of Lord'에서 개최된 IHOP과 YWAM의 연합 집회에 저와 선교 멤버들이 참석했습니다. 그때까지 막연히 동경해 왔던 24시간 기도하는 IHOP의 실체에 대해서 그날 정확하게 알게 되었습니다.

IHOP이 신사도 운동과 연관이 있다고는 알고 있었지만 이렇게 하나님의 말씀에서 떠나 변질되었다고는 생각지 않았습니다. 주님의 영광 교회 어셈블리에서 IHOP 청년 구성원의 행동은 마치 귀신들린 자들의 집합소와 같았습니다. IHOP의 성령 받았다고 하는 청년들의 행동들에 대하여 잠시 말씀드립니다.

청년들이 자리에 가만히 앉아 있다가 기괴한 소리를 내고 같은 멤버끼리 안수를 해주는 동시에 쓰러짐의 현상이 일어났습니다. 그리고 안수를 한 청년들이 쓰러진 청년들을 향해서 웃고 깔깔거리며 장난치듯 놀리는 모습들이 있었습니다.

잠시 후 쓰러짐의 현상에서 일어난 청년들이 다른 청년들에게 다시 안수했습니다. 안수를 받은 청년들은 조금 전의 쓰러짐의 현상과 같이 몸을 비틀거나 주체하지 못하는 행동을 하는데 마치 지렁이에게 소금을 뿌리면 비틀거리는 것과 흡사하고 뱀의 꿈틀거림인 '쿤달리니' 같았습니다.

하나님이 컨퍼런스를 통해서 동영상으로만 보아왔던 그들의 정체를 정확히 볼수 있게 하시고 깨닫게 해주셨습니다. 참으로 하나님께 감사와 영광을 돌립니다.

하나님께 더욱 감사한 것은 교회 청년들을 24시간 기도하는 집인 IHOP에 보낼까하는 생각이 있었는데 저들의 실체를 깨닫게 되어 신앙적, 영적으로 청년들을 보호할 수 있어서 너무나 감사했습니다. 그리고 IHOP과 함께 컨퍼런스를 한 YWAM이 저들과 더 이상 짝하지 않기를 기도합니다. 예수님이 마지막 때에 많은 사람들이 거짓 선지자들을 따를 것임을 말씀하셨습니다.

요즘은 사람 앞에서 높임과 유익을 얻으려고 연출성 성령 쇼를 하는 은사자들이 많고 대중심리를 이용해서 마치 자기가 성령의 역사를 주동하는 것처럼 쇼를 합니다.

성경의 기름부음은 하나님의 종으로 택함을 받는것을 의미합니다.

피터 와그너는 안수시에 쓰러짐, 낄낄거림, 짐승소리, 기괴한 방언, 몸을 주체하지 못하는 현상 그리고 몸이 떨리는 현상을 기름부음이라는 하고 있습니다.

반대하는 일반 교회와 목사들을 향해 '종교의 영에 사로잡힌 자들, 종교적인 사냥개, 사탄의 졸개' 등 극단적인 발언을 서슴지 않고 있습니다.

신사도 운동은 기존 교회에 대항하는 운동이라고도 할 수 있습니다. 신사도 운동가들의 면면을 살펴보면 사탄교 목회자, 불교, 이방종교, 기타 등등 각종 종교의 리더들 그리고 기독교 안에 있는 양의 가면을 쓰고 성령 충만을 가장한 영지주의(늑대들) 목사들입니다.

신사도 운동하는 목사들이 성경말씀을 인용한다고 해서 그들이 진정 하나님의 종들이 아니며 결코 저들의 말에 현혹되어서는 안됩니다. 사탄도 예수님을 시험할 때 성경을 인용했습니다. "네가 만일 하나님의 아들이어든 뛰어 내리라 기록하였으되 저가 너를 위하여 그 사자들을 명하시리니 저희가 손으로 너를 받들어 발이 돌에 부딪히지 않게 하리로다 하였느니라"(마 4:6) 성경을 인용할지라도 예수님을 그리스도로 인정치는 아니합니다.

성경은 "주 여호와의 말씀에 본 것이 없이 자기 심령을 따라 예언하는 우매한 선지자에게 화가 있을찐저"(겔 13:3)라고 말씀하시면서 기적과 이적이 있다고 해서 다 성령의 역사가 아니기에 거짓 선지자들에게 미혹되지 말아야 합니다.

피터 와그너의 신사도들과 특히 타드 벤트리와 같이 악령들린 사람으로부터 안수 받은 영지주의 사이비 목회자들과 신사도 운동 추종자들인 목사들로부터 반드시 여러분은 떠나야 합니다.

성경은 "선지자의 죄악과 그에게 묻는 자의 죄악이 같은즉 각각 자기의 죄악을 담당하리니"(겔 14:10)라고 말씀하시며 저들에게서 피하는 것이 여러분의 영혼을 지키고 살리는 길임을 알려주셨습니다.

16. 긍정의 힘과 번영 신학

2010년 9월 2일 소천하신 사랑의 교회 옥한흠 목사님의 설교 가운데(2008년 3월 2일) "기독교의 본질이 되는 말씀을 교인들이 지겨워하는 경향이 있는 것 같다"며 "요즘 한국 교회는 단것만 좋아하는 어린아이처럼 기분 좋은 말만 들으려고 한다"고 설교하셨습니다.

옥한흠 목사님은 교인들을 향하여 "교인들이 그저 무엇이나 믿고 구하면 이룬다는 소원 성취의 말이나 좋아하고, 예수 믿는 목적이 마치 무병 장수에 있는 것처럼 큰소리로 외치고 있다"며 기복신앙과 물질주의 사상에 물든 한국 교회에 회개를 촉구하셨습니다.

목회자를 향해서도 "예수님을 바로 가르쳐야 된다"고 하시면서 옥 목사님은 조엘 오스틴의 『긍정의 힘』과 『잘 되는 나』에 대한 우려도 표명하셨습니다.

옥 목사님은 "오스틴이 주장하는 긍정적이고 낙천적인 성격을 개발하면 성공한다는 가르침에 모두가 다 입을 벌리고 있고, 이런 풍토가 교회 안에 만연하다"고 하시면서 "조엘 오스틴은 긍정적인 자아를 회복하는 것이 기독교의 복음인 것처럼 설교한다"고 하시면서 그의 설교에 주의할 것을 당부하셨습니다.

또한 옥 목사님은 "오스틴이 전하는 메시지를 세상 사람들이 다 좋아한다. 정말 심각하다"며 "세상 사람들이 다 좋아하는 게 그게 무슨 진리입니까"라고 하셨습니다.

옥 목사님은 교인들에게 "긍정의 원천은 낙천적인 성격을 개발하는 것이 아닙니다. 바로 복음의 본질인 예수 그리스도의 은혜를 힘입는 것이다"라고 거듭 강조했습니다.

미국 교회안에 나타나는 긍정의 힘과 번영 신학은 미국과 한국의 기독교를 타락시키고 있는 주범입니다. 2007년 L. A.의 스테이플 센터에서 열린 조엘 어스틴의 집회를 생각하면 교인들이 참 지혜가 부족했다는 생각이 듭니다.

왜냐하면 그당시 미국 교회, 한인 교회들이 오스틴의 긍정의 힘의 마력에 많은 영향을 받아 그것을 받아야만 성공하는 것인줄 알았으니 참으로 분별력이 부족했었던 시기였습니다. 말의 미학자 오스틴은 하나님의 말씀인 설교를 하는것이 아니라 강의 수준의 긍정의 힘과 번영의 철학을 가르치고 있습니다.

조엘 오스틴의 영향을 받은 전 세계 인터넷 성도들과 교인들의 신앙을 누가 책임 질까요. 그리고 많은 교회와 교인들이 속아 넘어가니 이를 어찌해야 합니까?

성도여! 언제까지 속아야 합니까? 미국이나 유럽 교회의 목사가 여러분의 만족을 충족시켜주는 이상를 버려야 합니다. 그들은 구원자들이 아닙니다.

2007년 12월 23일 오스틴은 크리스 월리스가 진행하는 FNS에 나와 미국대선과 관련, 종교와 정치 문제에 대해 답변하는 과정에서 그의 신앙관을 확실히 표현했습니다.

크리스 월리스가 미국 대선 후보 중 공화당 대통령 후보인 미트 롬니와 그의 종교인 몰몬교와 관련한 질문을 던졌습니다(2012년 공화당 대선 후보가 됨).

크리스 윌리스 "미트 롬니에 대해서는 어떻게 생각하십니까? 목사님께 이 질문을 드리는 것은 이번 대통령 후보 경선에 있어 종교가 중요한지 그렇지 않은 지에 대한 것이기 때문입니다. 몰몬교인도 진정한 기독교인 입니까?"

조엘 오스틴 "제가 보기에는 그들도 진정한 기독교라고 생각됩니다. 미트 롬니는 그가 그리스도를 자신의 구세주로 믿는다고 말했고, 아시다시피 그것이 바로 제가 믿는 것이기 때문입니다. 저는 다른 세부적인 것들을 판단할 만한 사람이 못됩니다. 저는 그들이 진정한 기독교인이라고 믿습니다.

크리스 윌리스 "그렇다면 예를 들어, 사람들이 몰몬교의 창시자인 조셉 스미스나 뉴욕 북부의 황금판(조셉 스미스가 뉴욕 북부의 산기슭을 파던 중 발견했다는, 신의 계시가 담겼다는 황금판)에 대해서 얘기할 때, 또는 하나님이 인간과 같은 형상을 하고 있다고 할 때, 그런 신학적 이슈들에 대해 저항감을 느끼시지는 않습니까?"

조엘 오스틴 "저는 그러한 문제들에 대해 깊이 생각해 보거나 진지하게 연구해 본 적이 없기때문에 크게 저항감을 느끼지는 않는다. 아시다시피 그런 부분에 대해서는 저는 잘 모르고, 하나님이 직접 심판하실 문제라고 생각합니다"

동영상을 한번 정도 참조하시면 미국을 대표한다는 조엘 오스틴 목사가 이단 사상을 가진 몰몬교를 진정한 기독교라고 주저없이 말하는 모습에 성경말씀에서 떠난 목사의 모습을 보시게 될것입니다.

뉴에이지 신봉자인 오프라가 마치 구세주인양 세상 사람들을 미혹하고 있고 교회 강단에서는 십일조 설교를 할 때마다 프리메이슨이며 악한 기업가인 록펠러가 소개되고 긍정의 힘을 강조하는 조엘 오스틴의 말이 하늘을 찌르듯 인기가 있는 것은 어떤 이유입니까? 세상 사람들에게 긍정적인 생각을 가지면 돈을 많이 벌고 명예를 얻어 성공한다는 생각을 심어 주었기 때문입니다.

교회에서 교인들이 예수님의 복음과 십자가에 대한 본질의 말씀을 전혀 듣지 못해도 그리고 회개를 외치지 않아도 성도가 불어난다는 것은 성경적 복음 설교의 위기를 말하는 것입니다.

교회의 머리 되신 예수님 앞에 회개 없는 교인 1만명, 10만명, 100만명의 성장이 무슨 소용이 있단 말입니까? 목사들은 오직 예수님의 십자가 사랑과 부활과 생명 그리고 강림, 재림의 말씀, 회개, 소망, 믿음을 전해야 합니다.

LAST TIME

큰 음녀 로마 가톨릭 6장

　요한계시록 17장에서 일곱 대접을 가진 일곱 천사들 중 하나가 와서 사도 요한에게 로마 가톨릭에 대하여 말하여 가로되 "이리 오라 많은 물 위에 앉은 큰 음녀의 받을 심판을 네게 보이리라"(계17:1) 하시며 로마 가톨릭이 큰 음녀이고 심판을 받을 것이라 말씀하십니다.

　로마 가톨릭은 땅의 임금들인 각 나라 대통령들과 이땅에 사는 사람들을 음행케합니다. 성경은 "땅의 임금들도 그로 더불어 음행하였고 땅에 거하는 자들도 그 음행의 포도주에 취하였다"(계17:2)고 말씀합니다.

　로마 가톨릭은 하나님을 섬겨야하는 그 자리에 교황과 성모 마리아 그리고 자칭 성인들을 만들어 섬기며 절하고 있고 우상 숭배하는 죄를 짓고 있으면서 자신들 뿐만 아니라 많은 사람들을 음행의 죄에 빠지게 하고 있습니다.

　로마 가톨릭은 자신들의 방식으로 교회의 황제를 만들었습니다. 그것이 바로 교황이라는 제도입니다. '교회의 머리'는 오직 예수 그리스도 한분 밖에 계시지 않습니다.

로마 가톨릭은 하나의 피조물에 지나지 않는 사람을 '교회의 머리'(교회의 황제)로 세워 교황이라는 타이틀을 입혀서 저들이 세운 사람을 신의 대언자로 만들어서 그를 받들고 섬기고 있으니 이보다 더 큰 이단 집단은 없습니다.

"로마 가톨릭에도 구원이 있는가?"라는 질문을 자주 받게 됩니다. 그때마다 "로마 가톨릭의 '교리'를 믿으면 구원을 받지 못합니다. 오직 예수 그리스도로만 구원을 받을 수 있습니다"라고 대답합니다.

콘스탄틴 황제가 주후 313년 3월 "밀란의 칙령"을 반포하여 기독교를 공식적으로 공인하였습니다. 밀란의 칙령으로 인해 그동안 많은 고난과 환난을 겪으며 지하 교회와 카타콤, 산굴, 땅굴 등에서 신앙을 지켜온 크리스천들에게 신앙의 자유가 주었습니다. 성직자들에게는 병역, 세금 및 각종 시민의 의무가 면제되고, 사법상의 특전도 베풀어져 세상 법정에서 재판을 받지 않게 되었습니다.

그러나 밀란의 칙령은 목숨을 내어걸고 믿음을 지켜왔던 성도들과 하나님의 전신갑주로 무장되었던 하나님의 사람들에게 영적인 나태함에 빠지는 결과을 가져다 주었고 성직자들을 타락시켰습니다.

로마 제국의 기독교 공인으로 인해 하나님의 교회 안에는 이교도적, 이단적, 바벨론적인 세상 것들이 들어오게 되었습니다. 이것이 교회의 타락으로 이어져 로마 가톨릭은 서서히 큰 음녀로 변화되기 시작했습니다.

로마 가톨릭은 복음이신 예수 그리스도를 대신하여 교회와 기독교가 아닌 종교라는 안전한 피난처를 만들어 신앙의 모든 결단으로부터의 도망을 시도했으며 종교의 틀을 만들어 하나님의 말씀을 자기들의 취향에 맞추는 일을 하고 있습니다.

왜 로마 가톨릭이 이단이고 큰 음녀일까요?

1. 성경의 십계명을 변개시켰습니다

하나님이 모세에게 직접 써서 주신 돌판이 바로 십계명입니다. 십계명은 하나님이 출애굽한 이스라엘 백성에게 주셨고 모든 인류에게 주신 말씀과 계명입니다. 십계명은 성경 출애굽기 20장과 신명기 5장에 기록된 말씀입니다.

하나님의 말씀은 살았고 운동력이 있는 말씀이며, 하나님의 말씀은 변함이 없으시고 하나님의 말씀은 어느 누구도 변개할 수 없습니다.

성경은 요한계시록에 "내가 이 책의 예언의 말씀을 듣는 각인에게 증거하노니 만일 누구든지 이것들 외에 더하면 하나님이 이 책에 기록된 재앙들을 그에게 더하실 터이요 만일 누구든지 이 책의 예언의 말씀에서 제하여 버리면 하나님이 이 책에 기록된 생명 나무와 및 거룩한 성에 참예함을 제하여 버리시리라"(계 22:18-19) 말씀하셨습니다. 예수님도 "하나님의 말씀을 듣고 지키는 자가 복이 있다"고 하셨습니다.

그러나 로마 가톨릭은 하나님의 말씀, 십계명의 제2계명을 삭제시키고 변개하는 엄청난 죄을 지었습니다. 그들은 그것을 회개치 않고 많은 가톨릭 신자들에게 우상 섬기는 죄를 짓게 할 뿐만 아니라 마귀의 자식으로 만들고 있습니다.

출애굽기 20장의 십계명과 로마 가톨릭의 십계명을 한번 비교해 보겠습니다. 무엇을 변개 시켰고 틀렸고 잘못되었는지 깨닫기를 바랍니다.

성경의 십계명(출 20:3-17)
1. 너는 나 외에는 다른 신들을 네게 있게 말지니라.

2. 너를 위하여 새긴 우상을 만들지 말고 또 위로 하늘에 있는 것이나 아래로 땅에 있는 것이나 땅 아래 물속에 있는 것의 아무 형상이든지 만들지 말며 그것들에게 절하지 말며 그것들을 섬기지 말라.
3. 너는 너의 하나님 여호와의 이름을 망령되이 일컫지 말라.
4. 안식일을 기억하여 거룩히 지키라.
5. 네 부모를 공경하라.
6. 살인하지 말지니라.
7. 간음하지 말지니라.
8. 도적질하지 말지니라.
9. 네 이웃에 대하여 거짓 증거하지 말지니라.
10. 네 이웃의 집을 탐내지 말지니라.

로마 가톨릭의 십계명
1. 하나이신 하느님을 흠숭하여라.
2. 하느님의 이름을 함부로 부르지 말아라.
3. 주일을 거룩하게 지켜라.
4. 부모에게 효도하라.
5. 사람을 죽이지 말라.
6. 간음하지 말라.
7. 도적질하지 말라.
8. 거짓 증언을 하지 말라.
9. 남의 아내를 탐내지 말라.
10. 남의 재물을 탐내지 말라.

　로마 가톨릭은 십계명의 명령인 "우상을 만들지 말고, 아무 형상(성모 마리아상, 세인트상, 교황상)도 만들지 말며, 절하지 말고, 섬기지 말라"고 하신 제2계명을 삭제해 버렸습니다. 결국 로마 가톨릭은 '로마 가톨릭의 십계명'을 만들어 성경의 십계명 가운데 제2계명을 제1번째 계명에 포함시키면서 의도적으로 삭제해 버렸습니다.
　큰 음녀 로마 가톨릭은 출애굽기 20;3-6의 제1계명과 제2계명을 혼합시켜 로마 가톨릭식 제1계명을 다시 만들었습니다.

그리고 그것을 숨기기 위해 제10계명인 "네 이웃의 집을 탐내지 말지니라. 네 이웃의 아내나 그의 남종이나 그의 여종이나 그의 소나 그의 나귀나 무릇 네 이웃의 소유를 탐내지 말지니라"를 둘로 나누었습니다.

로마 가톨릭이 그들의 십계명 제9계명을 "남의 아내를 탐내지 말라." 그리고 제10계명 "남의 재물을 탐내지 말라"로 새로 만들어 성경을 변개시키는 엄청난 죄악을 지었습니다. 많은 기독교인들은 기독교(개신교)와 로마 가톨릭이 같은 줄로 압니다. 그러나 절대로 같지 않습니다.

로마 가톨릭이 왜 하나님이 주신 십계명의 제2계명을 삭제하고 마지막 제10계명을 그들이 9, 10계명 둘로 나누고, 고치고, 첨가하는 이유가 무엇이라 생각하십니까? 바로 교황 숭배, 성모 마리아 숭배, 세인트 숭배 등의 우상 숭배 때문입니다.

2. 마리아 우상 숭배

하나님은 스스로 계신 분이십니다.

하나님은 성령으로 예수님을 잉태케 하셨고 마리아는 하나님의 말씀에 순종한 믿음의 복된 하나님의 사람이요, 하나님의 형상으로 지음을 받은 사람에 불과합니다.

성경은 "구스가 또 니므롯을 낳았으니 그는 세상에 처음 영걸이라 그가 여호와 앞에서 특이한 사냥군이 되었으므로 속담에 이르기를 아무는 여호와 앞에 니므롯 같은 특이한 사냥군이로다 하더라"(창 10:8-9;

대상 1:10)말씀하고 있습니다.

니므롯(Nimrod)이라는 이름의 뜻은 히브리어 마라드(marad)에서 온 말로 '반역하다', '배역하다' 또는 '우리가 반역할 것이다'라는 의미를 지니고 있습니다.

니므롯은 홍수 후에 하나님이 "너희는 생육하고 번성하며 땅에 편만하여 그 중에서 번성하라"(창 9:7)고 하신 말씀을 알고 있었습니다. 그는 사람들이 온 세계로 편만하여 땅에 번성하라는 하나님의 말씀을 알면서도 하나님의 말씀에 순종하지 않을 뿐만 아니라 사람들을 선동하여 흩어지지 않게하여 백성들로 하여금 하나님을 거역하여 바벨탑을 쌓게 했습니다.

니므롯의 아내는 세미라미스(Semiramis)인데 그녀는 남편 니므롯이 죽자 남편의 시체를 조각 조각 나누어 각 지방으로 보내었습니다(삿 19:29; 삼상 11:7).

세미라미스는 그 후 사생자를 낳았는데 자기 남편 니므롯이 환생한 것이라 하여 그 이름을 담무즈(Tammuz)라 불렀습니다. 후에 그를 태양신이라 칭했습니다.

세미라미스는 담무즈가 바로 여인의 후손 곧 구세주(창 3:15)라고 주장했고 그녀는 마침내 자기의 몸에서 난 자기 아들 담무즈와 결혼하므로 근친상간의 죄를 짓게됩니다. 그러나 그녀는 신의 아내요 신의 어머니가 되었다고 주장합니다.

이러한 악한 사상이 로마 가톨릭으로 넘어와서 예수회 창시자 로욜라에 의해 성모 마리아 숭배가 행해지게 되었습니다. 성모 마리아를 하나님의 어머니가 되게 하여 하나님보다 높은 위치에 올려 놓았습니다.

큰 음녀 로마 가톨릭은 1854년에 "마리아 무원죄 잉태설"(Immaculate

Conception)을 발표했고 1917년에 '마리아가 은총의 중재자'라고 확정 지었습니다. 이것으로 인해 마리아에게 기도하는 것이 예수님의 이름으로 하나님께 기도드리는 것보다 더 효과적이라는 저들의 악한 생각입니다.

로마 가톨릭은 한 사람에 불과한 마리아를 우상화 하기 위해 예수님을 밀어내고 이제는 하나님의 위치까지 올려놓는 악한 죄를 짓고 있습니다. 이것은 전혀 성경에 근거 없는 교리들입니다.

또한 1931년 마리아를 "하나님의 어머니"라고 확정했으며, 1950년에는 "마리아 부활 승천설"을 발표하였고 1962에는 "마리아 종신 처녀설"을 주장하였습니다.

로마 가톨릭은 마리아가 원죄 없이 잉태했고, 죽을 때 몸과 영혼이 하늘로 승천했으며 모든 사람의 어머니이자 여왕이고, 하늘의 문이며 그녀를 통해서 모든 죄를 용서받을 수 있다는 것입니다.

성경은 마리아가 7명 이상의 자녀를 두었다고 말씀하십니다. 그러나 로마 가톨릭은 마리아가 평생 처녀인 동정녀로 살았다고 억지 주장합니다. 더욱 놀라운 이단 사상은 마리아를 통해서 예수님과 하나님께 나아갈 수 있다는 주장입니다.

참으로 로마 가톨릭은 사탄 숭배 국가였던 바벨론 종교의 우상과 풍습을 그대로 들여왔습니다. 사도들의 상과 마리아 상을 만들어 세우고, 특히 마리아 상 앞에서 절하여 우상 숭배의 죄를 짓게 하고 있습니다.

오직 주 예수 그리스도만이 참 사람, 참 하나님이십니다. 마리아는 신도, 경배의 대상도 아닌 사람일 뿐 신으로 숭배하는 것은 불가한 것입니다. 사도 요한이 부지중에 천사에게 경배할 때에 천사가 엄히 금하면서 이르기를 "오직 하나님께 경배하라"고 했습니다. 이로 보아 사람이나 천사는 경배의 대상이 아님을 분명히 알 수 있습니다.

오직 예수 그리스도만을 통해서 구원 받을 수 있으며, 마리아에 대한 숭배는 이방종교의 여신숭배 사상에서 유래된 것입니다. 다시 한 번 강조합니다. 마리아 상 앞에서 기도, 마리아 향해서 기도, 마리아를 성모라고 부르는 모든 행위가 우상 숭배임을 알아야 합니다.

진리를 따르는 성도들은 잘 분별하여 로마 가톨릭은 양의 옷을 입고 사람들에게 나오지만 속에는 노략질하는 이리라는 사실을 바로 알고 주님의 말씀을 다시 한 번 되새겨야 할 것입니다.

3. 고해성사

기도는 크리스천의 특권입니다. 기도는 하나님께 모든 크리스천이 직접 드려야 합니다. 자신의 기도를 어느 누구도 대신 할 수 없고, 자신의 죄를 어느 누구에게도 대신 고백할 수 없습니다. 죄의 용서는 오직 하나님 한분만이 하십니다.

어찌 자기 자신도 절제하지 못하여서 미사가 끝이나면 신자들과 맞담배를 피우고 독신의 외로움을 달래기 위해 술로 시간을 보내는 술주정뱅이인 신부들에게 신자 자신들의 죄를 고백하고 죄사함을 받았다고 스스로 위로하는 착각에 빠진다면 이처럼 어리석은 일이 어디 있겠습니까?

예수님이 친히 분부하시고 행하신 예식은 주의 만찬과 침례였습니다. 그러나 로마 가톨릭은 이 두 가지 예식 외에 성경에 기록되어 있지 않는 인위적인 다섯 가지를 추가로 고안해 내었는데 견진성사, 고해성사, 혼인성사, 성품성사, 병자성사입니다.

기독교의 진정한 회개는 성도 자신이 하나님께 직접 자신의 허물과 죄를 고백하는 것입니다. 그러나 로마 가톨릭의 고해성사는 사제 앞에서 하나님께 죄를 고백합니다. 그리고 신자의 고백을 들은 사제는 하나님을 대신해서 죄의 용서를 선언합니다.

죄의 용서를 받았다고 속은 신자는 죄의 대가인 벌을 치른다는 의미로 성서를 읽거나, 선행을 하는데 이를 보속이라고 합니다.

종교개혁을 일으킨 마틴 루터도 말씀을 깨닫기 전에 죄사함을 받는다는 목적으로 계단을 무릎을 꿇고 올라갔다 내려왔다 했습니다. 고해성사가 얼마나 성경의 말씀에서 떠나 있으며 가톨릭 신자들을 속이는 터무니 없는 제도인지 모릅니다.

구원자 되신 예수 그리스도께서 십자가에서 보혈의 피를 흘리시고 물과 피를 다 쏟으시며 "다 이루었다" 말씀하시고 운명하실 때 성소와 지성소를 가로막았던 휘장이 위로부터 아래까지 찢어져 둘이 되면서 모든 사람은 하나님 앞에 직접 나아가 예수님의 이름으로 직접 간구하고 기도할 수 있는 권한을 받게 되었습니다(히 10:19-20)

구약의 제사 제도 자체가 필요 없이 하나님께 직접 기도드리게 되었다는 것입니다.

그러나 가톨릭 신자들은 구약시대의 죄인들처럼 직접 하나님 앞에 나가지 못하고 구약의 제사장처럼 버티고서 있는 로마 가톨릭의 주교와 신부들에게 앞길이 막혀 예수님을 만나지 못하고 있습니다.

예수님 안에서 사랑하는 가톨릭 신자 여러분!

여러분 가운데 혹시 이 글을 읽으신다면 꼭 기억하세요. 예수 그리스도는 여러분을 사랑하십니다. 주님은 여러분이 가톨릭 제도와 교황과 주교들 그리고 신부들에게 속지말고 빨리 성경말씀으로 돌아오기를 원하십니다. 그리고 음녀의 소굴인 성당에서 떠나시기를 원하십니다. 또한 신자 여러분 스스로가 하나님께 기도드리기를 원하십니다.

고해성사는 성경적이지 않습니다. 오히려 성경말씀에서 떠난 제도이며 신자들이 개인적으로 기도할 수 없게 하는 악한 마귀의 속임수이고 마귀의 전술입니다.

여러분 로마 가톨릭의 속임수에 넘어가지 말고 돌이키십시요.

사람이 의롭게 되는 것은 제사 의식이 아니라 오직 예수 그리스도를 믿음으로만 됩니다. 하나님은 우리가 하나님을 진정으로 믿고 의지하는 것을 원하시지 의미 없는 형식에 얽매이는 것을 원하지 않으십니다.

4. 교회의 황제인 교황

많은 사람들이 동경하고 부르는 교황의 이름의 정체를 아십니까? 교황이란 교회의 황제를 뜻합니다. 성경말씀에 어디에도 교회의 황제의 직위에 대해서 언급하신 적이 없습니다.

교회의 황제라는 교황의 명칭은 로마 황제 그라시안(Gracian)이 버린 "폰티펙스 막시무스"를 채택하여, 자신의 칭호로 삼아 오늘날까지 교황의 공식 칭호로 사용하고 있습니다.

성경이 말씀하시는 교황의 제도가 얼마나 비성경적인 것인지 살펴보겠습니다. 첫째, 가톨릭은 교황이 우주적인 권력을 행사하는 그리스도의 대리자요 전 교회에 대하여 직책상으로 완전한 최상 전권을 가지며 언제나 자유로이 이 권한을 행사할 수 있다고 주장합니다. 그러나 그 누구도 감히 그리스도의 대리자가 될 수 없습니다. 예수님은 교황처럼 정치권력을 휘두르거나 부를 축적하거나 화려한 옷을 입고 다니지 않으셨습니다.

둘째, 교황은 또한 자신이 교회의 머리라고 주장합니다. 교황은 하나님이 제정해 주신 대로 직접적이며 보편적인 최고 전권을 가지고 영혼들을 보살핀다고 주장합니다. 그러나 성경은 "그는 몸인 교회의 머리시라. 그는 시작이시며 죽은 자들로부터 첫 번째로 나셨으니 이는 그가 만물 안에서 으뜸이 되려 하심이라."(골1:18)말씀하시며 오직 그리스도만이 교회의 머리되심을 나타내고 있습니다.

셋째 교황은 그리스도의 자리 뿐만 아니라 하나님의 자리까지 넘봅니다. 교황은 하나님에게만 쓸 수 있는 '거룩한 아버지'(Holy Father)라는 칭호를 쓰고 있습니다.

'파파'(Papa)는 교황을 비공식적으로 부를 때 쓰는 명칭이며 아버지라는 뜻의 라틴어 'papas'에서 유래되었습니다. 그러나 마태복음 23:9에 "땅에 있는 자를 아비라 하지 말라 너희 아버지는 하나이시니 곧 하늘에 계신 자시니라"라고 말씀하시면서 땅에 있는 자인 교황을 향해서 '파파'나 '아버지'라고 부르지 말것을 명령하십니다.

넷째, 로마 가톨릭은 교황이 절대적으로 무오하며 신앙과 도덕에 관한 교시를 선포할 때는 절대로 잘못이나 오류가 있을 수 없는 절대적인 권한이 있다고 합니다.

"모든 사람이 범죄하여 하나님의 영광에 이르지 못하더니"(롬 3:23)라고 말씀하시며 모든 인간은 죄인이며 온전하지 못한 존재라고 하십니다.

역사적으로 수많은 로마 가톨릭의 교황들이 불륜, 치부, 정치적인 실수, 학살 등에 연관되어 있습니다. 왜 로마 가톨릭이 있는 곳에 고아원이 생겨났을까요?

세계 2차대전 당시 로마 교황청은 나찌와 협력했고 예수회의 멤버들은 유대인 학살에 앞장을 섰습니다. 그리고 로마 가톨릭의 교황은 예수회를 통해 정치적인 음모와 종교 통합을 주도해 왔습니다.

이단의 괴수 교황과 교황 제도는 말씀에서도 사도들이나 초대 교회 전통에서도 찾아볼 수 없습니다. 교황은 보통 사람보다 더 많은 실수와 만행을 저질러 온 인간에 불과합니다.

로마 가톨릭의 교황은 의인이 아닌 회개하고 구원받아야 할 죄인임을 알아야 합니다. 재미있는 사실은 교황이라는 자가 일주일에 한 번씩 고해 사제에게 자신의 죄를 고백하는데(교황의 고해성사를 담당하는 사제는 예수회 사제임) 고해 사제는 교황이 고백하는 죄를 듣고 그의 죄를 사해 준답니다.

죄가 없다고 주장하는 교황이 고해 사제에게 죄를 고백하는 것도 우습지만, 예수회 사제에게 고백한다는 것 자체가 명백한 이단임을 입증합니다.

로마 가톨릭의 사제인 플레쳐는 그가 편집하는 천주교 기관지에서, "만일 교황이 그리스도의 대리자가 아니면, 그는 적그리스도임이 틀림없다"라고 말했습니다. 일명 "이그나티우스"사제라고 불렸던 스펜서(Hon. G.A. Spencer) 경은 "로마교회가 그리스도의 교회가 아니라면, 그것은 마귀의 걸작품이다. 그 중간이란 있을 수가 없다"라고 말했습니다(『에큐메니즘의 이상과 우상』, p16).

분명한 사실은 모든 영광은 하나님 만이 받으셔야 하며 어느 누구도 영광을 받아서는 안된다는 것입니다. 사람이 영광을 받으면 마치 풀을 먹고 사는 소에게 여물 대신 소고기를 주는 것과 같고 풀이 아닌 소고기를 먹은 소는 결국 미쳐 죽어버립니다.

유명 가수들이나 배우들이 왜 자살이나 마약 등으로 생을 마감하는 것일까요? 사람이 사람을 통하여 영광을 받게 될때 그 모든 영광을 하나님께 돌리지 않는다면 그 사람의 영혼이 그 영광 받는 것을 감당할 수 없는 것입니다.

　만일 사람이 그 영광을 받으면서 계속적으로 살 수 있다면 그 자는 마귀가 크게 사용하는 자일 것입니다. 교황도 영광을 독차지 하면서도 오래 사는 것을 보면 아마 마귀가 크게 사용하고 있는 것이 분명합니다.

5. 미사

　기독교의 예배가 오직 하나님께 영광을 돌리는 예배라면 로마 가톨릭의 미사는 예배가 아니라 제사 의식입니다.

　미사는 예배가 아닌 십자가의 대속을 재현하는 것입니다. 그러나 성경은 예수님이 단 한번의 십자가의 희생제사로 영원토록 효력 있는 속제제사를 드렸다고 말씀하십니다.

　예수님은 단 한번으로 우리를 위해 희생하심으로써 죄인된 우리를 거룩하게 하셨습니다. 그러므로 또 다시 희생제사를 드리는 것은 예수님을 다시 십자가에 못 박는 일과 같습니다. 로마 가톨릭은 미사 때 아무 의미 없는 과자 한 조각 먹는 것이 예수님의 거룩한 희생제사와 같다고 합니다. 이는 신성모독적인 의식이며, 예수님의 행적을 평가절하 하는 일입니다.

6. 연옥과 면죄부

　로마 가톨릭이 연옥에 대해 피렌체 공의회와 트렌트 공의회에서 정하기를 "사람이 죽은 후에 영혼이 연옥이라는 곳에서 정화되어 천국에 간다"는 것입니다.

즉, 하나님을 믿고 죽었으나 완전히 정화되지 않은 사람들은 영원한 구원이 보장되기는 하지만 하늘나라의 기쁨으로 들어가기에 필요한 거룩함을 얻기 위해 죽은 후에 정화를 거쳐야 한다는 주장입니다.

로마 가톨릭이 이렇게 성경에 근거 없는 교리를 만드는 이유는 특정한 목적이 있기 때문입니다. 그 목적은 가톨릭 신자가 죽었을 때 신자 가족에게 접근해 연옥에 있는 영혼이 정화되어 천국에 이르게 해야 한다고 미혹하여 그들로 성당에 많은 기부금을 내게 하고 신부가 대신 기도하므로 연옥에 있는 영혼이 천국에 들어간다고 설득해 재산을 갈취하기 위해서입니다. 저들은 정말 강도요, 도둑입니다.

로마 가톨릭은 중세 암흑기 시대에 연옥을 만들고 면죄부를 판매하여 엄청난 부를 획득 했습니다. 로마 가톨릭은 죄에 대한 벌을 자신들이 면제해 줄 수 있다고 합니다. 이를 위해 일정한 조건을 충족시키라고 하는 것으로 봐서 막대한 기부금 등을 내었을 때 시행합니다.

마치 재판에서 실형을 받았으나 미국의 보석금 제도와 같이 보석금을 내고 석방되는 것과 비슷합니다. 그러나 하나님의 심판과 정죄를 성당에 돈 몇 푼 낸다고 막을 수는 없습니다.

사람은 오직 예수의 보혈로 죄사함 받아 의롭게 되는 것입니다. 아무리 면죄부를 사서 죽은 자를 위해 기도해도 소용이 없습니다.

성경에서 죽은 자를 위해 기도한 예는 한 번도 없습니다. 죽고 나면 바로 심판이 이루어지고, 지옥에 간 영혼은 영원히 그 곳에서 나올 수 없고 지상에서 아무리 기도해도 소용 없는 일입니다. 기도는 살아 있는 형제나 자매의 평안과 구원을 위해 하는 것입니다.

죄에서 해방되는 길은 오직 그리스도의 보혈로 죄사함 받는 길 뿐입니다. 법정에서 판결이 내려진 후에는 아무리 애원해도 소용 없는 것처럼 심판 후에 아무리 기도해도 소용 없습니다.

성경은 한번 죽는 것은 사람들에게 정해진 것이요 그 뒤에는 심판이 있는 것 같이(히 9:27) 인간은 누구나 죽음을 피할 수 없고 죽음 뒤에는 그 사람의 믿음과 행위에 대해 하나님의 즉각적인 심판이 이루어집니다. 속지 마십시오. 연옥은 없습니다. 오직 예수 천당, 불신 지옥입니다.

7. 성인들을 향한 기도

로마 가톨릭은 자신들이 세워 인정한 성인에게 기도하라고 가르칩니다. 그들은 성인들이 하나님을 뵙고, 하나님을 찬양하며, 지상에 남아 있는 이들을 끊임없이 돌보아 준다고 합니다. 또한 주님의 기쁨에 동참함으로써 많은 일을 맡게 되었고 그들의 중보기도는 하나님 계획을 성취하기 위한 그들의 봉사 중 가장 고귀한 것이라고 주장하면서 로마 가톨릭과 온 세상을 위해 간구해 주도록 성인들에게 기도할 수 있다고 거짓 주장합니다.

하나님과 나 사이에 중보자는 오직 예수 그리스도 한 분 밖에 없습니다. 그러나 로마 가톨릭은 마리아에 이어 성인도 중보자가 된다고 합니다.또한 마리아에게 하듯이 성인에게도 기도해야 한다고 가르칩니다. 참으로 어처구니 없는 발상이 아닙니까?

8. 성상 숭배

　로마 가톨릭은 마리아나 성인들의 조각상이나 그림를 공경하도록 명하고 더더욱 하나님의 거룩하신 어머니와 천사와 성인들의 성화상을 소중히 하면서 그분을 공경하라고 합니다.

　신자들이 성당이나 집에 있는 조각상이나 그림을 소중히 하는 것이 그리스도를 공경하는 것과 같다고 합니다. 그들은 성모 마리아가 하나님의 어머니라고 강조하고 있으니 이단 가운데 이단입니다. 이것은 로마 가톨릭이 성모 마리아를 하나님이나 예수님보다 더 높히고 숭배한다는 것을 알 수 있습니다.

　그래서 로마 가톨릭은 출애굽기 20장의 십계명 가운데 제2계명인 "너는 어떤 새긴 형상도 네게 만들지 말고 또한 위로 하늘에 있는 것이나 아래로 땅에 있는 것이나 땅 아래 물 속에 있는 것의 어떤 모습이든지 만들지 말며, 너는 그것들에게 절하지 말고 그것들을 섬기지 말지니라"는 계명을 없애 버린 것입니다.

　하나님은 영이시니 육적으로 형상을 만들어 절하거나, 떡과 고기를 차려 놓는다고 기뻐하지 않으십니다. 하나님께는 영적인 기도와 찬양으로 경배드리고 성경말씀에 순종함으로 기쁘게 해 드릴 수 있습니다.

　사도 바울도 우상을 숭배하는 자는 천국에 들어갈 수 없다고 단언하였습니다. 그러므로 하나님의 말씀보다 인간이 만든 교리를 중시하고 우상(마리아, 성인, 교황)을 섬기는 로마 가톨릭에서는 구원 받을 수 없습니다.

9. 로마 가톨릭의 기독교 박해

중세시대에 로마 가톨릭의 타락과 모순에 대항하여 루터와 칼빈을 비롯한 많은 그리스도인들이 로마 가톨릭에 의해 이단자로 정죄되어 참혹한 고문과 희생을 당했습니다.

로마 가톨릭은 자신들의 제도를 거절하는 사람에게 집게로 손톱을 뽑아냈고, 남녀의 성기를 불로 지져댔으며, 큰 롤러에 송곳을 달고 개신교도 위에서 굴렸으며, 고문기구로 손마디와, 다리와 발가락을 뭉겠으며 희생자의 옷을 벗긴 뒤 줄로 팔을 등 뒤로 묶었고, 도르레를 사용하여 몸을 공중에 매달았다가 갑자기 떨어뜨려 신체 부위의 관절이 떨어져 나가게 했습니다.

또한 귀와 입에 끓는 납을 부어 넣었고, 눈을 빼거나, 살점이 튀도록 채찍질을 하거나, 긴 못이 박힌 낭떠러지에 던져 넣었으며 종교 재판소에서 고문 당한 사람은 감옥에 벽의 쇠사슬에 묶였고, 피로 가득찬 고문실에 살고 있는 쥐와 해충의 먹이가 되어 죽였습니다.

존 팍스의 기독교 순교사의 책에 나오는 순고의 역사를 살펴보면 주후 1209년 베지에르라는 도시에서는 6,000명이 칼로 살육당했으며 주후 1211년 라바우어에서는 10만명의 그리스도인이 학살당했습니다.

메린돌 대학살에는 500명의 여인들이 창고에 갇힌 채 불에 타 죽었고, 주후 1562년 오렌지 대학살에서는 교황 비오 4세가 이탈리아 군대를 보내 남녀노소를 가리지 않고 잔혹하게 살해했습니다.

주후 1572년 프랑스 파리에서는 만 명의 위그노 교도들이 대학살 당했으며, 스페인에서만도 종교재판에 의하여 산 채로 화형 당한 사람이 31,912명과 복종하도록 강요된 배교자가 291,450명이였습니다.

그리고 알비젠스인들의 대학살에서는 백만 명이 죽임을 당했습니다.

또한 찰스 5세의 치하에서는 50,000명의 프랑스인들, 지금의 벨기에의 서부, 네델란드 남서부, 프랑스 북부를 포함한 중세기 국가와 독일 사람들이 교수형과 화형과 산 채로 매장당했습니다.

주후 1400년, 알프스 프라겔라 골짜기에 은신했던 왈덴스인들이 로마 교회가 보낸 토벌군에 의해 기습을 받아 짓밟히고 살해당했습니다. 그리고 토벌군을 피하여 도망친 사람들은 엄동설한에 수도 없이 얼어죽었습니다.

1488년 교황 이노센트 8세의 왈덴스인 박멸령에 따라 프랑스 군대들이 알프스의 로이스 골짜기에 덮쳤고 왈덴스인들은 굴과 동굴로 피신했으나 프랑스 군대가 입구에 불을 놓아 3,000여 명을 질식시켜 죽였습니다.

로마 가톨릭이 크리스천을 향한 핍박의 정신은 사라지지 않았습니다. 로마 교회는 그들이 소수일 때는 종교적 자유를 옹호하지만 그들이 압도적인 다수가 될 때에는 종교적 차별을 실천합니다. 그리고 자신들이 불리한 입장에서는 양처럼 온순하고 동등한 처지에서는 여우처럼 교활하며 번성하게 되면 이리처럼 사나워진다는 교훈을 잊지 마십시오. 로마 가톨릭은 기독교가 아닙니다. 명심하십시오.

10. 로마 가톨릭의 7년 환난 기간의 활동

먼저 큰 음녀인 로마 가톨릭은 땅의 임금들과 거하는자들을 음행시킵니다. 성경은 "땅의 임금들도 그로 더불어 음행하였고 땅에 거하는 자들도 그 음행의 포도주에 취하였다"(계 17:2)라고 말씀하고 있습니다. 큰 음녀 로마 가톨릭의 각종 교리들은 저들의 교리를 믿고 따르는 나라들과 각국의 대통령 그리고 백성들에게 절대적인 영향을 미칩니다.

로마 가톨릭 교황의 말은 이미 하나님의 말씀보다 위에 있고 권력과 힘과 사악한 교리들로 인하여 맹목적으로 모든 사람들이 교회의 말을 믿도록 미혹하고 우상 숭배하여 마리아와 자칭 성인들의 동상을 세워 절하게 합니다.

여기에는 기독교도 안전 지대가 아니고 예외일 수가 없습니다. 첫째, 기독교의 일부 목사들은 음녀 가톨릭의 예수회 멤버들이 만들어 놓은 각종 프로그램을 아무 여과없이 받아들이고 있습니다. 그 프로그램들이 어디서 출발되었는지, 그것이 성경말씀에 맞는 것인지 살펴보지도 않고 깨닫지도 못하면서 대형 교회를 중심으로 여과없이 받아들이고 있습니다. 중·소형 교회들도 따라서 수용하므로 엄청난 영적인 죄를 짓습니다. 그 가운데 하나가 트레스디아스, G-12, 관상 기도, 알파 코스, 신사도 운동입니다.

둘째, 적그리스도와 연합입니다. 큰 음녀 로마 가톨릭은 바다에서 나오는 짐승 즉 적그리스도와 연합하고 짐승 위에 타서 음행을 합니다. 성경은 "곧 성령으로 나를 데리고 광야로 가니라 내가 보니 여자가 붉은빛 짐승을 탔는데 그 짐승의 몸에 참람된 이름들이 가득하고 일곱 머리와 열 뿔이 있으며"(계 17:3)라고 큰 음녀를 표현하고 있습니다.

셋째는 사치입니다. 큰 음녀 로마 가톨릭은 자주빛과 붉은 옷을 입고 금과 보석과 진주로 꾸미는 사치하는 집단입니다. 성경은 "그 여자는 자주빛과 붉은빛 옷을 입고 금과 보석과 진주로 꾸미고"(계 17:4)라고 말씀합니다

세계의 좋은 예술품들은 음녀 로마 가톨릭이 소유하고 있고, 그 값

을 계산하면 엄청난 액수가 됩니다. 그리고 저들의 세계 각처에 소유한 건물, 토지들을 계산하면 상상하기 어려울 정도의 재산을 소유하고 있습니다.

가끔 뉴스를 통해서 기독교 목사들의 재산 축적에 관해 비판하는 소식을 듣게 됩니다. 그러나 이러한 뉴스는 로마 가톨릭에 비하면 세계 제일 부자와 일반 가게 오너의 가진 재산 정도로 비교하면 될 것 같습니다. 비교를 했다고 기독교의 잘못된 것을 감추려는 것은 아닙니다.

넷째, 가증한 물건과 음행의 더러운 것이 가득합니다. 성경은 로마 가톨릭의 악한 것을 말씀하면서 "손에 금잔을 가졌는데 가증한 물건과 그의 음행의 더러운 것들이 가득하더라"(계 17:4)라고 말씀합니다. 가증한 것은 무엇입니까. 바로 우상을 말합니다.

적그리스도와 화합하는 로마 가톨릭은 각종 마리아 우상, 성인 우상들을 만들고 거짓 선지자들과 함께 적그리스도의 우상을 만드는데 동참할 것입니다. 그리고 적스리스도의 우상에 절하게 하는 일에 적극적으로 나설 것입니다.

다섯째, 성도를 죽이는 일을 합니다. 전 삼 년반, 후삼 년 반이 되면 로마 가톨릭은 중세 시대에 했던 것처럼 예수회가 중심이 되어서 성도들과 예수의 증인들을 죽이는 일에 앞장 설 것입니다.

성경은 로마 가톨릭이 얼마나 많은 사람을 죽였으면 "또 내가 보매 이 여자가 성도들의 피와 예수의 증인들의 피에 취한지라"(계 17:6) 말씀합니다.

성경 요한계시록 20장에는 이때에 첫째 부활에 참여하는 수많은 순교자들이 일어날 것이라 말씀합니다. 기독교인이라서, 성경을 소유했다고, 성경을 읽었다는 이유등으로 고문하고 화형을 시키거나 단두대에서 목을 베어 죽일 것입니다.

성도여 바로 아십시오. 환난의 때가 되면 로마 가톨릭은 더욱 미친 듯이 광분하고 성도를 죽이려고 할 것입니다. 우상에게 절하지 않아서, 짐승의 표를 받지 않아서, 예배를 드린다고, 성경을 읽는다는 여러 가지 조항을 붙여서 죽일 것입니다.

마지막 때의 성도는 죽음 앞에서도, 각종 고문과 협박 앞에서도, 부모 자식 형제 친척 친구 이웃의 배신 앞에서도 두려워 마십시오. 예수님이 성도 여러분과 함께하십니다. 이것을 분명히 믿어야 합니다.

LAST TIME

적그리스도와 열 뿔 그림자 7장

1. 적그리스도의 그림자

 전 세계가 한 이레인 7년 환난에 들어가기 바로 전 일어날 일들로 인해 성도들은 성경이 말씀하신 적그리스도의 정체를 조금씩 깨닫게 될 것입니다.
 7년 환난 전에 적그리스도의 그림자는 세계 모든 민족과 나라들 특히 이스라엘 민족에게 정치, 경제, 군사, 종교 등에서 메시아로 받아들여지게 될 것입니다.
 예수님은 자신을 영접하지 않은 유대인들을 향해 "나는 내 아버지의 이름으로 왔으매 너희가 영접지 아니하나 만일 다른 사람이 자기 이름으로 오면 영접하리라(요 5:43)"라고 예언하신 것처럼 말세에 적그리스도가 오면 유대인들이 그를 메시아로 영접합니다.
 다니엘 9:27에 "그가 장차 많은 사람으로 더불어 한 이레 동안의 언약을 굳게 정하겠고"라는 말씀처럼 적그리스도의 그림자가 곧 유대인들이 열망하는 메시아로 등장할 것입니다.

이때 주님 앞에 기름 준비된 처녀(성도)들은 깨닫게 됩니다. 이스라엘 민족과 세상 사람들에게 인정받고 젊음을 갖춘 그 사람이 곧 적그리스도임을 알게 될 것입니다. 그리고 예수님의 강림하심이 가까이 왔음을 알게되고 오직 주님만을 바라보게 됩니다.

적그리스도라는 단어에서 '적' 이란 뜻은 'anti'라는 단어입니다. 그리고 적그리스도라는 단어는 'anti-christ'이며 'anti'라는 단어의 뜻은 '누구의 지위를 대신 차지한다', '누구의 역할을 대행한다'라는 의미입니다.

성경은 적그리스도에 대해 정확하게 말씀합니다. 구약에는 이사야 14:4 '바벨론 왕', 14:12 '루시퍼', 다니엘 7:8, 8:9 '작은 뿔', 8:23 '사나운 용모의 왕', 9:26 '장차 올 왕', 11:36 '사악한 왕'으로 표현하고 있습니다.

신약에는 사도 바울이 데살로니가후서 2:3-8 '죄의 사람', '멸망의 아들', '불법자'로, 사도 요한은 요한일서 2:18, 22, 4:3, 요한이서 1:7 '적그리스도', "미혹하는 자", 요한계시록 13:1 "바다에서 올라온 짐승" 등의 많은 명칭들을 사용하여 말씀하고 있습니다.

적그리스도는 사탄의 육현이며 마귀 새끼입니다. 이스라엘 민족에게는 그들이 고대하던 메시아로 세상 사람들에게는 슈퍼맨(능력자)으로 나타납니다. 그러나 세계 모든 교회와 크리스천들에게는 대적하는 자, 미혹하는 자, 핍박자의 우두머리로 나타날 것입니다.

적그리스도는 그 이름의 수가 666입니다. 성경은 "지혜가 여기 있으니 총명한 자는 그 짐승의 수를 세어 보라 그것은 사람의 수니 그의 수는 육백육십육이니라"(계 13:18) 말씀하십니다.

적그리스도의 그림자는 분명히 유대인의 혈통을 통해 나타날 것입니다. 아마도 단지파의 유대인으로 정통 이스라엘인들이 행하는 것처럼 3-4살 때 토라로 처음 활자를 익혔을 것이고 어쩌면 13세살 때 통곡의 벽에 와서 바 미츠바(유대 성인식)를 했을지도 모릅니다.

적그리스도의 그림자는 외모적으로 아마 영화 슈퍼맨에서 등장하는 주인공처럼 젊고, 키도 크고, 잘 생기고, 멋있고, 신사 중에 신사처럼 나타날 것입니다. 그리고 세계 최고의 학부인 하바드, 예일, 프린스턴, 옥스퍼드, 캠브리지 등에서 공부를 했을 것입니다. 그는 정치 경험과 실무,경제,철학, 외교,역사 공부를 다 익히고 영어 , 러시아어, 독일어, 불어, 아랍어, 히브리어 등 외국어를 유창하게 구사할 것입니다.

적그리스도의 그림자는 엄청난 부를 가진 자기고 유럽 연합이나 미국에서 정치을 하는 인물일 수도 있습니다. 특히 프리메이슨 계열인 300인 위원회의 재가를 받은 인물일 것입니다.

적그리스도의 그림자는 궤휼에 능하여 세계의 테러리스트들을 어느 정도 제압하고 평정할 것이며 유럽 연합과 로마 가톨릭을 거느리고 강하게 될 것입니다.

성경에서 나타난 예수 그리스도와 적그리스도의 그림자의 사역을 비교해보면 예수 그리스도는 유다 지파에서 다윗의 후손으로 성령으로 동정녀인 마리아를 통해 베들레헴에서 탄생하셨습니다.

적그리스도도 아마도 단 지파에의 음녀를 통해 태어날 것입니다. 예수 그리스도는 30세에 공생애 시작하셨습니다(눅 3:23). 적그리스도도 젊은 나이에 세계를 통치할 것입니다.

예수님이 공생애를 시작하실 무렵, 그의 나이가 30세쯤 되었다는 것은 이스라엘 민족에게 많은 의미를 나타냅니다. 레위인 제사장들이 일하는 나이가 30세, 요셉이 애굽의 총리대신이 되었을 때도 30세였고, 다윗이 왕위에 오른 나이가 30세였습니다.

예수 그리스도는 3년 반 동안 공생애를 사셨고 유대인들로부터 배척받았습니다(마 13:57). 적그리스도는 3년 반 동안 세계를 통치하고 유대인들이 그를 메시아로 받아들입니다(단 9:27). 예수 그리스도는 가르치시고, 천국 복음을 전파하시고, 모든 병과 약한 것을 고치셨습니다(마 9:35). 적그리스도는 세계에 악한 것을 뿌리고(가라지), 파괴하고, 성도를 죽일 것입니다(단 8:24). 예수 그리스도는 십자가에서 대속의 죽음으로 돌아가셨습니다(막 15:25). 적그리스도는 암살과 테러를 통해서 죽게 될 것입니다(계 13:3). 예수 그리스도는 죽음을 이기시고 부활의 첫 열매가 되셨습니다. 적그리스도도 죽었다가 다시 살아나서 세상을 파괴하는 악한 일을 합니다. 예수 그리스도의 신부는 교회입니다(계 21:2). 그리스도에게는 땅에서 올라온 짐승과 큰 음녀 로마 가톨릭이 있습니다.

삼위일체는 아버지와 말씀(예수 그리스도)과 성령은 하나이십니다(요일 5:7, KJV참조) 적그리스도는 마귀와 거짓 선지자가 하나입니다. 예수 그리스도는 영원한 만왕의 왕이십니다(계 19:16). 적그리스도는 3년 반 동안 세상의 임금입니다(요 14:30). 적그리스도의 그림자는 세계 여러 나라들과 이스라엘의 7년간의 평화 협정을 체결하려고 정치적, 군사적으로 동분서주 할 것입니다. 성도는 지금 기름 준비를 시작하여야 합니다. 바로 지금입니다.

2. 열 뿔 그림자

유럽 연합 대통령의 탄생은 우리에게 많은 것을 생각하게 합니다. 하나님의 말씀대로 현재 우리는 열 뿔, 열 발가락 시대에 살고 있습니다. 유럽 연합은 약 60여 년간 유럽 대통령을 만들기 위해 준비, 계획하고 추진한 유럽 대통령을 2010년에 탄생시켰습니다.

유럽 연합의 초대 대통령 격인 상임이사회 의장에 벨기에의 헤르만 반 롬푸이(빌더버그 멤버)총리가 선출됐었으며, 27개국 유럽 연합 멤버 국의 리더들에 의해 브루셀의 저녁 만찬 도임가운데 이루어졌습니다.

롬푸이 총리는 리스본 조약에 의해 신설된 유럽 연합 정상회의 상임의장으로서 2년 6개월의 임기(1회 연임 - 최대 5년)로 유럽의 5억 인구를 대표해 국제 무대에서 활동하게 되었으며 연방제 대통령과 같은 권한은 없지만 대외적으로 유럽 연합를 대표합니다.

롬푸이는 2010년 1월 1일부로 유럽의 첫 대통령으로서 그의 임무를 시작했습니다. 새로운 직책도 가지게 되어 유럽 위원회 의장과 외교부장직도 그 임무에 포함됩니다. 이 직책은 2009년 12월 1일부터 임기를 시작했습니다.

유럽연합 첫 대통령인 롬푸이(프리메이슨 조직 빌더버그 회원)의 연설 내용입니다

> "2009 is also the first year of global governance, with the establishment of the G20 in the middle of the financial crisis. The climate conference in Copenhagen is another step towards the global management of our planet."
>
> "2009년은 세계가 재정적 위기를 맞고 있는 가운데 G20이 수립되었고 또 세계 통치(좋은 말로 번역하면 관리)를 향한 첫 발을 내디딘 해이기도 하다. 코펜하겐의 기후 회담은 우리가 살고 있는 지구의 경영을 향한 진보적 발걸음이기도 하다"

이 연설 대목은 프리메이슨들의 목표인 신세계 질서(NEW WORLD ORDER)를 그대로 반영하고 있습니다. 지금 유엔을 주축으로 전개되는 환경 운동도 바로 신세계 질서의 일환입니다. 로마 가톨릭 예수회는 유엔과 함께 이 환경 운동을 그들의 사역의 중심에 포진시키고 있

습니다.

다니엘 2장에서 "그 종아리는 쇠요 그 발은 얼마는 쇠요 얼마는 진흙이었나이다"(단 2:33) 말씀하고 있습니다. 이것은 하나님이 느브갓네살 왕을 통해 꿈을 꾸게 하신 큰 신상 가운데 열 발가락 시대인 철과 진흙의 마지막 시대가 왔음을 알려주는 신호요, 주님의 강림과 재림이 가까왔다는 사실을 알려 주는 중요한 사건입니다. 큰 신상의 마지막 열 발가락 시대에 우리는 살고 있습니다.

현재 유럽 연합은 27개국입니다. 하지만 WEU(Western European Union)은 10개국으로 이 10개국이 비상시에 유럽연합집행의 전권을 가지고 행사할 수 있는 비상대권을 가지고 있습니다.

열 발가락의 얼마는 철이요, 얼마는 진흙입니다. 열 발가락 시대의 나라들의 특징은 얼마는 든든하고 어떤 나라들은 부숴질만큼 약한 나라들이 섞여 있으며 각 인종들 또한 서로 다르기 때문에 서로 섞이는 것 같으나 섞일 수가 없는 존재임을 성경은 말씀하고 있습니다(단 2:41-43).

열 뿔은 반드시 작은 뿔(적그리스도)을 도와서 일어날 것이며 저들 대부분이 크게 하나님을 대적하는 국가들이 될 것입니다. 유럽이 점점 이슬람화 되어가는 것을 보십시오.

러시아가 제3차 세계대전에서 패한 후 힘을 잃고 유럽 연합이 힘을 얻어 유럽 연합이 마지막 때에 적그리스도 우상 숭배와 짐승의 표를 받는데 제일 앞장을 설 것입니다. 유럽 연합 대통령의 탄생과 등장은 다분히 적그리스도의 등장이 가까이 왔음을 알려주는 징조와 같습니다.

하나님의 축복을 받은 서유럽이 왜 저렇게 변하는 것일까요? 그것은 하나님의 축복과 말씀에서 떠나버렸기 때문입니다.

주님의 공중 강림하심과 한 이레(7년 환난)의 때 그리고 주님의 재림의 때가 가까이 왔음을 알고 먼저 하나님께 감사드리고 하나님의 영적인 군사로서 하나님의 전신 갑주를 입고 취하시기를 바랍니다.

사랑하는 성도 여러분 끝까지 주님과 동행하십시오. 주님을 붙잡으세요. 성도가 준비할 것은 바로 말씀와 기도입니다. 이것만이 우리의 살 길입니다.

마라나타!

LAST TIME

이방인의 때와 충만한 수 8장

"형제들아 너희가 스스로 지혜 있다 함을 면키 위하여 이 비밀을 너희가 모르기를 내가 원치 아니하노니 이 비밀은 이방인의 충만한 수가 들어오기까지 이스라엘의 더러는 완악하게 된 것이라 그리하여 온 이스라엘이 구원을 얻으리라 기록된바 구원자가 시온에서 오사 야곱에게서 경건치 않은 것을 돌이키시겠고"(롬 11:25-26).

성경은 마지막 때에 전 세계에서 세 번의 큰 전쟁과 천년왕국이 끝난 후에 다시 한 번 큰 전쟁이 있을 것임을 말씀하고 있습니다.

첫번째 전쟁은 '곡의 전쟁'으로 이스라엘의 144,000명 그리고 택함받은 크리스천들의 휴거와 7년 환난이 관계가 있습니다.

두번째 전쟁은 후삼 년 반이 시작되면서 일어나게 될 '유브라데 전쟁'입니다. 이 유브라데 전쟁은 세계 나라들이 벌이는 핵전쟁이며 바로 세계 3차 대전이 될 것입니다.

세번째 전쟁은 후삼 년 반 마지막에 있을 '아마겟돈 전쟁'으로 곧 예수님의 지상 재림시에 일어나는 전쟁입니다.

네번째 전쟁은 하나님이 창조하신 지구상에서 일어나는 마지막 전쟁으로 성경은 "곡과 마곡 전쟁"이라 말씀하고 있습니다. 천년왕국 후에 사단이 땅의 사방 백성들을 미혹하여 성도들의 진과 사랑하는 성을 두를 때에 일어나는 전쟁입니다.

1. 이방인의 때

현시대를 '이방인의 때', '교회 시대', '은혜 시대', '성령 시대'라고 부릅니다. 이방인의 때 시작은 하나님이 선민으로 택하신 이스라엘이 메시아이신 예수 그리스도를 거절하고 십자가에 못박은 시점부터 시작됩니다.

예수님은 "저희가 칼날에 죽임을 당하며 모든 이방에 사로잡혀 가겠고 예루살렘은 이방인의 때가 차기까지 이방인들에게 밟히리라"(눅 21:24)라고 말씀하시면서 이때를 "이방인의 때"라 부르셨습니다.

예수님이 "너희가 이 모든 것을 보지 못하느냐 내가 진실로 너희에게 이르노니 돌 하나도 돌 위에 남지 않고 다 무너뜨리우리라"(마 24:2) 하신 예언의 말씀은 예수님이 부활 승천하신지 40년이 지나지 않은 주후 70년 7월 9일 로마의 장군 디도가 4개 군단 약 8만 명의 군대를 이끌고 예루살렘을 침공하여 로마 통치에 항거하는 유대인들을 섬멸했습니다.

이때 유대인 110만 명이 기근과 불과 칼에 살육을 당하였고 9만 7천여 명이 포로와 노예로 팔려 갔습니다. 예수 그리스도의 예언하신 말씀대로 예루살렘 성전은 돌 하나도 돌 위에 남지 않고 철저히 파괴되었고 유대인들은 세계 전역으로 흩어졌습니다.

예수님이 "무화과나무의 비유를 배우라 그 가지가 연하여지고 잎사

귀를 내면 여름이 가까운 줄을 아나니 이와 같이 너희도 이 모든 일을 보거든 인자가 가까이 곧 문앞에 이른 줄 알라"라고 말씀하신 예언대로 1948년 5월 14일에 이스라엘이 독립 국가로 탄생했습니다.

이스라엘이 독립하므로 회복의 역사가 시작되었으며 현재도 진행되고 있습니다. 하나님의 말씀은 일점일획도 어김이 없이 이루어지고 있습니다.

성경은 이방인의 때가 차면 예루살렘이 이방인들의 소유에서 다시 유대인들에게로 돌아오게 되고 세계는 이스라엘의 예루살렘 시간표에 의해 움직일 것입니다. 이스라엘의 예루살렘과 성전이 회복되면 이방인의 때는 다 찼고 이스라엘 시대, 예루살렘 시대가 도래하여 말세의 지말이 시작됩니다.

성경에서 이방인의 때가 찼다는 말씀은 다니엘에서 말씀하신 한 이레가 곧 시작되는 것입니다. 한 이레는 바로 7년 환난의 시작을 말합니다.

하나님의 택하신 족속인 크리스천이여! 이방인의 때가 차는 것은 전 세계 모든 이방 사람에게 주어진 은혜 받을 시기가 끝이 남을 말씀합니다. 예수를 믿고 말씀에 순종하여 구원의 은혜에 참여해야 할 것입니다.

많은 사람들이 교회에 다니지만 성경을 읽지 않고, 듣지 않고, 귀를 기울이지 않고, 순종하지 않고, 기도하지 않습니다. 마치 멸망 받은 가나안 백성과 소돔과 고모라의 백성처럼 하나님 성전의 마당만 밟을 자들이 되어가고 있습니다.

하나님의 말씀을 듣지 않고, 순종하지 않고 그리고 귀를 기울이지 않는 예배는 하나님이 가증히 여기시고 받지 않으십니다. 하나님은 말씀에서 떠난 사람들을 향하여 "내가 너를 아껴 보지 아니하며 긍휼히 여기지도 아니하고 네 행위대로 너를 벌하여 너의 가증한 일이 너희 중에 나타나게 하리니 너희가 나를 여호와인줄 알리라"(겔 7:4)고 하셨습니다.

스스로 기독교인이라 자처하는 자들이 도적질, 살인, 간음, 거짓 맹세하고 소속 교단의 거짓 목사들과 짝하고 세상의 재물과 권세를 좇으면서 교회에 들어와서는 하나님의 백성이라, 구원을 얻었다, 심판 받지 않는다고 호언장담합니다(렘 7:9-10).

2. 이방인의 충만한 수

이방인의 충만한 수는 육적 이스라엘이 아닌 이방인으로서 예수님을 믿고 영적 이스리엘 백성이 된 사람들입니다.

주님은 "너희에게 이르노니 동서로부터 많은 사람이 이르러 아브라함과 이삭과 야곱과 함께 천국에 앉으려니와 나라의 본 자손들은 바깥 어두운 데 쫓겨나 거기서 울며 이를 갊이 있으리라"(마 8:11-12)고 말씀하셨습니다. 이들은 휴거될 성도, 피난처 들어갈 성도, 첫째 부활에 참여하게 될 순교할 성도를 의미합니다. 이들 모두가 이방인의 충만한 수가 되는 것입니다.

구약 시대는 이스라엘 민족만이 하나님께 선택을 받았습니다. 그러나 이스라엘 민족이 예수님을 배척하므로 주님은 "너희가 성경에 건축자들의 버린 돌이 모퉁이의 머릿돌이 되었나니 이것은 주로 말미암아 된것이요 우리 눈에 기이하도다 함을 읽어 본 일이 없느냐 그러므로 내가 너희에게 이르노니 하나님의 나라를 너희는 빼앗기고 그 나라의 열매 맺는 백성이 받으리라"(마 21:42-43)라고 하셨습니다.

복음이 이스라엘 민족으로부터 세계 모든 민족에게로 전해지면서 지금은 누구든지 예수님을 믿으면 구원을 받는 은혜가 주어졌습니다. 성경은 말세의 마지막이 되면 이스라엘의 회복이 이루어지고 다시 나라를 세운다고 하십니다. 세계의 모든 민족과 나라들은 예수님을 구주로 영접하기만 하면 어떤 사람이든 신분에 관계 없이 구원을 받습니다.

하나님이 정하신 구원 받을 수가 차게 되면 그 다음은 바로 이스라엘 민족의 구원으로 이어집니다. 이것이 곧 이방인의 충만한 수가 들어오는 것입니다.

전 세계의 이방인들에게 주어진 교회 시대, 은혜 시대, 성령 시대가 끝나면 성령께서 초대 교회에서 나타났던 성령의 역사들을 이스라엘에 시작하실 것입니다. 이스라엘 민족의 144,000명과 전 세계 크리스천들의 휴거가 말씀대로 이루어집니다.

하나님의 소유된 백성인 크리스천은 명심하십시오. 예수 그리스도께서 곧 주님의 신부로 예비하고 준비한 처녀들을 휴거시키실 것입니다. 우리들은 성령의 기름 없는 어리석은 처녀가 되어 휴거를 놓치지 말고 성령의 기름을 준비한 슬기로운 처녀가 되어 들림받아야 할 것입니다. 지금이 바로 신랑되신 예수 그리스도를 맞이할 준비를 할 때입니다.

"그러므로 이르시기를 잠자는 자여 깨어서 죽은 자들 가운데서 일어나라 그리스도께서 네게 비취시리라 하셨느니라"(엡 5:14).

LAST TIME

9장
휴거(공중 강림)

"주께서 호령과 천사장의 소리와 하나님의 나팔로 친히 하늘로 좇아 강림하시리니 그리스도 안에서 죽은 자들이 먼저 일어나고 그 후에 우리 살아 남은 자도 저희와 함께 구름 속으로 끌어 올려 공중에서 주를 영접하게 하시리니 그리하여 우리가 항상 주와 함께 있으리라"(살전 5:16-17).

어느 누구도 주님의 재림이 일어날 연월일시를 절대로 알 수 없습니다. 천사도 물론 하나님의 아들되신 예수님 자신도 또한 그 시와 그 때를 알지 못한다고 말씀 하고 있습니다(마 24:56).

그러나 성도가 알아야 할 것은 주님의 재림의 연월일시는 알 수 없지만 그의 재림에 관한 성경적 징조는 알 수 있다는 사실입니다. 주의 재림은 언제나 어느 시기에나 일어날 수 있는 일은 아닙니다. 주님은 반드시 말세지말에 재림하십니다.

인류의 종말은 어느 날 갑자기 찾아오는 것이 아니라 성경에 계시된 종말적인 징조가 무르익어야 합니다. 종말에 나타날 여러 가지 사건들이 역사의 무대 위에 등장해야 합니다. 적그리스도의 그림자와 실체가 필수적으로 등장해야 합니다. 그리고 정치적, 군사적으로 그의 후견인 역할을 담당해 줄 열 뿔이 나타나야 합니다. 휴거(Rapture)는 성경말씀 가운데 마지막 때에 일어날 중요한 사건입니다.

성경인 요한계시록의 주제가 '주의 재림'입니다. 사람들이 만약 이 주제를 이탈하면 요한계시록은 계시된 궤도를 이탈하여 바른 해석을 기대할 수 없게 됩니다.

휴거는 예수그리스도께서 지상 재림 하시기 전 예수님의 거룩한 처녀로 택하심을 받은 이스라엘의 144,000명과 세계의 모든 교회 가운데 죽음을 보지 않고 신부로 참여케 될 성도를 공중으로 끌어 올려 가시는 엄청난 놀라운 역사적 사건입니다.

또한 휴거는 그리스도 안에서 죽은 자들이 부활체를 입고 들림 받아 주님의 신부된 성도들과 함께 공중으로 올라갑니다.

성경은 "그러나 그 날과 그 때는 아무도 모르나니 하늘의 천사들도, 아들도 모르고 오직 아버지만 아시느니라"(마 24:36) 말씀하시고 주님 자신도 모르시고 오직 하나님의 주권과 계획하심에 있다는 것입니다.

성경은 때와 시기에 관해 "형제들아 때와 시기에 관하여는 너희에게 쓸 것이 없음은 주의 날이 밤에 도적 같이 이를 줄을 너희 자신이 자세히 앎이라"(살전 5:1-2) 말씀합니다.

만약 어떤 사람들이 일어나서 공중 강림하시는 휴거의 날짜나 시간을 이야기 한다면 성경말씀하시는 이단이며 디혹케 하는 자들입니다. 한국에서 일어난 1992년 다미 선교회의 거짓 휴거 사건과 미국의 1994년 거짓 휴거 사건 그리고 2011년 미국의 타디오 훼밀리 집단의 "5월 21일 심판의 날"의 거짓 휴거 사건들을 기억하십니까?

성경말씀을 잘못 이해하고 해석하는 거짓 선지자들에게 속지 마십시오! 저들은 할 수만 있으면 여러분을 속일 것입니다. 그런데 이상한 것은 많은 사람들이 이단들의 거짓말에 미혹되그 속는다는 것입니다.

말씀을 깨닫지 못하고 거짓 선지자들의 말에 미혹되는 모습을 볼때 불쌍하고 긍휼한 마음이 듭니다. 주의 날이 가까이 다가오면 올수록 말씀을 바로 가르치고 마지막까지 복음을 전파해야할 사명이 있음을 더욱 다짐하게 됩니다.

1. 휴거의 시기(Day or Hour and Times or Dates)

때와 기한은 언제일까요? 성경을 읽고 기름 준비하는 성도라면 누구나 궁금해하는 말씀입니다. 휴거의 시기 때문에 많은 사람들이 성경에서 벗어나 날짜를 맞추려고 하다가 많은 사람들을 실망과 낙심케 하고 개인과 가정과 사회를 혼란케 합니다. 휴거는 예수님을 믿는 성도들에게는 많은 소망을 주고 믿지 않는 불신자들에게는 두려움을 주는 놀라움을 줍니다.

첫째, 휴거의 시기는 크리스천이 마지막 시대를 분별하는 때입니다. 예수님은 그날과 그 때는 알 수 없다고 말씀하셨습니다. 하지만 크리스천들에게는 팁을 주셨습니다.

"아침에 하늘이 붉고 흐리면 오늘은 날이 궂겠다 하나니 너희가 천기는 분별할줄 알면서 시대의 표적은 분별할 수 없느냐"(마 16:3).

　말세의 성도에게 시대를 분별하고 깨달을 수 있는 은혜를 주실 것을 약속하셨습니다. 왕 같은 제사장인 성도여! 그날과 그 시는 어느 누구도 알수 없습니다. 다만 시대를 분별하기 위해 기도하십시오. 하나님께 시대를 분별할 수 있는 지혜를 구하십시오. 분명히 구하고 간구하는 자에게 하나님이 분별의 은혜를 주십니다.
　둘째, 주의 날을 준비치 않은자와 불신자들에게는 도적같이 옵니다. 성경은 휴거가 들림 받게 될 성도에게는 도적같이 임하지 못할 것이라 말씀하십니다. 왜냐구요 성도는 깨어 있어 기름을 준비하기 때문입니다.
　성경은 "주의 날이 밤에 도적 같이 이를 줄을 너희 자신이 자세히 앎이라. 형제들아 너희는 어두움에 있지 아니하매 그 날이 도적 같이 너희에게 임하지 못하리니"(살전 5:2-4)라고 말씀하십니다. 깨어있어 기름 준비하는 성도는 시대를 알고 깨닫는 은혜를 주셔서 주님을 맞이하게 합니다. 그러나 믿지 않는 자들에게는 그 날이 도적같이 임할 것입니다.
　셋째, 저희가 평안하다 안전하다 할 때입니다. 성경은 "저희가 평안하다, 안전하다 할 그 때에 잉태된 여자에게 해산 고통이 이름과 같이 멸망이 홀연히 저희에게 이르리니 결단코 피하지 못하리라"(살전 5:3) 하셨는데 '저희'는 과연 누구일까요?
　데살로니가전서 5장의 '저희'는 바로 세계 각 나라에서 이스라엘 땅으로 모여 들어오는 이스라엘 민족과 육적으로는 교회에는 출석하지만 주님을 진정으로 믿지 않고 순종하지 않는 자를 말합니다.

에스겔 36장은 이스라엘이 정결함을 받을 것과, 37장은 에스겔 골짜기의 마른 뼈들이 회복되는 사건을 말씀하시는데 이 마른 뼈들이 바로 이스라엘과 이스라엘 민족입니다.

> "또 내게 이르시되 인자야 이 뼈들은 이스라엘 온 족속이라 그들이 이르기를 우리의 뼈들이 말랐고 우리의 소망이 없어졌으니 우리는 다 멸절되었다 하느니라"(겔 37:11).

그리고 에스겔 38장에서 하나님이 전쟁의 도구로 마곡 땅에 있는 '곡'을 등장 시키십니다. 에스겔 38장에 하나님의 도구로 쓰임을 받는 마곡 땅에 있는 '곡'인 "곡의 전쟁"과 요한계시록 20장에 등장하는 "곡과 마곡 전쟁"은 다른 전쟁입니다.

에스겔 38장, 39장의 "곡의 전쟁"은 곡과 바사, 구스, 붓, 고멜과 그 모든 떼 그리고 극한 북방 도갈마 족속이 이스라엘을 침략하는 전쟁입니다.

에스겔 38과 39장은 7년 환난의 한 이레 시작 전입니다. 적그리스도와 이스라엘의 평화조약이 이루어지기 전에 하나님의 말씀대로 세상은 경제적, 정치적으로 어려움을 받습니다. 그러나 이스라엘 땅은 예전에 발굴되지 않았던 엄청난 가스, 오일, 천연자원들로 풍부하게 되고 많은 금과 은 그리고 많은 재물과 짐승들을 얻게 됩니다.

이로 인해 이스라엘 민족은 1948년 5월 14일 독립 이후로 한번도 누려보지 못한 평안을 잠시 누리게 됩니다. 성경은 이때를 "성벽도 없고, 문이나 빗장이 없어도 염려없이 평안히 거하는 백성"(겔 38:11)이라 말씀하고 있습니다.

이 말씀 가운데서 평안히 거하는 백성은 곧 이스라엘 나라와 민족을 가리키며 데살로니가전서 5:3의 말씀과 일치하는 말씀입니다.

넷째, 다 졸며 잡니다. 주님의 공중 강림이 가까우면 가까올수록 모든 사람들이 영적인 잠을 잡니다. 그래서 어떤 사람은 졸고, 어떤 사람은 잠이 든다고 하셨습니다. 목사, 전도사, 장로, 권사, 집사, 어린아이에 이르기까지 영적으로 졸고 잠이 드는 시기임을 성경은 말씀하고 있습니다.

슬기로운 다섯 처녀도 미련한 다섯 처녀도 다 졸고 잠이 듭니다.

성경은 "그 때에 천국은 마치 등을 들고 신랑을 맞으러 나간 열 처녀와 같다 하리니 그 중에 다섯은 미련하고 다섯은 슬기 있는지라 미련한 자들은 등을 가지되 기름을 가지지 아니하고 슬기 있는 자들은 그릇에 기름을 담아 등과 함께 가져갔더니 신랑이 더디 오므로 다 졸며 잘새 밤중에 소리가 나되 보라 신랑이로다 맞으러 나오라 하매"(마 25:1-6)라고 말씀하십니다. 모두가 다 졸고 잠이 들어도 들림받을 처녀들은 등과 기름을 미리 준비했습니다.

성도여 모두가 영적인 잠을 잘 때가 오는 것을 인정합시다. 그러나 기름을 준비하는 지혜로운 사람, 슬기로운 하나님의 사람은 주님의 음성이 들려질 때에 깨어납니다.

다섯째, 노아의 때와 같습니다.

"노아의 때와 같이 인자의 임함도 그러하리라. 홍수 전에 노아가 방주에 들어가던 날까지 사람들이 먹고 마시고 장가 들고 시집 가고 있으면서 홍수가 나서 저희를 다 멸하기까지 깨닫지 못하였으니 인자의 임함도 이와 같으리라"(마 24:37-39).

성경말씀에서 노아와 롯의 가정의 공통점을 연구하면 하나님이 심판 전에 미리 구원하셨다는 것입니다. 노아와 노아의 식구들은 세상 사람들이 볼 때에 미친 사람 취급을 받았을 것입니다.

노아의 홍수 이전에는 온화한 날씨로 인하여 큰 비가 내리지 않았었고 무엇보다 산꼭대기에서 120년간 방주을 지었으니 얼마나 사람들에게 큰 웃음거리가 되었겠습니까?

그러나 하나님은 전 세계에 일어날 홍수로 사람들을 전부 멸하기 전에 노아와 그의 가족은 방주에 들어가게 하셨고 심판에서 구원을 얻게 하셨습니다.

하나님은 의인과 악인을 함께 심판하지 않습니다. 전대미문의 7년 환난에서 미리 빼내시는 것이 성경을 통해 우리에게 가르치고 있는 진리의 말씀입니다.

여섯째, 롯의 때와 같습니다.

"롯의 때와 같으리니 사람들이 먹고 마시고 사고 팔고 심고 집을 짓더니 롯이 소돔에서 나가던 날에 하늘로서 불과 유황이 비오듯하여 저희를 멸하였느니라 인자의 나타나는 날에도 이러하리라"(눅 17:28-30).

롯의 때는 불로 소돔과 고모라 성을 하나님이 전부 태우시기 전에 롯의 가족들은 미리 성에서 나와 구원을 얻었습니다. 당시 소돔에 살던 롯은 기본적으로 신앙의 양심이 있어 그들의 범죄를 보면서 마음이 아팠습니다. 그러나 아브라함처럼 나오지 못한 것은 도시의 문화와 편리함에 젖어 있었기 때문입니다.

천사가 너와 네 가족은 구원을 얻으리라 했으나 롯이 또 지체합니다. 하나님은 롯의 힘과 의지로는 안되는 것을 아시고 천사들을 통해서 롯과 그 아내와 딸들의 손을 잡아 이끌어 내게 하셨습니다. 비록 롯이 머뭇거리고 지체했으나 그의 손을 잡고 이끌어 내신 것은 특별한 하나님의 은총과 강권적인 역사입니다.

일곱째는 미국의 멸망과 곡과 연합국의 이스라엘 침략 때입니다.

예레미야 50:3에서 "이는 한 나라가 북쪽에서 나와서 그를 쳐서 그 땅으로 황폐하게 하여 그 가운데에 사는 자가 없게 할 것임이라 사람이나 짐승이 다 도망할 것임이니라" 말씀하시면서 미국을 심판할 한 나라를 부르시는데 그나라는 북쪽에서 나와서 미국을 황폐케하여 그 가운데 사는자가 없게 할 것이라 말씀합니다.

휴거가 일어나므로 미국이 잠시 동안 공황 상태에 빠지게 될 것입니다. 그리고 이스라엘을 공격하기 위해 준비하고 있던 러시아와 연합국들이 미국을 먼저 공격할 것입니다.

미국을 멸망 시킨 북쪽 러시아는 아랍 연합국들과 어느 누구에게도 도움을 받을 수 없는 이스라엘을 공격합니다. "인자야 너는 마곡 땅에 있는 곡 곧 로스와 메섹과 두발 왕에게로 얼굴을 향하고 그를 쳐서 예언하여 이르기를 주 여호와의 말씀에 로스와 메섹과 두발 왕 곡아 내가 너를 대적하여"(겔 38:2-3) 말씀 처럼 곡이 대장이 되어 바사와 구스, 붓, 고멜과 그 모든 떼, 극한 북방의 도갈마 족속과 그 모든 떼을 거느리고 회복된 이스라엘을 쳐들어 갈 것입니다.

2. 휴거가 일어날 때 들림받게 될 장소는 어디일까요?

"그 후에 우리 살아 남은 자도 저희와 함께 구름 속으로 끌어 올려 공중에서 주를 영접하게 하시리니 그리하여 우리가 항상 주와 함께 있으리라" (살전 4:17).

성경은 휴거시 들림받게 될 장소로 공중(in the Air)을 말씀하십니다. 예수님이 하늘(Heaven)에서 공중(in the Air)으로 임하십니다.

3. 휴거의 될 대상자는 과연 누구일까요?

첫째, 이스라엘 민족 가운데 144,000명의 수입니다.

"이 사람들은 여자로 더불어 더럽히지 아니하고 정절이 있는 자라 어린 양이 어디로 인도하든지 따라가는 자며 사람 가운데서 구속을 받아 처음 익은 열매로 하나님과 어린 양에게 속한 자들이니 그 입에 거짓말이 없고 흠이 없는 자들이더라"(계 14:5).

하나님은 먼저 이스라엘 민족가운데 144,000명의 들림받을 자들을 택하십니다. 20년 전만 해도 많은 성경을 연구하는 학자들조차 144,000명이 이방인 가운데 들림받을 수가 아닌가 생각했습니다.

그러나 2012년 기준으로 디아스포라인 유대인들이 세계 열방에서 이스라엘로 돌아오는 숫자가 엄청나게 늘어나는 것과 또한 그가운데 예수 그리스도를 메시아로 인정하고 믿는 크리스천이 많이 나타났습니다.

세계 교회의 모든 크리스천이 열심을 가지고 주님을 믿고 순종하는 것처럼 유대인 크리스천 또한 예수님을 믿되 참으로 뜨겁게 믿고 열심으로 섬기며 순교를 각오한 신앙의 삶을 살고 있습니다.

이러한 일들은 하나님의 말씀 그대로 이루어지고 성취되며 바로 휴거의 첫번째 대상이 이스라엘의 144,000명임을 말씀해 주고 있습니다. 예수님은 지금도 들림받게 될 대상들을 부르시고 준비시키시고 계십니다.

둘째, 그리스도 안에서 과거에 죽은 자들입니다.

휴거시 살아있는 성도들만 들림 받아 올라가는 것이 아닙니다. 성경은 "주께서 호령과 천사장의 소리와 하나님의 나팔로 친히 하늘로 좇아 강림하시리니 그리스도 안에서 죽은 자들이 먼저 일어나고"(살전 4:16) 말씀하십니다. 먼저 과거 이 세상에서 그리스도를 믿고 죽은 많은 성도가 부활체로 들림을 받고 그후에 살아남은 자들이 변화체로 들림을 받게 될것입니다. 미국과 한국 그리고 세계 모든 나라와 민족 가운데 구별된 크리스천이 들림받게 될 것입니다.

셋째, 예비하여 기름과 그릇을 준비한 처녀인 성도들입니다.

예수님이 "너희도 예비하고 있으라 생각지 않은 때에 인자가 오리라"(마 24:44)고 말씀하신 것처럼 들림 받게 될 성도는 이땅에서 주님을 맞이하기 위해 예비하고 준비합니다.

성경이 예비하고 준비하는 성도에 대해서 하신 말씀들 가운데 한 가지 중요한 단어가 바로 '처녀'입니다. 이 처녀들은 현재 세상을 살아가는 순결한 성도를 의미합니다. "밤중에 소리가 나서 보라 신랑이로다 맞으러 나오라 하매"의 말씀은 세상에서 그릇에 기름을 준비한 크리스천이 들림 받게 될 성도들에 관한 말씀입니다.

이 성도들은 신부가 아닌 신부될 처녀(Virgins)들이라 성경은 "슬기 있는 자들은 그릇에 기름을 담아 등과 함께 가져갔더니"(마 25:4)라고 말씀하십니다.

휴거된 자들이 휴거 되는 동시에 천국 혼인잔치에 들어가지 않습니다. 성경은 부활체와 변화체를 입은 들림받은 성도가 주님과 7년 동안 천국에서 즐거움을 누리다가 요한계시록 19:7의 말씀처럼 예수님의 지상 재림 바로 전에 어린 양의 혼인잔치가 있을 것임을 말씀하십니다.

어린 양의 혼인잔치는 이미 휴거된 성도들과 환난에서 살아 남은 자와 도피처에 숨김을 받은 자들을 하나님이 천사들을 명하사 세계 사방에서 모으시고 어린 양의 혼인잔치에 참여 시키십니다(계 19:7-9).

넷째, 의(예수 그리스도)를 전파하는 사람들입니다. 구약성경은 "노아는 의인이요 당세에 완전한 자요 하나님과 동행하였다"고 말씀합니다.

또한 신약성경은 노아와 노아의 7식구가 구원받았던 이유는 "옛 세상을 용서치 아니하시고 오직 의를 전파하는 느아와 그 일곱 식구를 보존하시고 경건치 아니한 자들의 세상에 홍수를 내리셨으며"(벧후 2:5)라고 말씀하면서 의를 전파하는 것이 구원의 길임을 알려 주셨습니다.

예수 그리스도 안에서 구원받은 성도라면 세상 사람들에게 예수 그리스도를 증거하고 전파해야 합니다. 증거와 전파는 바로 전도와 선교를 말씀합니다. "너희는 다 빛의 아들이요 낮의 아들이라"(살전 5:5)는 말씀처럼 들림받게 될 빛의 아들과 낮의 아들은 어두워진 세상에서 빛의 사명을 감당합니다. 전도는 구원 받은 성도에게 있어서 선택이 아니라 바로 필수사항입니다.

성도여 때를 얻든지 못 얻든지 예수 그분만이 메시아이시요, 그리스도이심을 전하십시오. 세상 사람들이 듣든지 아니 듣든지 예수 그리스도를 전하십시오.

다섯째, 주 안에서, 항상 기뻐하며 관용하고 하나님의 평강으로 마음과 생각을 지킴을 받는 자들입니다. 성경은 말세를 살아가는 성도에게 "주 안에서 항상 기뻐하라"고 하셨습니다.

성도들은 관용을 베풀어 모든 사람들이 알게 하라고 하셨습니다. 주님의 재림이 가깝습니다.

빌립보서 4:5 "너희 관용을 모든 사람에게 알게 하라 주께서 가까우시니라"고 말씀합니다. 무엇보다 중요한 것은 성도가 자신의 마음과 생각을 지키는 것입니다. 사람은 어느 누구도 자신이 자신을 믿고 지킬 수 없는 존재임을 깨달아야 합니다. 그러할 때 오직 주님께 마음과 생각을 지켜주실 것을 바라게 됩니다.

종말의 때가 되면 될수록 성도들은 무엇에든지 참되며, 경건하며, 옳으며, 정결하며, 사랑할만하며, 칭찬할만해야 한다고 말씀하십니다(빌 4:8).

여섯째, 하나님의 말씀과 기도로 거룩한 사람입니다. 성도에게 있어서 가장 중요한 것이 하나님의 말씀입니다. 말씀은 곧 생명이며 예수님 자신이십니다. 주님이 "이 예언의 말씀을 읽는 자, 듣는 자들, 그 가운데 기록한 것을 지키는 자들이 복있다"고 말씀하셨습니다. 이렇게 해야 하는 것은 "때가 가까이 왔음"을 말씀하십니다. 주님의 거룩한 처녀들은 신랑되신 예수님을 기다리며 하나님의 말씀을 주야로 묵상하고, 읽고, 지켜야 합니다.

또한 들림받게 될 크리스천이 반드시 해야 할 것이 신랑되신 주님과의 대화하는 기도입니다. 사랑하는 사람들이 대화가 없다면 그것은 사랑하는 관계가 아닙니다. 신랑을 기다리는 처녀는 신랑될 사람과 언제나 대화하기를 원합니다.

신부될 자는 항상 기도하고 낙망치 말아야 합니다. 하나님께 드리는 기도는 성령의 기름을 준비하는 것입니다. 말씀과 기도에 충만하여야 성령의 인도하심을 받고 들림 받을 수 있습니다.

일곱째, 예비하고 믿음을 가진 자들입니다. 예수님이 "인자가 올 때에 세상에서 믿음을 보겠느냐"(눅 18:8)라고 말씀하십니다. 주의 재림이 가까우면 가까울수록 마지막 때가 되면 될수록 사람들의 믿음이

저하될 것임을 말씀하셨습니다.

다니엘 2장의 말씀에 나오는 큰 신상이 만들어진 재료가 금으로 시작해서 은과 놋으로 내려가고 마지막 때에는 철과 진흙으로 내려가는 모습과 같이 세상에서 믿음의 역사의 어떤 질적인 수준의 하락을 보여주는 것이라 해석할 수 있습니다.

믿음으로 에녹은 죽음을 보지 않고 옮기움을 받았습니다. 믿음으로 노아는 방주를 예비하고 그 집을 구원했으며 믿음으로 아브라함은 갈 바를 알지 못하고 나아갔지만 믿음의 조상이 되었습니다.

그리고 많은 믿음의 사람들이 믿음으로 나라를 이기기도 하며 불의 세력을 멸하기도 하며 믿음으로 희롱과 채찍질 뿐 아니라 결박과 옥에 갇히기도 하며 시험을 받았으며 돌로 치는것과 죽임을 당하고 궁핍과 환난과 학대를 받았습니다. 그러나 이러한 믿음의 사람들은 구원을 받을 뿐만 아니라 세상이 감당치 못한다고 말씀합니다.

4. 휴거의 속도

성경은 인자의 임함에 대해 말씀하시면서 휴거의 속도가 얼마나 빠르게 이루어질 것인지에 대하여 설명하고 있습니다. 그 속도는 마치 번개의 번쩍임과 같다고 말씀하십니다.

"번개가 동편에서 나서 서편까지 번쩍임 같이 인자의 임함도 그러하리라"
(마 24:27).

번개가 칠 때 떨어지는 낙뢰의 속도는 3분의 1의 빛의 속도이고, 번개 자체는 전기가 충돌하면서 생기는 빛 그 자체이므로 빛과 속도가 같습니다. 들림 받을 성도가 누구와 대화를 하거나 옆에 있는 것을 알았어도 워낙 들림받는 속도가 빠르기에 느끼지 못하다가 휴거에 대해 조금이라도 들어본 사람이라면 조금 후에 깨닫게 될 것입니다.

"번개가 하늘 아래 이편에서 번뜻하여 하늘 아래 저편까지 비침 같이 인자도 자기 날에 그러하리라"(눅 17:24).

또한 순식간에 홀연히 다 변화하리니 말씀하고 계십니다.

"보라 내가 너희에게 비밀을 말하노니 우리가 다 잠잘 것이 아니요 마지막 나팔에 순식간에 홀연히 다 변화하리니 나팔소리가 나매 죽은 자들이 썩지 아니할 것으로 다시 살고 우리도 변화하리라"(고전 15:51-52).

5. 휴거의 모습

첫째, 그리스도 안에서 죽은 성도가 부활체를 입습니다.
성경은 "주께서 호령과 천사장의 소리와 하나님의 나팔로 친히 하늘로 좇아 강림하시리니 그리스도 안에서 죽은 자들이 먼저 일어나고"(살전 4:16)라고 말씀하십니다. 그리고 고린도전서 "보라 내가 너희에게 비밀을 말하노니 우리가 다 잠잘 것이 아니요 마지막 나팔에 순식간에 홀연히 다 변화하리니 나팔소리가 나매 죽은 자들이 썩지 아니할 것으로 다시 살고 우리도 변화하리라"(고전 15:51-52)고 말씀합니다.

둘째, 기름 준비한 처녀들은 변화체를 입습니다.
그리스도 안에서 죽은 자들이 먼저 일어나서 부활체을 입을 것이고 살아 있어 주님을 기다리고 기름을 준비한 주님의 처녀들은(혼인잔치에 참여될 자들을 통칭함) **변화체**(이 용어는 주님이 변화산 사건에서 변화되신 모습을 따라 사용되어짐)를 입을 것입니다(고전 15:51-52).

셋째, 순식간에 변화합니다.

"보라 내가 너희에게 비밀을 말하노니 우리가 다 잠잘 것이 아니요 마지막 나팔에 순식간에 홀연히 다 변화하리니 나팔소리가 나매 죽은 자들이 썩지 아니할 것으로 다시 살고 우리도 변화하리라"(고전 15:51-52)

넷째, 구름 속으로 끌어올리십니다.

"그 후에 우리 살아 남은 자도 저희와 함께 구름 속으로 끌어 올려 공중에서 주를 영접하게 하시리니 그리하여 우리가 항상 주와 함께 있으리라" (살전 4:17)

Are you ready?
당신은 준비됐습니까?

LAST TIME

10장
미국의 멸망

1. 하나님께 순종을 다짐하는 미국 개척의 정신

　미국은 하나님의 은혜로 세워진 나라입니다. 1620년 9월 16일 청교도 102명을 태우고 영국의 플리머스를 출항하여 2개월 후인 12월 2일 청교도 102명을 태운 메리플라워호가 메사추세츠주 연안에 도착하였습니다.
　메이플라워에서 미국 땅을 밟기 직전에 그들은 "모든 주권이 하나님께 있으며 하나님께 순종하겠다"는 메이플라워 협약(Mayflower Compact)을 작성하였습니다. 이것이 미국 건국의 정신이며 기초입니다.
　청교도들이 미국 땅에 처음 지은 건물이 바로 교회이고, 두번째가 학교였으며, 마지막으로 각자의 집을 지었습니다. 청교도들에게 모든 것의 중심은 하나님이며 교회였습니다. 그리고 가정에서도 학교에서도 말씀을 가르쳤습니다.

　일찍이 미국에 정착한 이민자들은 하버드, 예일, 프린스턴 등과 같은 청교도 정신의 대학들을 세웠습니다. 자녀들에게 하나님이 중심이 된 교육을 통하여 하나님을 높이고 신실한 하나님의 일꾼들로 세우고자 했던 것입니다.

2. 미국의 현실

　하나님의 말씀을 기초로하여 세워진 미국은 1930년대 까지만 해도 공립학교에서 창조론 교육을 시켰습니다. 그러나 하나님의 말씀에서 조금씩 떠나가던 미국이 진화론 교육에 대한 가능성이 쟁점화되면서 공교육에도 변화가 일어나기 시작했습니다.
　마침내 미국 공립학교에서 하나님께 드리던 예배를 없애버린 인물이 나타났고, 그 사람은 바로 최초 로마 가톨릭 출신 대통령이였던 존 F. 케네디입니다. 그는 공립학교에서 매주 드리던 예배를 금지시키는 법을 만들었습니다.

청교도 정신으로 세워진 미국의 공립학교에서는 공예배와 창조론 교육이 사라지고 진화론만을 가르치게 되면서 히피 문화와 뉴에이지 등 반기독교적의 나라로 변해 갔습니다. 현재는 공립학교에서 예배뿐만 아니라 기도도 금지시켰습니다.

하나님의 말씀에서 시작된 나라 미국, 아쉽게도 공립학교에서 예배가 사라지고 진화론 교육이 시작되자 미국 교회는 유럽 교회와 같이 '하나님이 세상을 창조하신 후 수십억 년 동안 진화를 통해 변화시켰다'는 '유신론적 진화론' 입장을 받아들이기 시작했습니다. 그리고 이런 교회들의 숫자는 점점 늘어갔습니다.

미국교회가 교회로서 사명을 다하지 못하고 세상에 끌려갈 때 사람들은 교회를 멀리하고 떠나갔으며 특별히 젊은 세대들이 교회를 빠져나가기 시작했습니다.

모든 공적인 모임 때에 예배와 기도를 드리던 축복된 나라에서 예배와 기도가 사라진 일반적인 나라로 변하게 된 것입니다.

오바마 대통령(그는 기독교인이 아니며 미국 본토인도 아닙니다)은 미국의 어느 교회에서 이슬람 코란을 불태우는 행사에 대해서 반대하는 다음과 같은 연설을 했습니다.

> "We do not consider ourselves a Christian nation or a Jewish nation or a Muslim nation, We consider ourselves a nation of citizens who are bound by ideals and a set of values."
>
> "우리는 기독교 국가도 아니고 유대인 국가도 아니며 이슬람 국가도 아니다. 우리는 이념과 가치로 연합된 시민들로 구성된 국가다."

이것이 미국의 현실입니다. 미국 역대 대통령은 자기의 이익을 위해 거짓말을 많이 하고 있습니다. 오바마 대통령은 2012년 대선의 승리를 위해 게이들을 인정하는 연설을 했습니다. 이렇게 한 나라 대통령의 생각이 옳치 못하고 국민들은 말씀에서 떠나가고 있으니 미국의 심판받을 날이 점점 가까이 다가오고 있습니다.

3. 미국 심판의 원인

미국은 하나님의 말씀에서 떠나서 스스로 세계의 방망이가 되고 여황이 되어 각종 귀신을 섬기는 나라가 되어 가고 있습니다. 또한 음행과 사치와 자기를 사랑하는 마음이 하늘을 향하고(바벨탑처럼) 있습니다.

첫째, 하나님의 말씀에서 떠났습니다.

미국은 하나님을 향한 믿음과 신앙을 지키기 위해 신대륙으로 건너온 청교도들이 언제나 최우선으로 한것이 바로 예배와 나라와 민족을 위해 기도하는 것이었습니다.

그러나 미국이 하나님의 말씀에서 떠난 이후부터 나라와 사람들이 타락하기 시작했습니다. 하나님의 중심에서 떠나 인본주의와 세속주의로 물들어가고 미국 교회가 점점 빛과 소금의 역할을 하지 못하고 있습니다. 오바마와 세상의 어두움의 주관자들이 미국에 혐오범죄방지법을 통과 시키고 크리스쳔들의 전도와 말씀 전하는 것을 규제하고 있습니다.

또한 악법 가운데 악법인 의료개혁보험법을 만들어 미국 국민들 모두에게 베리칩을 받도록하는 법을 통과시켰습니다. 사탄이 좋아하는 일들을 하고 있습니다.

둘째, 귀신의 처소, 더러운 영, 각종 더럽고 가증한 새의 모이는 곳이 되어갑니다.

미국은 과거 성령님께서 역사하시는 은혜가운데 철저한 신앙관 아래 모였습니다. 그러나 하나님을 믿지 않고 알지 못하는 이교도들이 미국으로 이민을 오면서 미국이 세계의 잡신들의 집합소가 되었고 사탄의 영이 어지럽히며 각종 더럽고 가증한 새(프리메이슨의 불사조, 보헤미안의 부엉이 등)의 모이는 악한 곳이 되어가고 있습니다.

셋째는 음행입니다.

말세의 현상 가운데 하나가 큰 음녀인 로마 가톨릭을 통한 영적인 음행과 미국 사람들의 육신적인 간음입니다. 미국은 프리 섹스가 유행하고 부부가 아닌 남녀들이 간음을 합니다. 미국의 젊은이들은 결혼하기전 혼전 섹스에 물들어 있고 동성연애와 동성결혼이라는 웃지 못할 악한 일들이 미국 땅에 일어나고 있습니다.

소돔과 고모라 성이 불과 유황으로 멸망 받은 이유가 무엇 때문입니까? 바로 하나님을 두려워하지 않고 음행하고 특히 동성연애와 동성결혼으로 인한 심판이었습니다. 음행의 댓가는 반드시 하나님의 심판이 있습니다.

> "그 음행의 진노의 포도주를 인하여 만국이 무너졌으며 또 땅의 왕들이 그로 더불어 음행하였으며"(계 18:3).

넷째는 자신의 영화, 사치 그리고 교만입니다.

우주 만물과 물질의 주인은 바로 창조주 여호와 하나님이십니다. 사람을 높이시고 영화롭게하시는 분도 바로 여호와 하나님이십니다. 나라와 민족이 타락하면 나타나는 현상이 창조자를 기억하지 않는 것과 감사치 아니한 것이며 하나님께 영광을 돌리지 않고 자신들이 영광 받기를 원하는 것입니다.

미국은 성경에 "그를 높이라 그리하면 그가 너를 높이 들리라 만일 그를 품으면 그가 너를 영화롭게 하리라"(잠 4:8)고 말씀하신 것처럼 하나님을 높이고 영화롭게 하는 나라였습니다. 그리고 하나님은 미국을 높이 들어 사용하셨습니다. 그러나 하나님의 은혜를 잊어버리고 사치하고 영화에 빠져버리는 죄를 지었습니다.

미국의 모습이 마치 "그가 어떻게 자기를 영화롭게 하였으며 사치하였든지 그만큼 고난과 애통으로 갚아 주라 그가 마음에 말하기를 나는 여황으로 앉은 자요 과부가 아니라 결단코 애통을 당하지 아니하리라 하니"(계 18:7)의 말씀과 같습니다.

크리스천은 세상 사람들이 사치와 영화에 빠져서 허우적대도 세상에 마음을 두지 않습니다. 아직도 샤넬, 페레가모, 구찌, 프라다, 헤링본, 루이비통, 발리, 디올, 코치, 펜디, 돌체엔가바나글로에, 발렌시아가, 셀린느, 마크제이콥스, 고야드, 미우미우, 디올옴므, 알마니, 폴스미스 등의 상품에 마음이 가고 있습니까?

여러분의 신앙상태를 말씀으로 체크하십시오.

"그러므로 이제 만군의 여호와가 이같이 말하노니 너희는 너희의 행위를 살필지니라"(학 1:5).

거듭난 사람은 세상에 마음을 두지 않습니다. 오직 소망을 주님께 두고 살아갑니다.

"주여 내가 무엇을 바라리요 나의 소망은 주께 있나이다"(시 39:7).

하나님 앞에서 모든 나라와 백성들은 겸손해야 합니다. 그러나 미국은 겸손을 잃어버리고 교만하게 되었습니다. 성경은 미국을 일으켜 줄자가 없고 불에 의해 살라지게 된다고 하셨습니다.

> "교만한 자가 걸려 넘어지겠고 그를 일으킬 자가 없을 것이며 내가 그 성읍들에 불을 놓으리니 그 사면에 있는 것이 다 살라지리라"(렘50:32)

다섯째, 우상 섬김의 죄입니다.

하나님은 다윗 왕을 이어 왕이된 솔로몬에게 세계에서 전무후무한 가장 많은 지혜와 지식과 부와 명예를 허락하셨습니다. 그러나 그의 나이가 약 60세가 될 때쯤에 많은 아내들이 가지고 온 잡신들로 인하여 하나님을 멀리하고 말씀에서 떠났습니다.

그 결과 이스라엘이 두 나라로 분단되어 북이스라엘과 남유다로 나누어졌습니다. 그리고 우상을 섬기던 이스라엘은 앗수르에 의해 유다는 바벨론에게 망했습니다. 성경말씀 위에 세워진 미국이 말씀에서 떠나 우상을 섬기는 나라가 되고 잡신들로 가득한 나라가 되었으니 심판을 받게 됩니다.

하나님이 이스라엘에 그루터기를 남겨 두셨습니다. 약 2,000년간 나라없이 살아왔지만 그루터기를 남겨 놓으셨기에 이스라엘은 회복되었습니다. 그러나 미국에는 그루터기를 남겨 놓치 않았습니다. 미국은 회개하고 돌이켜 하나님 앞에 나아가야 살 수 있습니다.

> "너희는 나라들 가운데에 전파하라 공포하라 깃발을 세우라 숨김이 없이 공포하여 이르라 바벨론이 함락되고 벨이 수치를 당하며 므로닥이 부스러지며 그 신상들은 수치를 당하며 우상들은 부스러진다 하라"(렘 50:2).

4. 미국을 멸망시키는 자

성경은 미국을 심판하는 한 나라가 북방에서 나와서 멸망시킨다고 말씀하고 있습니다.

하나님은 예레미야를 통해 "이는 한 나라가 북쪽에서 나와서 그를 쳐서 그 땅으로 황폐하게 하여 그 가운데에 사는 자가 없게 할 것임이라 사람이나 짐승이 다 도망할 것임이니라"(렘 50:3)고 말씀하시며 미국을 심판할 도구로 한 나라를 부르셨습니다.

하나님이 부르신 북방에서 나오는 한 나라, 심판의 도구로 사용될 한 나라는 어떤 나라일까요? 바로 러시아입니다. 마지막 때에 구소련이 다시 일어납니다.

하나님은 구약성경 예레미야 50장과 에스겔 38장을 통해 "보라 내가 큰 연합국으로 북방에서 일어나 나와서 바벨론을 치게 하리니 그들이 항오를 벌이고 쳐서 취할 것이라 그들의 화살은 연숙한 용사의 화살 같아서 헛되이 돌아오지 아니하리로다"(렘 50:9)라고 말씀하시면서 말세에 러시아와 연합국들을 들어서 미국과 이스라엘을 공격할 도구로 사용하신다고 하셨습니다.

미국을 공격하고 멸망시키려고 오는 한 나라와 그의 연합국들은 북쪽에 위치한 러시아와 주변 동구권의 국가입니다.

"보라 한 족속이 북방에서 오고 큰 나라와 여러 왕이 격동을 받아 땅 끝에서 오나니"(렘 50:41).

5. 심판의 기간

성경은 미국이 심판을 받게 될 기간이 한 날, 하루 동안이 될 것임을 말씀하고 계십니다. 바로 핵심판, 불심판을 받게 될 것입니다.

이사야 선지자는 "한 날에 홀연히 자녀를 잃으며 과부가 되는 이 두 일이 네게 임할 것이라 네가 무수한 사술과 많은 진언을 베풀지라도 이 일이 온전히 네게 임하리라"(사 47:9)고 말씀하고 있습니다.

사도 요한은 "그러므로 하루 동안에 그 재앙들이 이르리니 곧 사망과 애통과 흉년이라 그가 또한 불에 살라지리니 그를 심판하신 주 하나님은 강하신 자이심이니라"(계 18:8)와 "그러한 부가 일시간에 망하였도다 각 선장과 각처를 다니는 선객들과 선인들과 바다에서 일하는 자들이 멀리 서서"(계 18:17)라고 말씀하고 있습니다.

6. 심판의 시기

성경은 미국이 심판 받게 될 시기가 북방의 민족들이 에스겔 38장의 말씀처럼 이스라엘을 공격 전에 방해가 되는 미국을 먼저 침략할 것이라 말씀하셨습니다.

미국은 반 기독교적인 법들인 혐오범죄방지법이나 전국민 의료보험법(오바마 케어) 등을 많이 만들어 크리스천을 핍박하고 수용소에 가두어 죽이는 일들을 할 것입니다.

하나님의 심판의 칼은 점점 미국을 향하게 되어 결국은 세계 최강이라는 미국의 군사력이 무력하게 할 것입니다.

"바벨론 왕이 그 소문을 듣고 손이 약하여지며 고통에 잡혀 해산하는 여인의 구로함 같도다"(렘 50:43).

7. 심판의 모습

미국의 심판 받게 될 모습은 먼저 핵 심판입니다. 성경은 "한 날에 홀연히 자녀를 잃으며 과부가 되는 이 두일이 네게 임할 것이라"(사 47:9)고 말씀합니다. 미국의 부가 일시간에 망한다고 하십니다. 그것은 미국이 핵 심판을 받게 됨을 말씀하시는 것입니다.

미국에 사망과 애통(애통하는 것은 살아 남아 있는 사람이 있음을 의미합니다)과 흉년이 일어나고 북방 민족에게 약탈을 당하게 됩니다.

"갈대아가 약탈을 당할 것이라 그를 약탈하는 자마다 만족하리라 여호와의 말이니라"(렘 50:10).

미국은 거민이 없는 온전한 황무지가 될 것이며 "여호와의 진노로 인하여 거민이 없는 온전한 황무지가 될 것이라"(렘 50:13) 비웃음거리가 되며 "바벨론으로 지나는 자마다 그 모든 재앙을 놀라며 비웃으리로다"(렘 50:13), 청년들(말씀에서 떠난 청년들)이 거리에서 엎드러지고 세계 최강의 군사들이 멸절될 것이라 경고하셨습니다.

"그러므로 그날에 청년들이 그 거리에 엎드러지겠고 군사들이 멸절되리라 여호와의 말이니라"(렘 50:30).

8. 미국 백성을 향한 경고

하나님은 성도들에게 미국에서 빠져나오라고 하십니다.

"또 내가 들으니 하늘로서 다른 음성이 나서 가로되 내 백성아 거기서 나와"(계 18:4).

그리고 미국이 짓는 죄(말씀에서 떠난 죄)에 참여하지 말라 말씀하시고 미국이 받을 재앙들을 받지 말라고 하십니다.

"그의 죄에 참예하지 말고 그의 받을 재앙들을 받지 말라"(계 18:4).

또한 미국에 사는 백성들에게 각기 동족에게로 돌아가라고 명하시고 고향으로 도망하라고 하십니다.

"파종하는 자와 추수 때에 낫을 잡은 자를 바벨론에서 끊어버리라 사람들이 그 압박하는 칼을 두려워하여 각기 동족에게로 돌아가며 교향으로 도망하리라"(렘 50:16).

미국은 하나님의 은혜로 세워진 나라이고 신앙의 자유를 지키기 위해 세워진 나라입니다. 그러나 하나님의 말씀에서 떠나가고 있으며, 결국은 하나님의 심판을 받는 나라로 최후를 맞이하게 될 것입니다.

성도여 깨어나십시오. 미국은 파라다이스가 아닙니다. 말씀과 기도로 거룩하십시오. 그리고 하나님과 동행하십시오. 그리하면 하나님이 여러분을 구원의 길로 인도하실 것입니다. 금도 은도 여러분의 부도, 명예도 의지하지 마십시오. 오직 여호와를 의지하는 자는 다 복이 있음을 아시고 여호와 하나님만 의지하십시오(시 2:12).

LAST TIME

11장
곡의 이스라엘 침략

1. 곡과 연합국은 어떤 나라인가?

하나님은 에스겔을 통해서 마지막 때에 마곡 땅에 있는 곡과 그의 연합국이 이스라엘을 침략하도록 명령 하셨습니다. 에스겔서 38장, 39장을 읽어보면 누구나 궁금해하는 질문이 과연 이스라엘을 침략하는 곡과 연합국은 어떤 나라들일지에 대한 것입니다.

침략자들의 일면을 보면 마곡 땅에 있는 곡이 대장입니다. 성경은 "인자야 너는 마곡 땅에 있는 곡 곧 로스와 메섹과 두발 왕에게로 얼굴을 향하고 그를 쳐서 예언하여 이르기를 주 여호와의 말씀에 로스와 메섹과 두발 왕 곡아 내가 너를 대적하여"(겔 38:2-3)라고 말씀하십니다. 곡은 바로 로스와 메섹과 두발 왕입니다(겔 38:5-7).

곡이 대장이 되어 연합국인 바사와 구스, 붓, 고멜과 그 모든 떼, 극한 북방의 도갈마 족속과 그 모든 떼을 거느리고 회복된 이스라엘로 쳐들어 갑니다. 곡의 전쟁에 등장하는 연합국들의 이름은 성경에 자주 언급된 나라들입니다(겔 38:5-6).

요한계시록 6장에 나온 흰 말 탄 자는 적그리스도입니다. 그는 전쟁을 유도하는 자입니다. 가끔 흰 말 탄 자를 그리스도로 해석하기도 하는데 이것은 잘못된 해석입니다. 요한계시록 6장의 흰 말 탄 자는 바로 요한계시록 13장에 바다에서 올라오는 짐승인 적그리스도와 동일합니다. 그의 모습은 흰말을 타고 있지만 그의 실상은 파괴자이며 이기고 또 이기려고 하는 자입니다.

예수님이 요한계시록 19장이 아닌 6장에서 흰 말을 타고 오신다면 이는 주님의 지상 재림을 의미하게 되는 것입니다. 그렇게 되면 요한계시록 6장과 19장을 통해 두 번의 지상 재림이 나타나야 하므로 잘못된 해석이 됩니다. 요한계시록 6장의 흰 말 탄 자는 양의 탈을 쓴 늑대인 적그리스도입니다.

예수 그리스도는 십자가를 지시고 보혈의 피를 흘리심으로 사망 권세를 이기셨습니다. 주님은 이미 이기신 분이시기에 이기려고 애를 쓰시지 않으십니다.

주님은 요한계시록 19장에 백마를 타고 피 뿌린 옷을 입고 하늘에 있는 천군 천사들과 함께 적그리스도와 거짓 선지자들과 땅의 임금들 그리고 짐승 군대를 멸하십니다.

창세기 10장에는 노아의 세 아들 셈, 함, 야벳이 나옵니다. 이들 가운데 하나님이 택하여 진리를 주신 백성, 예수 그리스도의 축복을 받은 사람은 셈입니다.

그런데 바사, 구스, 붓, 고멜, 도갈마는 함과 야벳의 후손입니다.

1) 야벳 계통: 창세기 10:1-2

고멜 자손은 도갈마(터키, 프랑스, 스페인)와 아스그나스 (아르메니아,

독일아스그나스 독일의 히브리어 명칭)입니다.

마곡 자손은 루마니아와 우크라이나, 마대 자손은 인도와 이란, 야완 자손은 그리스, 두발 자손은 구 소련, 그루지아 메섹 자손은 모스크바 옛 이름, 디라스 자손은 유고슬라비아 입니다

2) 함 계통 : 창세기 10:10

구스 자손은 에티오피아, 미스라임은 이집트. 붓 자손은 리비아, 가나안 자손은 팔레스타인입니다.

3) 셈 계통 : 창세기 10:22

엘람 자손은 페르시아(페르시아인: 셈의 엘람+야벳의 마대), 앗수르 자손은 이라크, 아르박삿은 아라비아, 룻 자손은 터어키 서부, 아람 자손은 시리아입니다.

곡과 연합국
곡-러시아, 로스-러시아, 메섹-모스크바, 두발-그루지야, 바사-이란, 구스-이디오피아, 붓-리비아, 고멜-터키, 도갈마-아르메니아

에스겔 38장의 마곡 땅에 있는 곡은 러시아 즉 옛 소련의 연방 공화국의 재등장을 의미합니다. 함과 야벳의 자손들이 셈자손인 이스라엘을 공격하게 되고 이것은 하나님의 택함 받지 못한 자들이 택함 받은 자들을 공격하는 것입니다.

2. 곡의 이스라엘 침략 원인

　성경의 예언대로 마지막 때에 세계에 흩어져 살던 이스라엘 민족들이 고토 이스라엘 땅으로 돌아오고 있습니다. 하나님이 이스라엘 땅이 곡의 침략 전에 "성벽도 없고 문이나 빗장이 없어도 염려없이 평안히 거하는 백성"이 되게 하셔서 유대인들에게 일시간 평안을 허락하십니다.

　그러나 세상 여러 나라들이 경제적, 정치적으로 어려움을 받게 될 때에 이스라엘 땅은 예전에 발견되지 않았던 엄청난 가스, 오일, 천연자원들을 발굴하여 풍부하고 많은 금과 은 그리고 많은 재물과 짐승들을 얻습니다. 곡과 연합국이 이스라엘을 침략해 들어갑니다.

　첫째, 하나님은 곡을 향해 "너는 스스로 예비하되 너와 네게 모인 무리들이 다 스스로 예비하고 너는 그들의 대장이 될지어다"(겔 38:7) 명령 하셨습니다. 그러므로 곡과 연합국이 이스라엘을 침략하는 이유는 하나님의 명령입니다.

　둘째, 곡과 이슬람 연합국은 짐승과 재물과 은과 금을 빼앗기 위하여 평안히 거하는 백성의 땅을 침략합니다.

　성경은 "나 주 여호와가 말하노라 그 날에 네 마음에서 여러가지 생각이 나서 악한 꾀를 내어 말하기를 내가 평원의 고을들로 올라가리라 성벽도 없고 문이나 빗장이 없어도 염려없이 다 평안히 거하는 백성에게 나아가서 물건을 겁탈하며 노략하리라 하고 네 손을 들어서 황무하였다가 지금 사람이 거처하는 땅과 열국 중에서 모여서 짐승과 재물을 얻고 세상 중앙에 거하는 백성을 치고자 할 때에 스바와 드단과 다시스의 상고와 그 부자들이 네게 이르기를 네가 탈취하러 왔느냐 네가 네 무리를 모아 노략하고자 하느냐 은과 금을 빼앗으며 짐승과 재물을 취하며 물건을 크게 약탈하여 가고자 하느냐 하리라 하셨다 하라"(겔 38:10-13)고 말씀하시며 물질을 빼앗기 위해 이스라엘을 침략합니다.

셋째, 여호와만이 전능하신 하나님이심을 알게 하심입니다.

이스라엘 민족의 출애굽 당시에 하나님은 애굽의 모든 사람들에게 이적과 기적을 나타내셨습니다. 오직 여호와만이 참된 하나님이심을 나타내셨습니다. 그리고 이스라엘 민족에게는 그들을 부르시고 택하신 분이 여호와 하나님이심을 알게 하셨습니다.

하나님은 출애굽한 이스라엘 민족과 같이 곡과 아랍 연합국들을 통해 이스라엘을 침략하게 하십니다. 하나님은 또한 '곡의 전쟁'을 통해 "내가 여러 나라의 눈에 내 존대함과 내 거룩함을 나타내어 나를 알게 하리니 그들이 나를 여호와인줄 알리라"(겔38:23)고 말씀하시고 유대인들에게는 기적과 이적을 베푸셔서 이 세상의 참된 신은 오직 여호와 하나님 한 분이심을 가르쳐 주십니다.

마지막으로 하나님이 곡과 이슬람 연합국의 이스라엘 침략을 허락하신 것은 곡과 아랍 연합국을 심판하시기 위함입니다. 성경은 "너와 네 모든 떼와 너와 함께한 백성이 다 이스라엘 산에 엎드러지리라 내가 너를 각종 움키는 새와 들짐승에게 붙여 먹게 하리니 네가 빈들에 엎드러지리라 이는 내가 말하였음이니라 나 즉 여호와의 말이니라"(겔 39:4-5)고 말씀하십니다. 그들 대부분이 멸망을 받을 것입니다.

3. 곡과 아랍 연합국의 이스라엘 침략 시기

첫째, 휴거가 일어난 직후 침략합니다. 모든 나라에서 휴거 사건이 일어나고 정치적, 경제적으로 잠시 페닉 상태에 들어가게 됩니다.

이때 세계는 이세상의 어두움의 주관자들과 적그리스도의 그림자가 영화, 드라마, 인터넷 등을 통해 UFO와 외계인에 대하여 익숙해진 사람들에게 외계인의 공격으로 사람들이 사라졌다고 발표하여 휴거 사건을 덮어 버립니다.

이때 가장 큰 충격에 빠진 나라가 바로 이스라엘과 미국, 캐나다 그리고 한국이 아닐까 생각됩니다. 이스라엘은 메시아닉 쥬들 가운데 144,000명이 들림 받게되고 미국과 한국 등에도 많은 크리스천이 들림 받게 되어 큰 혼란이 일어날 것입니다.

둘째, 러시아와 큰 연합국이 미국을 공격하고 멸망시킨 직후입니다. 곡의 전쟁에서 이스라엘을 도와줄 나라는 세계에서 어떤 나라도 없습니다. 세계 최강의 군사 대국인 미국은 언제나 이스라엘을 군사, 정치, 경제적으로 도와 주었습니다.

그러나 미국이 곡의 전쟁에서 이스라엘을 도와줄 수 없습니다.

미국은 휴거 사건으로 미국 국민 가운데 많은 교인들이 사라지자 충격과 공포에 휩싸이게 됩니다. 그리고 남은 자인 기독교인들과 일반 시민들을 800여 곳의 수용소에 가두면서 엄청난 사회적 혼란이 일어나고 나라의 치안이 붕괴 되는 시점인 그 틈을 이용해 러시아와 연합국의 군대가 미국을 핵으로 공격합니다.

21세기의 성도는 성경이 예언하신 말씀의 성취를 경험하며 살아가는 시대에 살고 있습니다. 에스겔 38장, 39장 그리고 요한계시록 6장에는 곡의 이스라엘 침략시기가 언제인지 명확하게 말씀해 주십니다.

셋째, 이스라엘 민족이 알리야 운동을 통하여 세계 각나라에서 벗어나 열국에서 모여 들어 올 때 침략할 것이라 했습니다. 에스겔 선지자는 "그 땅 백성은 칼을 벗어나서 열국에서부터 모여들어 오며 이방에서부터 나와서"(겔 38:8)라고 예언하고 있습니다.

넷째, 유대인들이 이스라엘 땅에서 평안히 거할 때 쳐들어 올 것임을 말씀하고 계십니다. 성경은 유대인들이 "이방에서부터 나와서 다 평안히 거하는 중이라"(겔 38:8)고 말씀합니다.

4. 곡의 침략 모습과 규모

성경은 곡과 연합군이 대군을 거느리고 최첨단 무기로 무장되었다고 하신 말씀대로 방패와 창, 활, 투구를 잘 갖추었습니다. 곡과 연합국의 군대가 이스라엘을 공격하러 오는 속도를 성경에서는 "광풍같이 이르고"라고 표현하고 있습니다. 그 속도가 엄청나게 빠르다는 것입니다.

곡과 연합국의 군대들의 규모는 엄청나게 커서 성경은 "너와 함께 한 많은 백성이 광풍 같이 이르고 구름 같이 땅을 덮으리라"(겔 38:9) 말씀하십니다. 곡과 연합국의 군대들이 "구름이 땅을 덮는 것"처럼 많다고 하십니다.

이스라엘을 침략하는 곡과 연합국은 영적으로 무지한 나라의 군대들입니다. 누가 진정 전능하신 하나님이신지 모릅니다. 그리고 저들을 조종하는 것은 하나님의 허락하신 사탄의 계략입니다. 저들에게는 진리와 거짓을 구분할 지혜가 없습니다.

5. 침략의 결과

하나님이 곡과 연합국의 군대를 이끌어다가 이스라엘을 침략하게 하셔서 이스라엘을 오랜 세월 대적하고 괴롭혀 온 곡과 아랍 국가를 멸하십니다.

그리고 전 세계 나라들과 이방 사람의 목전에서 이스라엘에 하나님이 계셔서 보호하고 계심을 알게 하고 또 여호와의 구원하심이 칼과 창에 있지 않음과 전쟁은 여호와께 속한 것임을 나타내셨습니다(삼상 17:47).

곡과 연합국이 이스라엘을 치러오면 하나님이 곡과 그의 군대들을 향하여 노를 발하시어 하나님의 노를 하나님의 얼굴에 나타내십니다 (겔 38:18).

곡과 연합국의 군대를 향한 하나님의 심판은 매우 맹렬하여 그날에 큰지진이 이스라엘 땅에 일어나서 바다의 고기들과 공중의 새들과 들의 짐승들과 땅에 기는 모든 벌레와 지면에 있는 모든 사람이 하나님 앞에서 떨 것이고 또한 모든 산이 무너지며 절벽이 떨어지며 모든 성벽이 땅에 무너졌습니다(겔 38:19-20).

하나님은 곡과 연합국의 침략 계획을 방해하고 연합국 군대에 공포와 혼란을 번지게 하십니다. 곡과 연합국의 군대들 사이에 의사소통이 깨어지고 서로서로 공격합니다. 성경은 "각 사람의 칼이 그 형제를 칠 것"이라 말씀하셨습니다(겔 38:21).

곡의 군대가 서로 서로 공격하므로 엄청난 살륙이 일어났고 하나님이 보내신 폭우와 큰 우박덩이 그리고 불과 유황으로 더욱 많은 사람들이 죽습니다. 결국 곡과 연합국의 군대가 모두 이스라엘 산에 엎드러지고 새와 들짐승의 먹이가 되었습니다(겔 39:4).

에스겔 39장을 보면 하나님이 이스라엘로 곡과 연합국의 전쟁에서 승리케 하시고 곡과 연합국의 무기를 빼앗아 땔감으로 7년 동안 사용하게 하셨습니다(겔 39:9).

그리고 곡과 연합국의 시체를 사해 동편 골짜기에 옮겨 장사하는데 7개월이 걸립니다. 성경은 그 골짜기를 곡의 무리가 묻힌 골짜기라 하여 '하몬곡'이라고 부릅니다(겔 39:12). 곡의 전쟁은 다니엘에 예언된 한 이레의 시간을 알리는 이정표가 됩니다. 이스라엘을 공격한 곡인 러시아와 연합국은 이스라엘을 공격하지만 하나님의 손에 의해 멸망을 받습니다.

곡의 전쟁에서 러시아의 패배는 세계 최강대국의 위치에서 내려 앉게 되고 열 뿔인 유럽 연합이 세계의 최강으로 등장하게 됩니다. 그리고 적그리스도가 등장하여 환상적인 세계 평화의 해결책을 제시할 것입니다. 그는 민족과 민족의 대적, 나라와 나라 싸움을 잠시동안 화합시키려고 합니다.

이집트의 남쪽에 이디오피아가 있고 서쪽에 리비아가 있습니다. 그런데 군사적인 측면에서 흥미로운 것은 에스겔 38장에 나오는 곡의 전쟁에서 이집트가 언급되지 않는다는 것입니다. 또한 오랜 세월 이스라엘과 적대관계를 갖고 있던 시리아와 이라크, 이집트, 요르단, 레바논이 침입자 러시아의 동맹국과 함께 언급되지 않고 있는 것이 의미 심장합니다.

LAST TIME

12장
이스라엘 민족의 귀환

    하나님이 이스라엘로 하여금 곡의 전쟁에서 승리케 하심으로 세계에 흩어져 살던 유대인들을 한 이레 시작 전에 한 사람도 이방에 남기지 아니하시고 돌아오게 하십니다.

    세계 모든 나라들은 곡의 전쟁에서 하나님의 역사하심으로 러시아와 아랍 연합군이 심판 받게 된 것을 깨닫게 됩니다. 하나님을 두려워하는 마음이 일시적으로 생겨 자국에 있는 유대인들을 한 사람도 남김없이 이스라엘로 돌려보냅니다.

    성경은 "너희 이스라엘 자손들아 그 날에 여호와께서 창일하는 하수에서부터 애굽 시내에까지 과실을 떠는 것 같이 너희를 일일이 모으시리라"(사 27:12)고 말씀하십니다.

    또 에스겔에도 한 사람의 유대인도 이방에 남기지 않고 돌아오게 하신다고 예언하고 계십니다. 이때를 기준으로 알리야 무브먼트는 끝이 나게 됩니다.

    "전에는 내가 그들로 사로잡혀 열국에 이르게 하였거니와 후에는 내가

그들을 모아 고토로 돌아오게 하고 그 한 사람도 이방에 남기지 아니하리
니 그들이 나를 여호와 자기들의 하나님인줄 알리라"(겔 39:28)

하나님은 이스라엘과 예수님을 메시아로 고백하는 성도를 너무 사랑하십니다. 구 소련에는 1980년대에 유대인들이 600만명이 살고 있었으며 2006년에는 러시아에 약 72만 명의 유대인들이 남아 있었습니다. 2010년에는 약 20만 명이 남아있었고, 지금도 계속해서 그곳에 살고 있는 유대인들이 이스라엘로 돌아가고 있습니다. 러시아와 여러 나라에 살고 있는 유대인들은 지금도 어려움과 많은 핍박을 받고 있습니다. 그래서 미국에 있는 유대인들보다 일찍 이스라엘로 돌아가는 상황이였습니다. 전 세계의 유대인들 가운데 특별히 가장 어려운 귀환이 미국에 살고 있는 유대인들의 귀환입니다. 현재 미국에 약 530만 정도의 유대인이 살고 있습니다.

미국이 하나님보다 스스로 높아져 하나님을 떠나게 될 때 미국은 핵전쟁의 피해를 입을 것입니다. 유럽, 북미, 남미, 오스트레일리아, 아프리카, 아시아 전역에 아직 많은 유대인들이 살고 있습니다. 그들은 아마 10년이나 20년 내인 2020년-2025년을 전후로 전 세계 유대인들이 이스라엘로 돌아올 것입니다. 전 세계 유대인의 이스라엘 귀환 시기는 한 이레 시작 바로 전이고 예루살렘 성전이 세워질 때입니다.

1만 명 이상 유대인이 거하는 나라 (2011년)

미국-530만, 프랑스-49만, 캐나다-38만, 영국-30만, 러시아-20만아르헨티나-19만, 독일-12만, 호주-11만, 브라질-96천, 우크라이나-72천, 남아공-71천, 헝가리-49천, 멕시코-4만, 벨기에-3만, 네델란드-3만, 이탈리아-29천, 칠레-21천, 우루과이-18천, 터키-18천, 스위스 -18천, 스웨덴-15천, 스페인-12천, 베네수엘라-12천, 루마니아-1만

2부
7년 환난 – 전 삼 년 반

LAST TIME

성경은 전 삼 년 반에 일어날 일에 대해서 말씀하십니다. 먼저 적그리스도가 이스라엘 그리고 세계 여러 나라들과 한 이레(7년) 언약을 굳게 맺습니다. 다니엘은 "그가 장차 많은 사람으로 더불어 한 이레 동안의 언약을 굳게 정하겠고"(단 9:27)라고 말씀합니다.

유대인들이 알리야 운동을 통해 세계 각 나라에서 이스라엘로 모여 들어옵니다. 그리고 하나님은 미국의 패망과 함께 한명의 유대인도 남기지 않고 이스라엘로 돌아오게 하십니다. 이스라엘은 성전 준비물이 모두 예비되어 있습니다.

예루살렘 성전이 약 2-3개월 만에 완공되어 성전에서 제사가 시작될 것입니다. 이스라엘 민족과 적그리스도가 함께 제사 의식에 참석할 것입니다.

이스라엘 민족은 적그리스도의 정체를 알지 못하고 이스라엘의 메시아로 받아들입니다. 그리고 이스라엘 민족만이 선민이며 구원받을 백성이라고 교만해질 것입니다. 이스라엘 민족은 예수 그리스도가 없는 성전과 제사는 아무 의미가 없음을 알지 못합니다.

하나님의 은혜로 곡과 연합국의 전쟁에 승리한 이스라엘이 하나님의 은혜를 망각하고 교만해집니다. 적그리스도와 거짓 선지자들이 메시아닉 쥬와 유대인 교회들을 핍박해도 방관만 합니다.

세계 교회의 남은 자들이 예수 그리스도의 이름을 위하여 모든 민족에게 미움을 받게 됩니다. 후삼 년 반 시기보다는 심하지 않겠지만 크고 작은 핍박과 순교가 일어날 것입니다.

누가복음은 전삼 년 반에 일어날 일들을 말씀합니다.

"이 모든 일 전에 내 이름을 인하여 너희에게 손을 대어 핍박하며 회당과 옥에 넘겨 주며 임금들과 관장들 앞에 끌어 가려니와 이 일이 도리어 너희에게 증거가 되리라"(눅 21:12-13).

남은 성도가 공회와 세상 재판 자리에 서게 됩니다. 그러나 하나님이 모든 대적이 능히 대항하거나 변박할 수 없는 구재와 지혜를 주실 것입니다.

누가복음은 "내 이름을 인하여 너희에게 손을 대어 핍박하며 회당과 옥에 넘겨 주며 임금들과 관장들 앞에 끌어 가려니와 이 일이 도리어 너희에게 증거가 되리라 그러므로 너희는 변명할 것을 미리 연구치 않기로 결심하라 내가 너희의 모든 대적이 능히 대항하거나 변박할 수 없는 구재와 지혜를 너희에게 주리라"(눅 21:12-15)고 말씀하십니다.

전삼 년 반이 시작되면서 두 증인도 등장하여 1,260일 동안 하나님의 말씀을 증거할 것입니다. 하나님은 "내가 나의 두 증인에게 권세를 주리니 저희가 굵은 베옷을 입고 일천 이백 육십 일을 예언하리라"(계 11:3)고 말씀하셨습니다. 성경은 전삼 년 반의 특징들 가운데 하나는 거짓 선지자들이 일어날 것이라 하십니다.

"거짓 선지자가 많이 일어나 많은 사람을 미혹하게 하겠으며"(마 24:11).

그리고 불법이 성행함으로 사랑이 식어질 것입니다.

"불법이 성하므로 많은 사람의 사랑이 식어지리라"(마 24:12).

또한 창조 세계에서는 큰 지진, 기근, 온역, 무서운 일, 하늘로서 큰 징조들이 일어날 것입니다.

"처처에 큰 지진과 기근과 온역이 있겠고 또 무서운 일과 하늘로서 큰 징조들이 있으리라"(눅 21:11).

전삼 년 반 끝에 적그리스도의 죽음과 살아나는 일이 일어납니다. 그리고 하늘에서는 하나님의 천사와 공중 권세 잡았던 마귀와의 전쟁이 일어납니다.

성경은 전삼 년 반에 남은 자된 성도들에게 예수님과 같이 인내하고 끝까지 견디라고 말씀하고 계십니다. 인내하고 견디는 자는 구원을 얻습니다. 성도여 끝까지 견디고 인내합시다. 성경은 "너희의 인내로 너희 영혼을 얻으리라"(눅 21:19)고 말씀하십니다.

LAST TIME

남은 자(REMNANT) 1장

　휴거의 사건이 일어난 후 혹시 남은 자가 되셨습니까? 남은 자가 되셨다면 곡의 미국의 침략과 이스라엘 침략 그리고 하나님의 심판을 받아 곡이 멸망 당하는 뉴스를 보시거나 들었을 것입니다.
　당신이 만약 휴거 되지 않아 남은 자가 되었다면 놀라거나, 통곡하거나, 슬퍼하거나, 자살하거나, 원망하지 마십시오. 성경은 "누구든지 여호와의 이름을 부르는 자는 구원을 얻으리니 이는 나 여호와의 말대로 시온산과 예루살렘에서 피할 자가 있을 것임이요 남은 자 중에 나 여호와의 부름을 받을 자가 있을 것임이니라"(욜 2:32)고 말씀하십니다.
　남은 자가 되면 아무리 차분하려 해도 '왜 나만 남았을까?, 하나님께 버림받은 것일까?'라고 스스로에게 질문하게 될 것입니다. 그리고 영적, 정신적, 육체적으로 공허하고 두렵고 떨리고 어떻게 해야 할지 몰라 매우 힘들 것입니다.
　성경은 하나님의 택하심을 입은 남은 자들이 지구상에 많이 있을 것임을 말씀하셨습니다. 그리고 남은 자들 가운데 구원의 은혜가 일어날 것임을 말씀합니다. 성경은 휴거 사건 이후에 남은 자들이 어떻게 생각하고, 말하고, 행동해야 할 것을 말씀해 주십니다.

하나님의 택하심을 입은 사람들 가운데 휴거된 성도도 있지만 남은 자가 되어 환난을 통과하여 구원받을 성도도 있을 것임을 잊지 마십시오.

남은 자들에게는 7년 환난이 어렵고 힘들 것입니다. 그러나 자기 자신의 영과 혼과 몸을 세상에 맡기시거나 자포자기하지 마십시오. 특히 자살하지 마셔야 합니다.

오직 만왕의 왕으로 지상 재림하셔서 남은 자들을 부르실 예수님을 생각하시고 7년 환난의 때를 성령의 인도하심을 따라 살아가시기를 예수님의 이름으로 축복합니다.

1. 남은 자의 세 가지 사는 방법

남은 자가 7년 환난에서 구원을 받을 수 있는 방법은 전적인 하나님의 인도하심입니다. 하나님의 구원의 방법은 도피처에 들어가게 하심과 어렵고 고통스럽지만 세상과 단절되어 광야와 암혈과 토굴등에서 유리하게 하시고 마지막은 순교자의 길을 가게 하십니다.

첫째, 도피처에 들어가는 성도는 전삼 년 반, 이 세상에서 고난과 환난 그리고 각종 미혹을 을 견디고 이기며 살아야 합니다. 그러나 후삼 년 반이 시작될 때에 하나님이 남은 자들 가운데 일부를 모으십니다.

요한계시록 12장에 '해를 입은 한 여자'가 용을 피하여 광야로 도망합니다. 그리고 열왕기상 19:18에는 이스라엘 가운데 7,000인이 이세벨과 군대들에게서 피하여 숨김을 받습니다.

하나님은 남은 자들 가운데 보호처에 들어갈 자들을 택하십니다. 요엘서는 "나 여호와의 말대로 시온산과 예루살렘에서 피할 자가 있을 것임이요 남은 자 중에 나 여호와의 부름을 받을 자가 있을 것임이니라"(욜 2:32)고 말씀하십니다. 남은 자들이 '해를 입은 여자'와 '칠천인' 같이 하나님이 예비해 놓으신 보호처에 들어가 숨김을 받습니다.

둘째, 광야와 산중에서 유리하는 자들입니다. 적그리스도와 거짓 선지자들의 세상이 되어 성도의 권세가 삼 년 반동안 빼앗길 때에 남은 자들 가운데 유리하는 자들이 있습니다. 그들은 우상에게 절하지 않고 짐승의 표를 받지 않기 위해 모든 것을 버리고 세상과 단절해서 살아가게 됩니다.

히브리서 11장에 "양과 염소의 가죽을 입고 유리하여 궁핍과 환난과 학대를 받았으니(이런 사람은 세상이 감당치 못하도다)저희가 광야와 산중과 암혈과 토굴에 유리하였느니라"(히 11:35-38)고 말씀하십니다.

남은 자들 가운데 유리하는 자들이 양과 염소의 가죽옷을 입고 짐승 정권을 피해 궁핍한 삶을 살아가게 될 것입니다 그러나 이러한 사람을 "세상이 감당치 못한다"고 하십니다. 유리하는 자들은 지금까지 살아온 생활과는 전혀 다른 생활 공간인 광야와 산중과 동굴등에서 생활하면서도 믿음을 지키고 오히려 기쁨으로 신앙의 삶을 삽니다.

그러나 유리하는 자들 가운데서 일부는 짐승의 군대의 최첨단 장비들로 인해 발각되거나 배도하는 사람들에 의해서 많은 사람들이 잡혀 갈 것입니다.

만약 짐승 군대에 잡혀 가도 결코 두려워 마십시오. 하나님께 부르짖으십시오. 말씀을 암송하십시오. 그리고 찬송을 하십시오. 천국에 들어갈 시간이 얼마 남지 않았습니다.

남은 자가 그들의 뜻대로 하지 않으면 구타당하고 고문당할 것입니다. 그래도 인내하십시오. 아프고 참기 힘든 고통이 올 것입니다. 그래도 주님을 생각하시며 참아야 합니다.

잠시 후면 천국입니다.

셋째, 순교입니다. 순교하는 것은 온전히 하나님의 은혜가 아니면 감당키 어렵습니다. 순교 전에 순교자들이 여러 가지 유혹을 받거나 핍박을 받고 고문 등을 받게 될 것입니다.

그러나 남은 자를 향하신 하나님의 뜻이 순교라면 기쁜 마음으로 그 길을 가야합니다. 잠시 동안 엄청난 고통과 고난이지만 죽는 순간 예수 그리스도의 품에 안겨 있을 것입니다. 다시 한 번 말씀드립니다. 잠시 후면 천국입니다.

2. 남은 자들이 지켜야 될 일

첫째, 하나님을 원망하지 마십시오.

남은 자로 들림 받지 못함에 대한 섭섭함을 버려야 합니다. 그리고 구원 받기를 원한다면 하나님을 향한 원망을 버려야 합니다. 성경은 "형제들아 서로 원망하지 말라 그리하여야 심판을 면하리라 보라 심판자가 문 밖에 서 계시니라"(약 5:9)고 말씀하고 계십니다.

이스라엘 민족이 이방인의 적들과 먹을 음식이 없고 물이 없어서 그리고 약속의 땅인 가나안을 앞에 두고 원망하다가 결국 광야에서 죽었습니다. 성경은 "저희 중에 어떤 이들이 원망하다가 멸망시키는 자에게 멸망하였나니 너희는 저희와 같이 원망하지 말라"(고전 10:10) 하십니다.

남은 자가 되면 한번 쯤은 '왜 하필이면 나를 남겨 놓으셨나요?'라고 하나님께 반문도 하고 잠시 동안이지만 원망도 있을 수 있습니다. 그리고 울어도 보고 통곡도 하고 자신의 지난 날에 대해서 후회도 할 것입니다.

그러나 남은 자가 되었다고 판단이 서면 잠시지만 원망한 것을 하나님께 회개하고 통곡과 울음을 멈추고 하나님께 나아가야 합니다.

둘째, 자살하면 안됩니다.

남은 자가 되면 세상에 자신만 남은 것 같은 착각이 들 때가 있습니다. 그리고 7년 환난을 어떻게 살아 갈 것인가? 고민하게 되고 무섭고 두려움에 떨게 됩니다.

또한 사랑하는 가족이 남아 있다면 그들의 영혼을 생각하면 불쌍하고 답답하고 한편으로는 미안한 마음과 미래에 일어나게 될 일들에 대해 불안해 하며 자신이 없고 어찌해야 할 방법이 없다고 생각할 겁니다. 그리고 앞으로 되어질 일들을 생각하면 막막하고 자신이 사라져 소망을 잊어버리게 될 겁니다. 그래서 마지막 선택으로 자신의 생명을 스스로 버리게하는 자살의 유혹을 받을 수 있습니다.

남은 자는 꼭 기억하십시오. 명심하십시오. 만약 여러분이 여러분 자신의 삶을 스스로 포기해 버리고 자살한다면 구원 받지 못합니다. 무엇보다 구원 받을 기회 자체가 사라져 버립니다.

성경은 자살을 여호와 보시기에 악이요 범죄라고 말씀하시고 그 결과는 비참한 종말임을 말씀하십니다. 성경이 자살에 관하여 '옳지 않다' 하거나 '옳다'하시는 자살 자체에 대한 말씀은 없습니다. 그러나 성경의 여러 말씀을 통해 자살을 금지하고 있습니다.

성경은 사람의 생명이 천하보다 귀하다고 말씀하시고 오직 하나님만이 생명을 주시고 또한 생명을 취할 수 있는 유일한 분이심을 말씀하고 있습니다.

따라서 스스로 생명을 끊는 자살은 하나님께 지음을 받은 사람이 하나님이 주신 생명을 스스로 강탈하는 행위이며 가공할만한 죄악임을 알아야 합니다.

십계명의 제6계명인 "살인하지 말라"는 다른 사람을 살인하지 말라고 하신 것뿐만 아니라 자신의 생명도 스스로 헤쳐서는 안된다는 하나님의 명령입니다. 다른 사람을 죽이면 자신도 죽임을 당하는 것이 구약성경의 법입니다.

남은 자들은 하나님만을 두려워하고 경외해야 합니다. 그리고 한 이레인 7년 환난을 두려워하지 말아야 합니다. 성경에서 예언하신 한 이레는 반드시 신속히 지나갑니다. 남은 자는 환난의 날에 자신과 남은 자들의 곤고함을 하나님께만 부르짖어야하며 절대로 자살에 대한 생각은 하지도 말고 혹시라도 그러한 생각이 온다면 예수 그리스도의 이름으로 즉시 물리쳐야 합니다.

남은 자는 이제는 자신이 사는 것이 아니라 그리스도께서 자신안에 사신다는 것을 알아야 합니다. 그러므로 남은 자는 "내가 그리스도와 함께 십자가에 못 박혔나니 그런즉 이제는 내가 산 것이 아니요 오직 내 안에 그리스도께서 사신 것이라 이제 내가 육체 가운데 사는 것은 나를 사랑하사 나를 위하여 자기 몸을 버리신 하나님의 아들을 믿는 믿음 안에서 사는 것이라"(갈 2:20)는 고백을 주님께 순간 순간 마다 드려야 합니다.

셋째, 두려워말고 담대하십시오.

성경은 사랑 안에 두려움이 없고 온전한 사랑이 두려움을 내어 쫓는다고 말씀하십니다. 남은 자들은 7년 환난의 때에 두려워 하지 말아야 합니다. 그 이유는 바로 두려움에는 형벌이 있고 두려워하는 자는 사랑 안에서 온전히 이루지 못하기 때문입니다.

고문이 두렵습니까? 환난이 무섭습니까? 아찔한 생각이 듭니까? 맞습니다. 휴거가 일어나서 영적인 공황 상태가 일어나고 환난의 때에 믿는 성도를 향한 고문들은 겁이 납니다. 환난은 무섭습니다. 그리고 아찔한 생각이 들면서 기절할 것같은 느낌도 들 것입니다.

두렵고 무섭고 아찔한 생각이 들 때에 십자가를 지시고 십자가에 달리셨던 예수 그리스도를 바라보십시오. 주님은 남은 자를 위해서도 찢기시고 매맞고 고통을 당하셨습니다.

남은 자가 예수 믿는 믿음을 소유하게 되면 환난으로 인한 핍박과 고문을 받아 몸이 벗겨지고 매 맞고 비참하고 엄청난 고통을 받게 될 것입니다. 그리고 순교를 당할 수도 있습니다.

주님은 남은 자를 향하여 "두려워 말라 내가 너와 함께 함이니라 놀라지 말라 나는 네 하나님이 됨이니라 내가 너를 굳세게 하리라 참으로 너를 도와 주리라 참으로 나의 의로운 오른손으로 너를 붙들리라" (사 41:10) 말씀하십니다.

남은 자는 환난이 와도 무섭지 않고 천만인이 둘러치려 하여도 두려워하지 않고 사망의 음침한 골짜기로 다닐지라도 해를 두려워하지 않아야 합니다.

7년 환난이 와도 주님이 함께 하시고 주의 지팡이와 막대기가 남은 자들을 안위하시며 주님이 빛이요 구원이시고 생명의 능력이 되어 주시기기 때문입니다. 남은 자는 날마다 고백해야 합니다. "여호와는 나의 빛이요 나의 구원이시니 내가 누구를 두려워하리요 여호와는 내 생명의 능력이시니 내가 누구를 무서워하리요"(시27;1)

남은 자에게 순교의 은혜가 주어진다면 예수 그리스도의 이름으로 기쁘게 죽으십시오. 죽는 순간 여러분은 영원한 천국에서 살게 됩니다. 소망을 가지십시오. 하늘에 소망을 두는 사람은 환난이 두렵지 않습니다.

넷째, 하나님의 전신갑주를 입으십시오. 남은 자들은 더욱 더 하나님의 말씀을 기억하고 말씀을 붙잡아야만 합니다. 7년 환난이 시작되면 성경을 살 수 있는 서점도 찾기 힘듭니다. 여러분이 가지고 있는 성경말씀을 사랑하시고 계속적으로 읽으십시요. 그리고 말씀을 암송하십시오.

말씀을 읽고 묵상하는 길만이 하나님의 군사로 무장될 수 있습니다. 남은 자들이 7년 환난을 이길 수 있는 또 하나의 방법이 바로 기도입니다. 하나님의 택하심을 받은 남은 자들은 말씀과 기도로 무장되어져야 합니다.

남은 자가 예수 그리스리도를 구주로 고백하는 것 때문에 고문이나 죽음이 온다고 해도 하나님의 전신갑주를 입은 사람은 두려워하지 않고, 비겁하지 않고 당당해야 합니다.

그리스도 안에서 죽으면 바로 천국입니다. 강한 자가 무장을 하고 자기 집을 지키듯이 하나님의 전신 갑주를 입은 사람만이 자신의 영혼을 안전하게 보존을 받습니다. 성경은 "마귀의 궤계를 능히 대적하기 위하여 하나님의 전신갑주를 입으라 그러므로 하나님의 전신갑주를 취하라 이는 악한 날에 너희가 능히 대적하고 모든 일을 행한 후에 서기 위함이라"(엡 6:11,13)고 말씀합니다. 하나님은 환난 날에도 하나님의 권능으로 남은 자들을 보존시키십니다.

다섯째, 절대 미혹을 받지 마십시오

성경은 7년 환난 전에 "거짓 선지자가 많이 일어나 많은 사람을 미혹하게 하겠으며"(마 24:11)라고 말씀하십니다. 거짓 선지자들이 먼저 등장해서 많은 사람들을 미혹할 것이라 말씀하십니다. 거짓 선지자들 가운데는 남은 자가 잘 아는 목사나 혹은 대형 교회 목사일수도 있고 세계적인 부흥사였던 사람도 있을 겁니다.

말세에 많은 사람들을 거짓 선지자와 목사들이 성경말씀이 아닌 거짓의 영으로 미혹하고 갖가지 이적과 기적을 행하여 미혹할 것입니다. 성경은 "큰 이적을 행하되 심지어 사람들 앞에서 불이 하늘로부터 땅에 내려오게 하고 짐승 앞에서 받은 바 이적을 행함으로 땅에 거하는 자들을 미혹하며"(계 13:13-14)라고 말씀하시면서 큰 미혹이 있을 것이라 경고하십니다.

남은 자는 미혹하는 자들의 말에 동의하거나 연합해서는 절대 안됩니다. 많은 사람들이 이적과 기적을 보면 거짓 선지자들에게 미혹되어 그들의 편이 되어 버립니다. 그들이 행하는 이적과 기적은 하나님으로부터 오는 것이 아니라 사탄에게 받는 것입니다.

여섯째, 절대로 우상에게 절하지 마십시오.

사드락, 메삭, 아벳느고는 나팔과 피리와 수금과 삼현금과 양금과 생황과 및 모든 악기 소리를 들을 때에 엎드리어 느부갓네살 왕이 세운 금신상에게 절하라는 명령을 받았고 누구든지 엎드리어 절하지 아니하는 자는 즉시 극렬히 타는 풀무에 던져 넣으리라 하는 무서운 법을 알고 있었습니다.

하나님의 택하심을 받은 사드락, 메삭, 아벳느고는 믿음의 정절을 지켜 우상에게 절하지 않고 느부갓네살 왕 앞에서 "느부갓네살이여 우리가 이 일에 대하여 왕에게 대답할 필요가 없나이다 만일 그럴 것이면 왕이여 우리가 섬기는 우리 하나님이 우리를 극렬히 타는 풀무 가운데서 능히 건져내시겠고 왕의 손에서도 건져내시리이다 그리 아니하실찌라도 왕이여 우리가 왕의 신들을 섬기지도 아니하고 왕의 세우신 금 신상에게 절하지도 아니할 줄을 아옵소서"라고 담대하게 하나님의 사람임을 선포했습니다.

남은 자는 세상 사람들을 무서워 말고 담대해야 합니다. 사드락, 메삭, 아벳느고와 같이 세상과 타협하지 않은 "대답할 필요가 없나이다"와 "그리 아니하실찌라도"의 신앙을 가져야합니다. 매우 역설적인 표현이지만 두렵고 떨려도 두려워 말고 담대해야 합니다.

남은 자는 혼자가 아닙니다. 만왕의 왕 되신 주님이 함께 하십니다. 주님은 남은 자를 포기하지 않으십니다. 붙잡아 주십니다. 여러분 또한 여러분 자신을 포기하시면 안됩니다.

일곱째, 절대로 이마나 오른손에 짐승의 표를 받지 마십시오.

환난이 있기 전에는 일부 목사들이 "구원은 믿음으로 받는 것이니 단순히 베리칩를 받는 것은 아무 상관없으며 단순히 생활의 편리성을 추구하는 것입니다. 사랑의 하나님이 단지 베리칩을 받는것으로 지옥에 보내시지 않습니다"라고 미약하게 미혹했었습니다.

그러나 휴거 사건 이후에는 휴거 받지 못한 목사들 가운데 거짓 목사들과 거짓 선지자들이 짐승의 표를 받아야 한다고 앞장 설 것입니다. 그리고 이방 종교자들보다 더 강한 협박조로 명령 할 것입니다. 저들은 이미 목사도 선지자도 아닙니다. 저들에게 절대 속지 마십시오.

빌 클린턴은 2000년 6월 26일 베리칩에 인간 디엔에이 코드(DNA code)를 넣는 것을 승인한 사람이고 베리칩이 짐승의 표의 그림자가 될 수 있도록 만든 사람입니다. 짐승의 표는 우리 인간에게 엄청나게 편리하고 유용하게 다가옵니다. 그러나 그것은 사탄의 인을 찍는 것입니다.

빌 클린턴은 대통령 재임 시절에 세계 지도자로서 세계 여러 나라에서 엄청난 인기를 얻었습니다. 이와 같이 7년 환난의 때에 적그리스도와 거짓 선지자들도 엄청난 인기를 등에 업고 사람들을 미혹할 것입니다.

성경은 "저가 모든 자 곧 작은 자나 큰 자나 부자나 빈궁한 자나 자유한 자나 종들로 그 오른손에나 이마에 표를 받게 하고 누구든지 이 표를 가진 자 외에는 매매를 못하게 하니 이 표는 곧 짐승의 이름이나 그 이름의 수라 지혜가 여기 있으니 총명 있는 자는 그 짐승의 수를 세어 보라 그 수는 사람의 수니 육백 육십 육이니라"(계 13:16-18) 말씀하고 있습니다.

짐승의 표인 666표를 받으면 짐승처럼 생각하고, 행동하게 될 것입니다. 그리고 예수님을 부인하고 하나님을 대적하는 자가 됩니다. 결국은 "그 고난의 연기가 세세토록 올라가리로다 짐승과 그의 우상에게 경배하고 그 이름의 표를 받는 자는 누구든지 밤낮 쉼을 얻지 못하리라 하더라"(계 14:11) 성경의 말씀이 이루어집니다.

여덟째, 예수님을 믿는 믿음을 끝까지 지키십시오.

성경은 "인자가 올 때에 세상에서 믿음을 보겠느냐" 하셨고 "보아라 네 믿음이 너를 구원하였느니라"고 말씀하셨습니다. 주님은 남은 자들을 위하여 믿음이 떨어지지 않기를 지금도 기도하고 계십니다.

예수님은 제자들이 복음을 전하다가 순교할 것을 아셨기에 "마음을 굳게 하여 이 믿음에 거하라"고 권하셨습니다. 남은 자는 주님이 제자들에게 말씀하셨듯이 하나님 나라에 들어가려면 많은 환난을 겪을 것과 믿음을 지켜야 함을 깨달아야 합니다.

남은 자는 성도가 인내 했듯이 하나님의 계명과 예수 믿음을 지키는 자(계 14:12)가 되어야 합니다. 남은 자는 오직 예수 그리스도를 믿음으로 구원을 얻고 구원 받는 은혜가 사람의 공로가 아닌 하나님의 선물임을 알아야 합니다.

아홉째, 순교의 신앙을 가지십시오.

요한계시록의 서머나 교회는 시험과 순교의 피가 뿌려진 환난이 있는 교회였습니다. 그러나 서머나 교회는 주님의 명령인 "네가 죽도록 충성하라"는 말씀을 순종하므로 순교의 피가 뿌려져 생명의 면류관을 받았습니다.

7년 환난의 때에 적그리스도와 거짓 선지자들 그리고 열 뿔과 큰 음녀인 로마 가톨릭은 이 세상 모든 나라와 사람들을 자신들의 손에 다 넣었다고 오판할 것입니다.

적그리스도에게 저항하는 세력은 남은 자들인 기독교인들 뿐이라 생각하고 온갖 방법을 다 동원하여 미혹할 것입니다. 성경말씀대로 자식이 아비를, 아비가 자식을 죽는데 내어 주는 악한 계책을 사용하고 저들에게 동조하지 않으면 무지막지한 고문과 살인을 저지를 것입니다.

남은 자는 "여러 형제가 어린 양의 피와 자기의 증거하는 말을 인하여 저를 이기었으니 그들은 죽기까지 자기 생명을 아끼지 아니하였도다"(계 12:11)라는 말씀 처럼 순교를 각오해야 합니다.

성경에 등장하는 과거 믿음의 선배들은 더 좋은 부활을 얻고자 악형을 받았고 돌로 치는 것과 톱으로 켜는 것과 시험과 칼에 죽음을 당했습니다. 그리고 옷을 살 수 없기에 양과 염소의 가죽을 입고 유리하여 궁핍하고 환난과 학대를 받았고 광야와 산중과 암혈과 토굴에서 유리하면서도 순교의 신앙을 가지고 살았습니다.

남은 자는 주님 안에서 끝까지 견디고 구원을 이루어야 합니다. 하나님이 택하신 여러분을 끝까지 사랑하심을 꼭 믿으십시오.

"볼지어다 내가 세상 끝날까지 너희와 항상 함께 있으리라"(마 28:20).

적그리스도의 7년 언약 2장

성경은 "그가 장차 많은 사람으로 더불어 한 이레 동안의 언약을 굳게 정하겠고"(단 9:27) 말씀하시면서 적그리스도가 전삼 년 반이 시작되는 시점에서는 자신의 정체를 숨기고 자신을 이스라엘 민족의 메시아로 나타냅니다. 그리고 세상 사람들과 더불어 한 이레인 7년 언약를 굳게 정하고 실질적인 세계 리더자로서 임무를 수행합니다.

1. 세상 어두움의 주관자들의 적그리스도 예비

예수 그리스도께서 이땅에 오실 때에 세례 요한이 주님의 초림을 예비했습니다. 말세에도 적그리스도를 예비하는 자들이 있으니 바로 이 세상 어두움의 주관자들입니다.

먼저 이 세상 어두움의 주관자들은 이스라엘을 나누려고 했습니다.

2007년도 11월에 세계 53개국의 대표가 미국의 해군사관학교가 있는 아나폴리스에서 이스라엘과 팔레스타인간 평화조약을 맺기 위해 모였습니다.

이스라엘과 팔레스타인 사이에 평화를 이루기 위해 이스라엘은 많은 양보를 해야 했습니다. 이스라엘이 시리아에게 골란고원을 돌려주고 팔레스타인에게는 예루살렘을 반으로 나누어서 서쪽은 이스라엘이 갖고 동쪽은 팔레스타인에게 주는 것으로 어느 정도 결정을 보았습니다.

예루살렘은 나눌 수 없는 땅입니다. 예루살렘은 하나님이 친히 지키시는 신성한 땅입니다. 성경은 "네 하나님 여호와께서 권고하시는 땅이라 세초부터 세말까지 네 하나님 여호와의 눈이 항상 그 위에 있느니라"(신 11:12)고 말씀하십니다.

이스라엘 땅을 나누어서 평화를 이루려는 것은 사람의 생각이요 마귀의 계책입니다. 사람의 생각은 인본주의에 젖은 사람의 생각으로만 옳을 뿐입니다.

둘째, 세계는 미국의 심판과 곡과 연합국의 멸망으로 정치적, 경제적, 군사적, 종교적 상황으로 적그리스도를 원합니다. 그리고 이스라엘은 메시아를 절실히 필요로 합니다.

셋째, 적그리스도를 돕는 나라와 조직들은 성격이나 이념, 문화, 추구하는 목표에서 이미 반성경적이고 반기독교적이 되어 있습니다.

적그리스도는 유럽 연합국, 남미 연합, 아시아 연합, 아프리카 연합 등을 리더하고 도와 줄 것입니다. 적그리스도의 놀라운 지도력과 중재력은 모든 민족들에게 찬사를 받습니다.

적그리스도는 잠시 동안 전 세계 나라들이 식량, 석유, 전기, 물 등을 재생산하게 하고 전쟁으로 황폐화된 곳곳에 물자들을 보급하여 전 세계인들의 메시아로 사랑을 받습니다.

넷째, 적그리스도는 음녀인 로마 가톨릭을 중심으로 세계의 모든 종교의 연합 운동을 주도 합니다.

2. 7년 언약의 준비

1)오슬로 협정

1993년 9월 13일 노르웨이 오슬로에서 이스라엘 라빈 총리와 팔레스타인 해방기구(PLO)의 아라파트 사이에 팔레스타인 해방기구를 합법적인 팔레스타인 정부로 인정하는 평화조약을 맺었습니다.

미국의 주선 아래 조약을 맺게 되었고 연결한 사람이 바로 미국의 빌 클린턴 대통령이었습니다. 전 세계 사람들은 클린턴 대통령이 큰 업적을 이루었다고 찬사를 보냈으며 세계는 중동의 미래가 조용하고 전쟁이 없는 중동을 보게 될 거라고 믿었습니다.

그러나 그 후로도 팔레스타인 지역은 하루도 조용한 날이 없으며 클린턴이 만든 오슬로 조약은 바로 적그리스도의 7년 평화조약의 그림자의 일부입니다.

2) 아나폴리스 회담

2007년 11월 27일, 미국 아나폴리스에서 미국 대통령 부시가 자신의 재임 중에 반드시 이스라엘과 팔레스타인의 평화를 만들고야 말겠다며 팔을 걷어 부치고 직접 중동에 다니면서 이루어낸 것이 아나폴리스 회담입니다. 아나폴리스 회담은 적그리스도가 등장해서 부시가 이루어낸 양측의 의향서에 정식 7년 기한의 평화조약에 서명만 하면

되는 문서입니다.

3. 적그리스도와 유럽 연합

성경의 예언대로 유럽 연합은 자신들의 경쟁 관계에 있었던 미국과 러시아 그리고 연합국인 아랍의 일부 나라들의 힘의 약화로 이슬람권의 간섭들에서 벗어나 당당히 세계에 정치적, 군사적, 경제적으로 리더할 것입니다. 그리고 유럽 연합이 원하든 원치 않든 적그리스도를 돕게 되고 세계를 지배하려 할 것입니다.

아마도 적그리스도가 세계 여러 나라들과 언약을 맺었기에 표면적으로는 나타내지는 않겠지만 이때에 엄청난 백인 우월주의가 판을 칠 것입니다.

유럽 연합의 국회 의사당은 벨기에 브뤼셀에 있지만 공식적인 국회 의사당은 프랑스 북부 스트라스부르크에 있습니다. 그 건물은 브류겔이라는 화가가 그린 바벨탑을 그대로 본떠서 건축했습니다.

유럽연합 의사당 건물 앞에 있는 상징적인 조각상은 짐승을 타고 있는 여자의 모습입니다. 짐승을 탄 여자를 향해서 성경은 "내가 보니 여자가 붉은 빛 짐승을 탔는데 그 짐승의 몸에 참람된 이름들이 가득하고"(계 17:3)라고 말씀하십니다.

유럽 연합의 동전은 거의 다 여자가 짐승을 탄 모습이 들어가 있습니다. 그 짐승이 바로 적그리스도이며 음녀는 로마 가톨릭입니다. 유럽 연합의 슬로건은 "많은 언어를 한 언어로"(MANY TONGUES ONE WORD)입니다.

하나님의 말씀을 어기고 사람들이 "성과 대를 쌓아 대 꼭대기를 하늘에 닿게하여 우리 이름을 내고 온 지면에 흩어짐을 면하자" 하면서 바벨탑을 쌓았을 때 하나님이 언어를 혼잡케 하셨고 온 지면에 흩으셨습니다.

이 세상 어두움의 주관자들과 유럽 연합은 바벨탑과 같은 유럽 연합을 만들어 흩어지지 말고 백인들에 의해 움직이는 세계를 만들기를 원했습니다. 그리고 유럽 연합은 세계를 움직일 수 있는 강력한 리더를 기다리고 있습니다. 바로 니므롯과 같은 하나님의 말씀에서 떠난 자 곧 적그리스도를 기다리며 준비하고 있습니다.

예수 그리스도가 없는 연합은 아무 의미가 없으며, 그곳에는 구원의 역사하심도 없습니다.

4. 적그리스도와 슈퍼 컴퓨터 짐승(BEAST)

적그리스도는 벨기에 브뤼셀에 있는 유럽 연합 본부 건물을 사용할 것입니다. 유럽 연합 본부에는 세계 최대 규모의 슈퍼 컴퓨터가 운영되고 있습니다. 그런데 놀랍게도 슈퍼 컴퓨터의 이름이 The B.E.A.S.T.(Biometric Encryption and Satellite Tracking)라고 부르는데 바로 '짐승'입니다.

요한계시록에 짐승이 등장하는데 하나님의 말씀은 진실하고 정확합니다. '짐승'이라는 유럽 연합의 컴퓨터에는 위성추적장치가 달린 '생체칩' 데이터가 모두 저장되어 있을 뿐만 아니라 세계 모든 사람들의 신상 정보가 저장되어 있습니다. 그리고 '짐승'이라 불리우는 컴퓨터는 전 세계의 모든 통신을 관장하고 있습니다.

마치 조지 오웰의 소설 『1984년』에 전 세계를 지배하는 "빅브라더"

(Big Brother)와 TV처럼 전삼 년 반에 적그리스도를 실질적으로 돕는 도구가 바로 슈퍼 컴퓨터 '짐승'입니다.

브뤼셀에 있는 유럽연합 본부 건물의 디자인은 뉴에이지 종교통합의 상징과 동일합니다. 마치 적십자사의 마크인 십자가와 이슬람의 초승달을 합친 모양입니다. 유럽 연합 본부의 건물 자체가 로마 가톨릭을 중심으로 하는 종교 통합의 상징을 하고 있습니다.

유럽 연합은 2012년 기준으로 27개국입니다. 영국, 프랑스, 독일, 이태리, 그리스, 벨기에, 룩셈부르크, 포르투칼, 스페인, 네델란드, 스웨덴, 오스트리아, 핀란드, 폴란드, 몰타, 헝가리, 슬로베니아, 아일랜드, 체코, 덴마크, 에스토니아, 리투아니아, 불가리아, 슬로바키아, 라트비아, 루마니아, 키프로스 나라들입니다.

적그리스도는 유럽 연합내에 있는 WEU(WESTERN EUROPEAN UNION)라는 하부 조직을 적절하게 운영할 겁니다. 브뤼셀 조약에 의해 탄생한 WEU는 유럽 연합의 핵심 국가들로서 영국, 프랑스, 독일, 이태리, 그리스, 벨기에, 룩셈부르크, 포르투칼, 스페인, 네델란드 10개국입니다. 이들은 옛 로마 식민지 시대의 핵심 국가들이며 실제 유럽 연합내에서 정치, 군사, 경제의 주도권을 갖고 있습니다. 유럽 연합이 형성됨으로 다니엘 2장에 말씀하신 열발가락 시대가 등장하게 되었습니다.

유럽 연합의 WEU 관련 조항 666조 12절에는 "위급 비상시에는 WEU의 대표가 모든 위기 비상 상황에 대처하여 회의를 소집하고 주재하며 필요한 모든 권한을 갖는다"라고 명시되어 있습니다. 적그리스도는 유럽 연합내의 WEU의 수장과 유럽 연합의 지도자가 됩니다.

유럽 연합은 유럽 경찰 네트워크(European Network of Police)를 만들었고 이것은 유럽 연합이 중동을 확실히 장악하기 위해 1995년에 만든 조약입니다.

　유럽 경찰 네트 워크는 이스라엘을 포함한 지중해 작은 나라들의 조약입니다. 이 조약의 핵심은 위급 상황 시 모든 정치적, 경제적 결정을 유럽 연합법에 따르도록 한다는 내용입니다.

5. 적그리스도의 이스라엘 정책

　유대인들과 팔레스타인 그리고 아랍권에 있어서 가장 큰 핵심은 바로 이스라엘 땅이고 이스라엘 가운데서도 예루살렘이며 그 가운데서도 가장 중요한 곳이 바로 성전 산입니다.

　성전산은 주후 70년 로마군에 의해 멸망당하고 파괴되어 이방인의 땅이 되었으나 이스라엘이 '6일 전쟁'을 통해서 예루살렘의 성전산을 회복했습니다. 그러나 이슬람의 황금돔이 있는 성전터 만큼은 되찾지 못했습니다.

　전삼 년 반 전에 이스라엘이 곡과 아랍 연합국과의 전쟁에서 하나님의 도우심으로 승리합니다. 그러나 적그리스도는 마치 자신이 이스라엘을 도와 승리하게 한 것처럼 이스라엘 민족을 기만하고 속일 것입니다.

　적그리스도는 아랍 군대가 비록 곡의 전쟁에서 패했으나 아랍권을 무시할 수 없기에 유화 정책과 통제를 병행하여 이스라엘과 갈등을 잠시 동안 무마시키는 방안을 제시합니다.

　적그리스도는 마침내 유대인들을 통해서 이슬람 사원을 철거시키고 약 2-3개월 만에 성경의 예언과 이스라엘 민족이 기다리고 기다리던 예루살렘 성전을 완공시킵니다.

성전이 완공됨으로 이스라엘은 적그리스도를 메시아로 받아들여 그를 숭상하고 세계 또한 아랍과 이스라엘을 화해 시킨 적그리스도를 세계의 리더자로 인정합니다.

이스라엘과 세계의 모든 나라들이 적그리스도의 정책에 반대한 남은 자인 메시아닉 쥬와 세계 기독교인들을 핍박하기 시작합니다.

본서를 읽는 분들은 분명히 깨닫기를 바랍니다. 한 이레의 7년 환난이 시작되면서 적그리스도의 그림자가 나타나 많은 사람들과 더불어 7년 평화조약을 맺을 것입니다. 이스라엘과 팔레스타인 및 아랍권과 7년 평화조약을 맺게하는 그 사람이 바로 적그리스도입니다.

3장
예루살렘 성전 건축

 하나님의 정하신 전삼 년 반의 중요한 핵심이 이스라엘과 예루살렘입니다. 성경의 예언대로 전삼 년 반 성전산에 예루살렘 성전이 세워집니다. 예루살렘 성전은 종말과 관련된 성경 예언의 말씀의 성취와 맞물려 있습니다.
 전삼 년 반에 적그리스도와 세계 여러 나라들이 사복음서와 다니엘서 그리고 요한계시록에 기록된 대로 멸망의 가증한 것을 성전에 세우기 위해 7년 언약을 맺고 이스라엘의 예루살렘에 성전을 건축합니다.
 아랍 세계는 그들에게 강력한 힘이 되어준 오일 파워와 이슬람 종교를 앞세워 예루살렘을 장악하려고 역사적으로 노력해 왔습니다. 그러나 곡과 이슬람 연합국의 패배로 말미암아 그들의 입지는 좁아지고 열 뿔인 유럽 연합이 아랍권을 압박합니다.
 그때에 적그리스도가 곡의 전쟁에 참여하지 않은 아랍 나라들과 이스라엘의 중재자가 됩니다. 아랍사람들은 처음에는 단호하게 거절합니다. 그러나 적그리스도는 많은 장애물을 극복하고 이스라엘의 염원인 성전산의 땅을 이스라엘에게 돌려줍니다.

이스라엘 민족은 이미 성전 준비를 다 마쳤기에 특별히 성전 재료을 위한 준비 기간 없이 이삭의 바위 곧 솔로몬 성전이 지어졌던 자리에 성전 건축을 시작합니다.

이스라엘은 가짜 메시아인 적그리스도와 열 뿔의 도움으로 성전 건축을 약 2-3개월만에 완공시키고 이스라엘 민족은 1900년동안 중단되었던 제사를 드립니다.

적그리스도의 능력은 사탄의 힘에서 나옵니다. 적그리스도는 세계 여러나라들의 급변하는 환경의 변화를 자신의 이기적인 목적을 달성하기 위하여 성전 재건을 허락하게 됩니다.

사탄은 처음부터 자신이 하나님을 대신해 영광과 경배받기를 원했고 또한 거짓 메시아인 적그리스도을 이용하여 후삼 년 반에는 지성소에서 자신을 하나님이라 칭합니다.

하나님의 말씀은 일점일획의 어김도 없이 정확하고 신속하게 이루어져 갑니다.

하나님은 작정하신 일은 반드시 행하십니다. 성경은 "이미 작정되었은즉 주 만군의 여호와께서 온 세계 중에 끝까지 행하시리라"(사 10:23) 말씀하십니다.

모든 성도는 주님이 약속하신 "내가 진실로 속히 오리라"고 말씀하신 것을 믿고 오직 "주 예수여, 어서 오시옵소서"라고 기도하고 말씀안에서 성령의 기름을 준비합시다.

4장 두 증인

    두 증인은 7년 환난의 전삼 년 반 시작과 함께 말씀대로 이 땅에 등장하여 예언과 이적과 기적을 나타냅니다.
    성경은 "내가 나의 두 증인에게 권세를 주리니 저희가 굵은 베옷을 입고 일천 이백 육십 일을 예언하리라 이는 이 땅의 주 앞에 섰는 두 감람 나무와 두 촛대니"(계11:3-4) 라고 말씀하시며 두 증인을 이 땅의 주 예수 그리스도 앞에 섰는 두 감람 나무와 두 촛대라고 증거하십니다.

1. 두 증인 해석

증인이란 말은 '순교'라는 뜻을 가진 '말투스'라는 그리스어에서 온 것입니다. 두 증인은 이 땅에서 주 예수 그리스도 앞에 섰는 두 감람나무와 두 촛대라고 입니다. '두 증인이 누구인가?'에 대한 해석과 견해와 의견들이 많이 있는데 그 가운데 3가지 견해를 요약합니다.

첫째, 이방인 교회와 유대인 교회 견해입니다.

이방인 교회와 유대인 교회가 두 증인이 되어 예루살렘에서 하나님의 말씀을 선포할 것을 의미합니다. 두 증인이 두 감람나무와 두 촛대라 말씀하셨는데 촛대는 교회를 의미합니다.

> "네 본 것은 내 오른손에 일곱 별의 비밀과 일곱 금 촛대라 일곱별은 일곱 교회의 사자요 일곱 촛대는 일곱 교회니라"(계 1:20).

둘째, 모세와 엘리야라는 견해입니다.

셋째, 성경의 말씀 그대로 두 사람이라는 견해입니다.

두 증인은 어떤 사람들입니까? 두 증인은 아마도 엘리야와 같이 하나님께 직접 사명을 받은 사역자들입니다.

하나님의 말씀대로 엘리야는 혼자서 이스라엘 민족에게 말씀을 선포하였고 갈멜산에서 이방 제사장들과 대결할 때도 사람들을 의지하지 않고 오직 하나님께 간구드려 응답 받았습니다. 그리고 방황하고 영적으로 병든 이스라엘 민족에게 여호와만이 전능하신 하나님이심을 선포 했습니다.

두 증인은 하나님이 숨겨 놓으신 영적 지도자들입니다. 이스라엘의 영적 지도자였던 모세는 유대인이면서도 하나님의 도움으로 40년을 애굽 궁전에서 왕자로 자라났고 또한 40년은 광야에서 숨김을 받으며 영적 훈련을 받았습니다.

80년 동안 하나님의 사람이라는 사실을 숨김을 받은 모세가 하나님의 말씀을 애굽에 선포할 때에 물들이 피가 되는 증거들이 나타나며 각종 이적과 기적을 베풀어 애굽 백성들에게 여호와 하나님의 권능을 나타내었습니다. 그리고 이스라엘 민족에게 오직 여호와만이 하나님이시요 하나님 만이 이스라엘을 구원할 자이심을 말씀했습니다. 두 증인은 세례 요한과 같이 주님의 재림을 예비하고 알리는 자들입니다.

주님과 제자들이 세례 요한에 대해서 대화 할 때 제자들이 주님께 '서기관들이 엘리야가 먼저 와야 하리라 하나이까?' 질문했습니다. 예수님이 엘리야가 과연 먼저 와서 모든 일을 회복하리라 말씀하시면서 서기관이 언급한 엘리야가 바로 세례 요한임을 알려주셨습니다.

세례 요한은 주님보다 6개월 먼저 세상에 보냄을 받았습니다. 세례 요한이 사역자의 길을 걸으며 회개와 천국에 대한 말씀을 선포했듯이 두 증인 역시 7년 환난 동안 회개 할 것과 잠시 후면 주님이 구름을 타시고 천군천사들과 함께 이 땅에 임하실 것을 선포할 것입니다.

2. 두 증인 활동 기간

성경은 "내가 나의 두 증인에게 권세를 주리니 저희가 굵은 베옷을 입고 일천 이백 육십 일을 예언하리라"(계 11:3)고 말씀하십니다.

두 증인의 활동기간이 1,260일입니다. 1,260일이면 약 3년 6개월입니다. 두 증인은 전삼 년 반 동안 하나님이 주신 미션을 수행하고 하나님의 말씀을 선포할 것입니다.

3. 두 증인의 사역

> "만일 누구든지 저희를 해하고자 한즉 저희 입에서 불이 나서 그 원수를 소멸할찌니 누구든지 해하려하면 반드시 이와 같이 죽임을 당하리라" (계 11:5).

 말씀하시면서 두 증인이 하나님께 권세를 받아 굵은 베옷을 입고 일천 이백 육십 일을 예언하고 두 증인의 입에서 불이 나서 그 원수를 소멸하고 두 증인을 해하려하는 자들은 반드시 죽임을 당한다고 하십니다.
 두 증인의 사역 가운데 하나가 하나님의 권세를 받아 하늘을 닫고, 두 증인이 예언을 하는 동안 비가 오지 못하게 합니다(계 11:6).
 성경은 두 증인이 모세와 같이 하나님이 주신 권세를 가지고 물이 변하여 피가 되게하고 아무 때든지 원하는 대로 여러 가지 재앙으로 땅을 쳤습니다(계 11:6). 그리고 두 증인이 하나님의 말씀에서 떠난 땅에 거하는 자들을 괴롭게 합니다(계 11:10).

4. 두 증인의 최후

 두 증인이 땅에 거하는 자들을 괴롭게 하고 땅에 여러 재앙을 내리며 물이 변하여 피가 되게 하는 등 각종 기적과 이적을 나타내고 예언하는 기간 동안 비가 오지 않게 합니다. 그러나 하나님이 정하신 전삼년 반 끝에 두 증인은 무저갱으로부터 올라온 짐승과 싸워 죽임을 당합니다.

성경은 "저희가 그 증거를 마칠 때에 무저갱으로부터 올라오는 짐승이 저희로 더불어 전쟁을 일으켜 저희를 이기고 저희를 죽일 터인즉"(계 11:7)이라고 말씀하시며 사탄과 적그리스도가 두 증인을 죽일 것입니다.

두 증인이 사탄과 적그리스도에게 죽음을 당하는 순교의 장소가 영적으로는 소돔이며 애굽이고 곧 저희 주께서 십자가에 못 박히신 곳인 예루살렘입니다.

성경은 "저희 시체가 큰 성 길에 있으리니 그 성은 영적으로 하면 소돔이라고도 하고 애굽이라고도 하니 곧 저희 주께서 십자가에 못 박히신 곳이니라"(계 11:8) 말씀하십니다.

성경이 영적으로 큰 성을 소돔이라 말씀하신 것은 소돔의 뜻이 남색자, 동성연애자, 미동이라는 의미를 가지고 있기 때문입니다. 또한 롯이 살았던 소돔은 무법한 곳, 나그네를 압제하던 곳, 가난한자를 굶겨 죽도록 만든 곳, 윤간이 성행한 곳, 동성애를 즐기던 곳, 우상숭배하던 곳, 선을 행하는 자들을 출교시킨 곳, 하나님을 무시하던 곳이었습니다.

두 증인의 순교의 장소가 소돔과 같은 것은 7년 환난 때의 세상이 소돔 같이 타락 할 것을 말씀하고 있는 것입니다.

창세기에 나타난 애굽은 과학 문명이 매우 발달되었고 군사적으로 세계를 호령하던 나라였습니다. 또한 나일강을 통하여 비옥한 땅들을 가짐으로 아브라함, 이삭, 야곱 등 믿음의 조상들과 이스라엘 민족들 그리고 주변 국가들까지 흉년이 들면 피난가는 곳이었으며, 풍요를 추구하는 사람들에게는 꿈의 땅 미국과 같은 곳이었습니다.

애굽이 풍요로운 곳이지만 이런 풍요를 유지하기 위하여서는 잔인하고 무자비해야 했으며 이방인들 특히 하나님과 함께 머물고 있는 이스라엘 민족들에게 종교적으로, 정치적으로 통제를 가했고 박해를 했습니다.

두 증인이 순교를 당하는 곳이 애굽이라는 것은 이방신이 지배하는 곳이고 사람들이 세상에 소망을 두는 곳이며 종교적 혼합주의가 팽배한 곳임을 의미합니다.

주께서 십자가에 못 박히신 곳은 바로 예루살렘입니다.

> "저희 시체가 큰 성 길에 있으리니 그 성은 영적으로 하면 소돔이라고도 하고 애굽이라고도 하니 곧 저희 주께서 십자가에 못 박히신 곳이니라" (계 11:8).

한 이레에 예루살렘은 적그리스도의 권세가 종교 혼합주의자들과 서로 손잡고 종교적, 영적으로 지배하는 곳입니다. 2,000년 전 하나님의 독생자 예수 그리스도를 십자가에 달리시게 한 예루살렘은 당시 종교 지도자였던 대제사장, 서기관, 바리세인들이 하나님 말씀에서 떠나 영적인 타락이 극에 달하였기에 진리이신 예수님을 거부했습니다. 그리고 정치 지도자인 빌라도와 헤롯이 서로 타협하여 만왕의 왕이신 예수님을 죽였습니다.

두 증인이 무저갱에서 올라온 짐승에게 죽임을 당하자 백성들과 족속과 방언과 나라의 사람들이 두 증인의 시체를 사흘 반 동안 목도하며 무덤에 장사하지 못하게 합니다(계 11:9).

두 증인의 시체 앞에서 세상 사람들은 자신들을 괴롭게 한 두 증인의 죽음을 즐거워하고 기뻐하여 서로 예물을 보냅니다(계 11:10).

5. 두 증인의 부활

하나님이 두 증인이 무저갱으로부터 올라온 짐승에게 죽임을 당한 지 삼일 반 후에 생기가 저희 속에 들어가게 하십니다.

두 증인에게 하나님의 생기가 들어가자 발로 일어서고 구경하는 자들과 TV나 인터넷 그리고 휴대폰 등으로 이 장면을 지켜보던 땅에 거하는 자들이 크게 두려워합니다(계 11:11).

두 증인이 순교 당하므로 그들의 시체가 무덤에 들어가지 못하고 길거리에 버려져 사람들에게 조롱거리와 웃음거리가 되었습니다. 그러나 하나님은 하나님의 종들을 버리지 않으시고 생기를 부어 살리셨습니다. 그리고 하나님이 큰 음성으로 "이리로 올라오라" 하시매 두 증인이 하나님의 음성을 저희가 듣고 구름을 타고 하늘로 올라갑니다(계 11:12).

두 증인이 부활하여 구름을 타고 하늘로 올라간 사건이 얼마나 놀랍고 통쾌한 사건입니까. 예수님이 죽으시고 삼일 만에 살아나셔서 부활하신 것과 같이 두 증인 또한 하나님이 살리셨으니 삶과 죽음의 주관자는 오직 전능하신 하나님 한분이심을 남은 자들이 세상에 널리 선포해야 합니다.

두 증인이 구름을 타고 하늘로 올라가는 모습을 원수들인 적그리스도와 거짓 선지자들과 세상의 어두움의 주관자들이 구경하고 어찌할 바를 몰라 바라만 봅니다(계 11:12).

또한 세상에는 큰 징조가 일어나서 두 증인이 하늘로 올라갈 때 큰 지진으로 성 십분의 일이 무너지고 지진에 죽은 사람이 칠천명이 발생합니다(계 11:13).

성경은 전삼 년 반에 남은 자들이 겪게 될 일들에 대해 "그 남은 자들이 두려워하여 영광을 하늘의 하나님께 돌리더라"(계 11:13)고 말씀하십니다. 피난처에 들어갈 자들과 유리할 자들 그리고 순교할 사람들이 두 증인의 부활과 하늘로 올라가는 장면을 보고 하나님께 영광을 돌립니다.

남은 자의 작은 환난 5장

성경은 전삼 년 반에 남은 자들이 겪게 될 일에 대해 말씀하십니다.

"이 모든 일 전에 내 이름을 인하여 너희에게 손을 대어 핍박하며 회당과 옥에 넘겨주며 임금들과 관장들 앞에 끌어 가려니와 이 일이 도리어 너희에게 증거가 되리라 그러므로 너희는 변명할 것을 미리 연구치 않기로 결심하라 내가 너희의 모든 대적이 능히 대항하거나 변박할 수 없는 구재와 지혜를 너희에게 주리라 심지어 부모와 형제와 친척과 벗이 너희를 넘겨주어 너희 중에 몇을 죽이게 하겠고 또 너희가 내 이름을 인하여 모든 사람에게 미움을 받을 것이나 너희 머리털 하나도 상치 아니하리라 너희의 인내로 너희 영혼을 얻으리라"(눅 21:10-19).

남은 자들에게 작은 환난이 일어나고 하나님이 보호하심과 지켜주심이 일어납니다.

1. 전삼 년 반 남은 자의 환난 배경

남은 자가 먼저 깨달아야 할 것은 전삼 년 반 환난이 시작되면서 민족이 민족을, 나라가 나라를 대적하여 일어나겠고 처처에 큰 지진과 기근과 온역이 있겠으며 또 무서운 일과 하늘로서 큰 징조들이 있을 것인데 "이 모든 일 전에 내 이름을 인하여 너희에게 손을 대어 핍박하며"(눅 21:12)라고 말씀하시면서 남은 자들에 대한 핍박을 언급하십니다.

세상 사람들은 기근, 지진, 온역, 가뭄 등이 닥칠 때 그 고통과 어려움의 원인을 누군가에게 뒤집어 씌워 분풀이를 해서 위안을 받으려는 심리를 가지고 있습니다.

이러한 사람들의 악한 심리를 적그리스도가 이용합니다. 미국의 멸망과 함께 엄청난 경제적인 타격과 휴거가 일어남으로 영적인 공허함과 미래에 대한 불안함등으로 사람들의 마음속에 사랑이 점점 사라집니다. 적그리스도와 어두움의 주관자들은 자신들의 원하는 세상을 만들기를 원합니다. 그러나 그들에게 걸림돌이 있으니 바로 종교 통합을 반대하고 적그리스도를 반대하는 남은 자들입니다.

남은 자들은 이러한 이유로 미움과 핍박을 받고 적그리스도와 열뿔은 세상과 타협하지 않는 남은 자들을 협박하고 그들의 말을 듣지 않으면 죽일 것입니다.

예수님이 서머나 교회에게 "네가 장차 받을 고난을 두려워 말라 볼찌어다 마귀가 장차 너희 가운데서 몇 사람을 옥에 던져 시험을 받게 하리니 너희가 십 일 동안 환난을 받으리라 네가 죽도록 충성하라 그리하면 내가 생명의 면류관을 네게 주리라 귀 있는 자는 성령이 교회들에게 하시는 말씀을 들을찌어다 이기는 자는 둘째 사망의 해를 받지 아니하리라"(계 2:10-11)고 말씀하신 것처럼 남은 자들은 고난을 두려워 말고 죽도록 충성하기를 원하십니다.

2. 전삼 년 반 남은 자의 환난 모습

남은 자들은 예수 그리스도를 믿는다는 이유르 모든 민족들에게 미움을 받습니다.

"너희가 내 이름을 위하여 모든 민족에게 미움을 받으리라"(마 24:9).

그리고 사람들이 환난에 넘겨줍니다.

"사람들이 너희를 환난에 넘겨주겠으며"(마 24:9).

심지어 부모와 형제와 친척과 친구도 남은 자를 핍박하고 넘겨주는 일을 합니다.

"심지어 부모와 형제와 친척과 벗이 너희를 넘겨주어"(눅 21:16).

핍박자들이 남은 자들을 폭행합니다.

"손을 대어 핍박하며"(눅 21:12).

일반 유대인들이 크리스천 유대인들을 회당과 옥에 넘겨 줍니다

"회당과 옥에 넘겨주며"(눅 21:12).

남은 자들이 각 나라의 대통령들과 관장들 앞에 끌려갑니다. 세계 모든 나라들의 모든 관심사는 적그리스도의 짐승 정권과 남은 크리스천들에게 쏠리게 됩니다.

　"임금들과 관장들 앞에 끌어 가려니와"(눅 21:12).

　남은 자들 가운데 적은 숫자의 순교자들이 생겨나게 될 것입니다.

　"너희를 죽이리니"(마 24:9).
　"너희 중에 몇을 죽이게 하겠고"(눅 21:16).

3. 전삼 년 반 주님이 기뻐하시는 남은 자의 자세

　남은 자들은 법정과 많은 사람들이 모여있는 광장에 서게 될 것이고 때로는 대통령 앞에 설 때도 있을 것입니다. 성경은 "너희는 변명할 것을 미리 연구치 않기로 결심하라"(눅 21:14)고 말씀하시며 남은 자가 변명하지 말라고 하십니다.
　남은 자들은 주님이 십자가를 지시기전 받으셨던 수치와 핍박 그리고 멸시와 천대를 생각하시면서 받을 고난을 두려워 말아야 합니다. 주님도 "네가 장차 받을 고난을 두려워 말라"(계 2:10) 하셨습니다. 또한 주님은 남은 자들이 끝까지 충성하기를 원하셔서 "네가 죽도록 충성하라"(계 2:10) 하십니다.
　그리고 주님은 남은 자가 끝까지 견디는 자가 되어 구원을 얻으라고 권고하십니다(마 24:13).

4. 전삼 년 반 남은 자에게 주시는 축복

남은 자들에게 하나님이 세상 왕들이나 판사나 어느 누구도 변박할 수 없는 말과 구재와 지혜를 주십니다(눅 21:15). 남은 자들이 회당이나 광장에서 담대히 하나님의 말씀을 대언 할 때에 머리털 하나도 상치 않게 하십니다(눅 21:18).

남은 자들은 환난의 때에 인내함으로 영혼을 얻게 하십니다(눅 21:19). 남은 자들에게 주님이 생명의 면류관을 주십니다(계 2:11). 남은 자된 형제, 자매님! 조금만 인내하십시오. 주님이 곧 오십니다.

LAST TIME

6장 창조물 징조

성경은 하나님이 전삼 년 반에 사람들을 심판하시는 말씀을 기록하고 있습니다.

"또 이르시되 민족이 민족을 나라가 나라를 대적하여 일어나겠고 처처에 큰 지진과 기근과 온역이 있겠고 또 무서운 일과 하늘로서 큰 징조들이 있으리라"(눅 21:10-11).

바로 전쟁, 지진, 기근, 온역, 무서운 일과 하늘의 큰 징조들 입니다.

1. 전쟁

성경은 전삼 년 반이 되면 세계 모든 나라들, 민족들이 대적하여 일어나서 전쟁 할 것임을 말씀하십니다. 나라와 나라, 민족과 민족이 전쟁을 하는 것은 바로 하나님이 주신 사랑이 사람들의 죄악으로 점점 식어졌기 때문입니다. 세상에 하나님의 사랑이 식어지면 그 순간부터 죄악이 관영한 세계가 됩니다.

요한계시록에 "둘째 인을 떼실 때에 내가 들으니 둘째 생물이 말하되 오라 하더니 이에 붉은 다른 말이 나오더라 그 탄 자가 허락을 받아 땅에서 화평을 제하여 버리며 서로 죽이게 하고 또 큰 칼을 받았더라"(계 6:3-4) 말씀하십니다.

이러한 전쟁의 배경에서 적그리스도가 나타나 이스라엘 민족에게는 메시아로 세계 나라들에게는 세계의 리더자로 등장합니다.

2. 큰 지진

2011년 3월 11일, 일본에서 발생한 진도 9.1의 지진으로 인해 쓰나미와 원전 사고가 일어났습니다. 그 결과 많은 인명 피해와 경제적인 손실이 발생 했습니다.

전삼 년 반에 일어날 지진은 현재보다 폭발적으로 많고 진도도 강해져서 진도 9.5나 10 이상으로 올라갈 것이며 사람들이 패닉 상태에 빠질 것입니다.

전 세계에서 리히터 규모 6.0 이상인 지진이 1950년대 9회에서 1960년대 13회, 1970년대 51회, 1980년대 86회 그리고 1990년대에는 100회 이상으로 증가 했습니다.

1) 20세기 지진:

1906: 샌프란시스코, 진도 7.7 & 8.3
1908: 메씨나 6만 명 사망.

1920: 칸쑤-중국 20만 명 사망.

1923: 관동-일본 14만 명 사망

1935: 발로치스탄-파키스탄 진도 7.7

1948: 아쉬가밧-소련 진도 7.3

1960: 칠레 대지진, 관측기록상 가장 최고 지진 진도 9.5, 9.6 태평양 쓰나미 동반,

1960: 아가디르-모로코 15,000명 사망

1964: 굳프라이데이-알라스카 진도 9.2

1966: 타쉬켄트- 우즈벡 수십만 사망 추정

1970: 앵커쉬-페루 4만 명 사망.

1972: 마나구아-니카라구아 도시 90% 파괴,

1976: 탕산-중국 진도 7.8. 공식발표 255,000명 사망. 실제론 2-3배 사망 추정.

1976: 과테말라 진도 7.5, 23,000명 사망

1985: 멕시코 대지진 진도 8.1, 3만 명 사망

1988: 아르메니아 25,000명 사망. 진도 7.2

1990: 이란 진도 7.7 35,000명 사망.

1995: 사할린 진도 7.6 2,000명 사망

1998: 아프가니스탄 진도 6.9

1999: 이즈밋-터키 진도 7.5, 4만 명 사망. 백만 가구 집손실.

 또한 21세기 들어 지진의 강도가 엄청나게 세졌고 지진의 횟수가 더욱 늘어나고 있으며 전삼 년 반에는 이보다 더 큰 규모(10도 이상)의 지진이 일어날 것입니다.

2) 21세기 지진

2001: 구자랏-인도 진도 7.9, 2만 명 사망.

2003: 밤-이란 진도 6.9 4만 명 사망.

2004: 수마트라-안다만-인도네시아 진도 9.1 & 9.3 23만 명 사망

2005: 카쉬미르-파키스탄 일명 파키스탄 대지진 진도 7.6, 79,000 이상 사망 추정.

2008: 쳉두-쓰촨-중국 대지진, 65-80,000 이상 사망 추정.

2010: 아이티, 5십만 이상 사망 추정.

2011: 일본 대지진 진도 9.1과 쓰나미

3. 기근

성경은 전 삼 년 반에 닥칠 기근에 대해서 다음과 같이 기록하고 있습니다.

"처처에 큰 지진과 기근과 온역이 있겠고 또 무서운 일과 하늘로서 큰 징조들이 있으리라"(눅 21:11).

20세기 말에 세계 여러 나라에서 하루에 수만 명씩 먹을 것이 없어서 굶어 죽어 갔습니다. 성경에 기록된 말씀처럼 21세기에도 지속적으로 기상 이변들이 일어나고 있고 홍수와 가뭄등 온갖 재난들이 일어나고 있습니다.

전 세계의 3분의 2에 해당하는 국가들이 가뭄으로 농작물 생산량의 감소라는 현상에 처해 있습니다. 중국 북부는 지난 50년간 기록된 최

악의 가뭄에 시달리고 있고 호주의 가뭄은 호주 농작물 재배지역의 41%가 최악의 가뭄에 의해 농작물 생산에 큰 타격을 입었습니다.

아르헨티나의 땅과 바다는 최고의 환경을 가졌었습니다. 그러나 하나님의 말씀에서 떠나 게이를 받아들이고 인정하는 법을 만들어 통과시키므로 강과 호수와 땅이 저주를 받았습니다. 그러므로 강물은 말라버리고 호수는 바닥을 드러내고, 최악의 가뭄으로 한 때 비옥했던 아르헨티나의 농토들이 점점 건조한 먼지 덩어리로 변해갔습니다.

최악의 가뭄을 맞은 아프리카 동북부 나라인 에디오피아, 우간다, 소말리아, 케냐의 상황이 갈수록 심각해지고 있으며 거기에다가 몇 년 동안 거의 비가 내리지 않았고, 우기조차도 비가 내리지 않는 이상 현상이 계속되어 가뭄이 심각해졌습니다.

가뭄으로 인해 1,000만 명의 사람들이 굶주리고 수만 명의 사람들이 식수와 식료품을 구하기 위해 고국을 떠났습니다.

성경은 전삼 년 반 때에 가뭄과 흉년으로 물가가 엄청나게 오를 것을 예언하고 계십니다. 요한계시록에 "셋째 인을 떼실 때에 내가 들으니 셋째 생물이 말하되 오라 하기로 내가 보니 검은 말이 나오는데 그 탄 자가 손에 저울을 가졌더라 내가 네 생물 사이로서 나는 듯하는 음성을 들으니 가로되 한 데나리온에 밀 한 되요 한 데나리온에 보리 석 되로다 또 감람유와 포도주는 해치 말라 하더라"(계 6:5-6)고 말씀하시며 한 데나리온에 밀 한 되요 보리 석되라 하셨습니다.

이것은 전삼 년 반의 물건 값이 정상적인 가격의 16배에서 18배로 상승함을 의미합니다. 전 세계는 기근으로 인해 물 부족과 곡물 부족 사태가 일어나고 그로 인해 대형 산불이 일어납니다.

하나님은 에스겔을 통해 "내가 멸망케 하는 기근의 독한 살로 너희를 멸하러 보내되 기근을 더하여 너희의 의로 하는 양식을 끊을 것이라"(겔5:16)고 말씀합니다.

이 말씀은 이스라엘과 모든 나라가 하나님을 떠나 우상을 숭배하는 악한 반역의 죄를 짓게 되기 때문에 일어나는 것입니다. 세상 언론들도 하나같이 말하기를 "진짜 위기는 금융위기나 기후변화가 아니라 식량위기다"라고 말하고 있습니다.

전삼 년 반의 기간이 되면 많은 사람들이 크고 작은 환난 가운데 엄청난 스트레스를 받게 되고 매우 심각한 식량난에 처하여 어려움을 겪게 될 것입니다.

곡물가격 폭등에 항의하여 폭동이 빈번하게 발생하고 대통령의 사임을 요구하는 폭동이 일어나는 등 전 세계적으로 식량난으로 인한 폭동과 시위가 확산 됩니다.

적그리스도는 식량등의 문제 해답을 가지고 있는 것 같지만 실제로는 아무것도 줄 수 없는 존재입니다. 오히려 적그리스도는 그때를 이용하여 물건의 가격과 유통을 강력하게 통제하고 세계 모든 사람들을 자신의 발 아래 두려 할 것입니다.

4. 온역

한국에서 2011년 구제역으로 인해 소와 돼지 200만 마리를 죽여서 묻어버렸으며, 약이 없어서 생매장하는 사태가 벌어졌습니다. 특히 조류 독감까지 번지게 되면서 더욱 긴장케 하는 상황이 생겼으며, 거기에다가 여름 장마 시즌이 되면서 생매장 된 돼지의 오물이 흘러 넘쳐 지하수가 오염이 되어 또 한번 위험한 상황이 전개되었습니다.

세계적으로 공포의 전염병으로 알려진 "신종플루"가 등장했는데 스페인 독감과 같은 전염병으로 판명되었습니다. 아마 신종플루가 변이를 일으키게 되면 더욱 심각한 상황이 벌어지게 될 것입니다.

2011년 쓰나미로 인해 일본 전역이 각종 전염병과 질병등으로 신음했습니다. 지진피해를 당한 아이티는 콜레라로 수많은 사망자와 전염자로 고통을 당했습니다.

요한계시록의 말씀에 전삼 년 반에는 더욱더 강한 온역이 올 것을 예언하고 있습니다. 구제역의 확산을 막지 못해 수많은 가축을 도축하거나 생매장했던 것처럼 인간에게도 비극의 전염병이 도래하게 될 것입니다.

마지막의 때를 아는 성도는 몸의 건강을 위해서도 기도하고 경건의 삶을 살 수 있도록 기도드려야 합니다. 그것은 우리의 몸이 바로 성전이기 때문입니다(고전 3:16).

5. 무서운 일

무서운 일에 대해서는 성경학자들도 뚜렷이 무엇이라 정의를 내리지 못하고 있습니다. 추측하기로는 아마 하나님이 내리시는 엄청난 능력일 것입니다. 여기서는 하나님이 일으키시는 엄청난 능력의 역사 외에 일어날 만한 사건인 테러를 잠시 다루고자 합니다.

테러(Terror)는 정치, 종교, 사상적 목적을 위해 민간인한테까지 무차별로 폭력을 행사를 하는 테러리즘과 정보통신망에서 무차별적으로 공격하는 사이버테러리즘의 두 종류가 있습니다.

중동 지역, 서유럽, 동남아시아에서 크고 작은 테러들이 계속해서 발생하고 전삼 년 반에는 더욱 더 많은 테러들이 일어날 것입니다.

9.11 테러(물론 조작된 테러) 이후 미국을 비롯한 주요 선진국들의 항공검색이 강화되자 테러리스트들이 공항 보안검색대를 무사히 통과하기 위해 체내에 폭탄을 숨겨 테러를 기도하려고 합니다. 뱃속의 폭탄은 소위 알몸투시기라고 불리는 전신검색기도 찾아낼 수 없다고 합니다.

실제로 지난 2009년 사우디 정보 당국의 수장인 빈나예프 왕자를 노린 자살폭탄 테러 당시 테러리스트가 대장 안에 폭탄을 숨겼던 것으로 알려졌습니다.

6. 하늘로서 큰 징조들

창세기 19장에 "여호와께서 하늘 곧 여호와에게로서 유황과 불을 비같이 소돔과 고모라에 내리사 그 성들과 온 들과 성에 거하는 모든 백성과 땅에 난 것을 다 엎어 멸하셨더라"(창 19:24-25)고 말씀하시며 하나님의 심판으로 소돔과 고모라 성에 유황과 불이 비같이 내려왔다고 했습니다.

예수님이도 전삼 년 반에 일어날 일들 가운데 하늘로서 큰 징조에 대하여 말씀하셨습니다. 그것이 아마 지구의 자기장이 많이 사라지는 현상이 아닐까 생각합니다.

성경은 자기장이 사라짐을 두 가지로 표현되고 있습니다.

"그 날에는 하늘이 큰 소리로 떠나가고"(벧후 3:10).

"하늘은 종이 축이 말리는 것같이 떠나가고"(계 6:14).

자기장은 지구의 대기(공기)를 가두어 두는 일을 하고 태양에서 나오는 방사선들을 비켜가게 하는 일을 합니다. 이때에 태양풍이나 외부 영향으로 자기장이 깨지면 지구의 대기가 점차적으로 사라지며 태양에서 오는 방사선들이 지구에 직접 다가올 것입니다.

미국의 우주선들이 지구로 귀환할 때 대기권 진입시 엄청난 열에 의하여 고전합니다. 인도네시아 바다 상공 10km위에서 공중 폭발한 운석이 뉴스에 보도된 적이 있는데 지름은 10m 였습니다. 만일 이것이 땅에 떨어졌다면 히로시마 원폭의 3-4가 되는 파괴력이라 과학자들은 말합니다. 다행히 공기가 많아서 운석이 공중에서 폭발했지만 만약 대기권이 더 얇어진다면 불이 붙은 상태로 땅에 떨어질 것이라 전망했습니다.

성경은 "둘째 천사가 나팔을 부니 불붙는 큰 산과 같은 것이 바다에 던지우매 바다의 삼분의 일이 피가 되고"(계 8:8) 말씀하십니다.

전삼 년 반에는 지름 20m, 50m, 100m짜리 운석이 떨어질 수 있고 대기권이 많이 사라진 상태에서 지구 상공에서 공중 폭발하지 않고 불붙은 채로 땅에 떨어져 버릴 것입니다. 그로 인한 영향력은 원자폭탄 30-40배의 파괴력이 될 것입니다. 운석이 하늘에서 내려올 때에 불이 붙어서 엄청난 파괴력으로 나타날 것입니다

성경은 7년 환난의 때를 알곡과 쭉정이로 분리되는 시기라고 말씀하고 있습니다. 환난의 나팔이 불기 시작하면 이미 준비되어 있는 남은 자들은 환난을 이겨내고 견딜 수 있지만 그렇지 못한 사람들은 그 환난을 이겨낼 능력이 없어 타협하고 더 깊은 침륜에 빠질 것입니다.

각 개인이건 민족이건 국가건 간에 이 세상에 살고 있는 사람들이 가장 두려워하는 것은 전쟁과 기근과 질병, 테러, 하늘의 징조들입니다. 이러한 징조들은 목숨과 관계있기 때문입니다.

남은 자는 하나님이 "여호와께서 이같이 말씀하시되 열방의 길을 배우지 말라 열방인은 하늘의 징조를 두려워하거니와 너희는 그것을 두려워 말라"(렘 10:2)고 말씀하신 것을 마음에 새기고 예수 그리스도를 믿는 자는 천국이요 그러나 예수 그리스도를 믿지 않는 자는 영원한 지옥으로 가는 불심판이 있음을 기억하십시오.

그러나 이땅에 소망을 두는 사람들은 당장 눈에 보이는 굶주림과 전쟁, 질병, 테러, 하늘의 징조들은 두려워하면서도 영원한 지옥의 형벌을 내리시는 하나님을 두려워하지 않습니다(렘 10:10).

남은 자들은 하나님을 두려워하며 그분의 말씀에 순종해야 할 것입니다. 사람들은 환난의 때를 준비할 기회를 갖지 못할 수도 있습니다. 하나님은 세상에 여러 징조를 보여주시면서 돌아오기를 원하십니다.

성도는 징조를 보고 준비해야 합니다. 깨달아야 합니다. 성경에서 말씀하시는 징조들을 보여 주실 때에 깨어 기도하며 준비하는 자가 되어서 환난에서 이기고 꼭 주님을 만날 수 있기를 간절히 소망합니다.

7장 적그리스도의 죽음과 하늘 전쟁

1. 적그리스도의 죽음과 살아남

요한계시록의 전삼 년 반 말에 중요한 사건이 일어납니다.

"그의 머리 하나가 상하여 죽게된 것 같더니 그 죽기 되었던 상처가 나으매 온 땅이 이상히 여겨 짐승을 따르고"(계 13:3).

바로 적그리스도의 죽음과 살아나는 것입니다. 적그리스도는 유대인들에게는 성전산을 회복시켜 성전을 건축하도록 중재한 메시아로 인정받게 되고 세계 모든 나라들에게는 세계 지도자로 군림합니다. 그러나 세계 지도자로 굴림하는 적그리스도에게도 골치거리가 있으니 바로 예루살렘에서 하나님의 말씀을 대언하는 두 증인입니다.

적그리스도와 짐승 정권 그리고 하나님을 떠난 세상 사람들은 그들의 공공의 적이 된 두 증인을 죽이고 싶어하지만 두 증인의 사명은 성경말씀대로 전삼 년 반 동안 하나님의 말씀을 대언하는 것이므로 매우 괴로워합니다.

마치 아합왕과 이세벨 그리고 이방 제사장들이 그들의 공동의 적인 엘리야를 죽이고 싶었지만 하나님의 보호하심으로 죽일 수 없었던 것처럼 적그리스도도 남은 자들을 죽이지 못해 광분합니다.

어떤 지도자나 정권이든 적이 있게 마련입니다. 적그리스도의 정책과 그가 메시아가 아니라 적그리스도임을 깨달은 일부 사람들과 단체들이 적그리스도를 죽이려고 조직되어 호시탐탐 기회를 노리게 되고 전삼 년 반 말미에 적그리스도를 공격합니다.

적그리스도가 공격 받아 열 뿔인 유럽 연합과 세계 모든 유명한 의사들이 동원되어 치료하지만 적그리스도는 죽음을 맞이하고 그를 추종하던 열국 사람들(유럽 연합국)은 놀라고 비통해 합니다. 예수 그리스도를 영접지 않은 유대인들과 하나님의 말씀에서 떠난 세상 모든 사람들은 슬픔에 빠질 것입니다.

성경은 적그리스도가 '칼'에 상하였다고 말씀하시는데 구약성경에 '칼'로 나타나는 말씀들은 21세기의 상황에서 해석하면 총 또는 엄청난 폭발력을 가진 폭탄 아니면 미사일 공격으로 설명이 가능한데 아마도 총으로 저격당하는 것이 아닐까 싶습니다.

적그리스도는 예수 그리스도의 죽으심과 부활을 닮고 싶어합니다.

성경의 말씀대로 적그리스도는 칼에 상하게 되는데 저격을 받아 죽을 가능성이 제일 큽니다.

성경은 하늘에 전쟁이 일어난다고 말씀하고 있습니다.

> "하늘에 전쟁이 있으니 미가엘과 그의 사자들이 용으로 더불어 싸울째 용과 그의 사자들도 싸우나 이기지 못하여 다시 하늘에서 저희의 있을 곳을 얻지 못한지라 큰 용이 내어쫓기니 옛 뱀 곧 마귀라고도 하고 사단이라고도 하는 온 천하를 꾀는 자라 땅으로 내어쫓기니 그의 사자들도 저와 함께 내어 쫓기니라"(계 12:7-9).

하나님의 천사장 미가엘과 천사들이 용인 사탄과 귀신들로 더불어 싸우고 이 전쟁에서 패배한 사탄 루시퍼는 땅으로 쫓겨납니다. 성경의 말씀대로 하늘에서 저희의 있을 곳을 얻지 못한 사탄은 크게 분노하고 소리치며 적그리스도의 사망한 몸으로 들어갈 것입니다. 그리하여 적그리스도는 사탄의 능력으로 부활하게 됩니다. 마치 예수 그리스도를 하나님이 부활 시키심과 같이 적그리스도도 사탄의 힘을 입어 살아납니다.

적그리스도의 머리 상처가 완전히 낫게 되어서 어두움의 주관자들과 전 세계인들이 기뻐하고 미친듯이 열광하면서 적그리스도의 우상을 만들어 절하게 할 것입니다.

성경은 "짐승 앞에서 받은바 이적을 행함으로 땅에 거하는 자들을 미혹하며 땅에 거하는 자들에게 이르기를 칼에 상하였다가 살아난 짐승을 위하여 우상을 만들라 하더라"(계 13:14)고 말씀하고 계십니다.

남은 자들은 성경대로 이런 일들이 있어난 후 잠시 후에 후삼 년 반이 시작되고 예루살렘성이 적그리스도의 짐승 군대에 의해서 공격을 받아 파괴되고 예루살렘 성전안 지성소에 가증한 미운 물건이 세워지며 적그리스도가 자신이 하나님이라 선포하는 것을 보고 듣게 됩니다.

"이런 일이 되기를 시작하거든 일어나 머리를 들라 너희 구속이 가까왔느니라 하시더라"(눅 21:28).

예루살렘 성전에 미운 물건이 설 때에 남은 자들이 행해야 할 일이 있습니다.

"그러므로 너희가 선지자 다니엘의 말한바 멸망의 가증한 것이 거룩한 곳에 선 것을 보거든 (읽는 자는 깨달을진저) 그 때에 유대에 있는 자들은 산으로 도망할찌어다 지붕 위에 있는 자는 집안에 있는 물건을 가지러 내려 가지 말며 밭에 있는 자는 겉옷을 가지러 뒤로 돌이키지 말찌어다" (마 24:15-18).

남은 자들은 산으로 도망가고 뒤로 돌이키지 말라고 하십니다. 그리고 유대인의 2/3가 죽임을 당하며, 남은 자 가운데 보호 받게 될 자들은 보호처에 들어가게 되고 유리할 자들은 산과 광야에서 유리하게 되며 첫째 부활에 참여하게 될 순교자들은 순교의 피를 흘리게 될 것입니다(슥 13:8-9).

2. 하늘 전쟁

성경은 전삼 년 반의 끝에 하늘에서 큰 전쟁이 벌어집니다. 바로 에덴동산에서 쫓겨난 마귀는 공중에 본거지를 잡고 땅에서 활동합니다.
예수님은 7년 환난이 끝날 때에 신부된 처녀들, 종들, 하나님의 백성들과 함께 어린 양의 혼인잔치에 참여하십니다. 어린 양의 혼인잔치는 공중에서 이루어지는데 아마도 하나님이 미가엘 천사장에게 명하여 천사들과 함께 공중 권세를 잡고 있는 용과 그의 사자들을 땅으로 내어 쫓으라고 명령하십니다.
미가엘 천사장과 그의 천사들이 사탄 마귀와 모든 귀신들과 싸워 이기고 마귀는 다시 하늘에서 저희 있을 곳을 얻지 못하고 쫓겨납니다.

"하늘에 전쟁이 있으니 미가엘과 그의 사자들이 용으로 더불어 싸울쌔 용

과 그의 사자들도 싸우나 이기지 못하여 다시 하늘에서 저희의 있을 곳을 얻지 못한지라"(계 12:7-8)

마귀와 모든 귀신들이 공중에서 쫓겨나 땅으로 내려오고 전 세계의 많은 사람들에게 마귀의 상징들과 적그리스도의 사진과 그림을 그려 빌보드판이나 깃발로 만들어 집이나 관공서에도 걸고 곳곳에 세울 것입니다.

땅에서 올라온 거짓 선지자들은 다시 살아난 적그리스도의 우상을 만들어 세계 여러 나라 곳곳에 세워 용과 적그리스도에게 절하게 할 것입니다. 하늘의 전쟁은 영적인 전쟁이기에 육의 사람의 눈에는 보이지 않아 감지할 수 없는 전쟁입니다.

LAST TIME

3부
7년 환난 – 후삼 년 반

LAST TIME

대환난이라 말하는 후삼 년 반이 시작될 때에 바다에서 올라오는 짐승인 적그리스도와 땅에서 올라온 짐승인 거짓 선지자들이 먼저 등장합니다. 공중에서 쫓겨난 사탄은 자기의 때가 얼마 남아 있지 않음을 알고 적그리스도에게 자신의 모든 힘과 능력을 쏟아 부을 것입니다.

적그리스도는 사탄의 강력한 힘과 능력을 받아 전삼 년 반까지 숨겨 왔던 자신의 본색을 드러내고 세계 군대가 이스라엘을 침략하게 하여 예루살렘과 성전을 점령하고 지성소에 앉아 자신이 하나님이라 천하에 공포합니다. 스가랴의 말씀처럼 이때에 이스라엘 민족 3분의 2가 죽임을 당하게 됩니다.

그리고 소극적인 미혹을 하던 거짓 선지자들도 사탄을 통하여 엄청난 거짓의 영과 능력을 받게됨으로 전삼 년 반의 거짓 선지자들의 모습은 사라지고 본격적인 영적인 사냥꾼으로 사람들을 미혹합니다. 거짓 선지자들은 많은 사람들이 진리를 떠나게 만듭니다. 그리고 적그리스도의 대리자들로 우상을 만드는 일에 앞장을 서고 우상 숭배을 강요하며 많은 남은 자들을 죽이는 일들을 합니다.

또한 짐승의 표 그림자에 머물러 있었던 바코드와 베리칩을 사람의 이마나 오른손에 실제적인 짐승의 표 666을 받게 하여 세계의 경제를 완전히 통제하고 표를 받지 않은 자들은 누구나 사고 파는 것을 하지 못하게 합니다.

전삼 년 반을 통과한 남은 자들은 광야로 도피하게 될 것이며 일부는 광야와 동굴 등에서 유리하게 될 것이고 또한 무수한 순교자들이 나타날 것입니다.

예수님은 마태복음 24장을 통해 남은 자들이 후삼 년 반 초에 멸망의 가증한 것이 거룩한 곳 즉 지성소에 선 것을 보거든 유대에 있는 사람들은 산으로 도망하고 그리고 지붕 위에 있는 자는 집안에 있는 물건을 가질러 내려 가지 말며 밭에 있는 자는 겉옷을 가질러 뒤로 돌이키지 말찌어다 말씀하셨습니다.

주님은 큰 환난의 때 남은 자들을 향하여 사람들이 "보라 그리스도가 여기 있다 혹 저기 있다"하는 미혹하고 거짓말하는 자들과 속이는 자들을 "믿지 말라"고 하셨습니다..

후삼 년 반에 거짓 그리스도들과 거짓 선지자들이 일어나 큰 표적과 기사를 보이어 할 수만 있으면 택하신 자인 남은 자들을 미혹하려고 할 것입니다.

주님이 말씀하신 누가복음에 후삼 년 반의 모습은 예루살렘이 군대에게 에워쌓인다 하십니다. 그때에는 유대에 있는 자들은 산으로 도망하고 성내에 있는 자들은 나가며 촌에 있는 자들은 촌으로 들어 가지 말라고 말씀하셨습니다. 그리고 이스라엘 백성들은 칼날에 죽임을 당하게 되고 이방에 사로잡혀 가며 예루살렘은 이방인의 때가 차기까지 이방인에게 밟히게 됩니다.

후삼 년 반 초에 유브라데 전쟁이 일어나 세계 나라들이 핵전쟁을 일으키고 후삼 년 반 끝에는 아마겟돈 전쟁을 준비하기 위해 모입니다. 아마겟돈 전쟁은 7년 환난이 끝나고 예수 그리스도의 재림과 동시에 주님의 군대와 적그리스도의 군대가 싸우는 전쟁입니다.

후삼 년 반 말미에는 짐승을 타고 남은 자들을 괴롭혔던 음녀 로마 가톨릭이 짐승에 의해서 배신을 당하게 되어 불로써 멸망받게 됩니다.

남은 자는 이러한 일들이 되기를 시작하거든 일어나 머리를 들어야 합니다. 남은 자의 구속이 가까왔습니다(눅 21:28).

적그리스도와 거짓 선지자 통치 1장

1. 바다에서 나온 짐승 - 적그리스도

  적그리스도는 후삼 년 반이 시작될 때 많은 사람으로 더불어 굳게 정했던 한 이레인 7년 언약을 파괴합니다. 적그리스도가 전삼 년 반 끝에 죽임을 당한 후 다시 살아나게 되어 세상 사람들이 놀라고 신기해하며 짐승을 따를 때에 비로서 적그리스도는 그의 본색을 철저하게 드러냅니다.
  적그리스도는 후삼 년 반 시작되는 시점에서 이스라엘 민족이 전삼 년 반동안 예루살렘 성전에서 드려왔던 제사와 예물을 금지시킵니다. 적그리스도는 잔포하여 가증한 미운 물건이 날개를 의지하여 예루살렘 성전과 전 세계에 세울 것을 명령하고 자신이 사탄의 종임을 드러냅니다. 거짓 선지자들과 함께 기적과 이적들을 일으켜서 자신이 영광을 받고 스스로 하나님이라 칭합니다.
  성경은 다니엘서를 통해서 "그가 장차 많은 사람으로 더불어 한 이레 동안의 언약을 굳게 정하겠고 그가 그 이레의 절반에 제사와 예물을 금지할 것이며 또 잔포하여 미운 물건이 날개를 의지하여 설 것이며 또 이미 정한 종말까지 진노가 황폐케 하는 자에게 쏟아지리라 하였느니라"(단 9:27)고 말씀하십니다.

적그리스도와 거짓 선지자들은 마귀에게 속한 자들이고 그들이 세상에 속한 말을하고 미혹하면 하나님의 사람이 아닌 자들은 미혹의 영을 받아 적그리스도와 거짓 선지자들의 말을 듣게 될 것입니다(요 4:3-6).

후삼 년 반에 적그리스도의 권세가 강한 것 같지만 그것은 잠시 잠시 후면 없어질 것입니다. 하나님이 정해 놓으신 진노와 심판이 종말까지 황폐케하는 자 곧 적그리스도와 거짓 선지자들에게 쏟아질 것입니다.

하나님의 사람들인 남은 자들은 진리의 영을 가진 사람들로 세상에 속한 자들이 아닙니다. 남은 자들은 하나님께 속하였고 세상을 이긴 자들이며 예수 그리스도와 함께 동행하는 사람들입니다.

하나님의 백성인 남은 자들은 적그리스도와 거짓 선지자들이 행하는 어떠한 큰 표적과 기적과 기사와 이적을 일으키는 것을 보아도 저들을 따라가지 않고 미혹을 받지 않습니다.

적그리스도와 거짓 선지자들은 할수만 있으면 택한자들인 남은 자들까지도 미혹하려고 합니다(마 24:24).

1) 적그리스도의 사명

적그리스도는 사탄에게 진짜 임무 받게 되는데 후삼 년 반에 말로 지극히 높으신 하나님을 대적하며(단 7:25), 입을 벌려 하나님을 향하여 훼방하고(계 13:6), 하나님의 택하신 성도를 괴롭게 합니다(단 7:25).

그리고 하나님의 이름과 하나님의 장막 곧 하늘에 거하는 자들을 훼방합니다(계 13:6).

적그리스도는 후삼 년 반 동안의 권세를 받아 성도들과 싸워 이기게 되고 남은 자들을 죽이며(계 13:7), 때와 법을 변개코자 할 것이고(단 7:25), 각 족속과 백성과 방언과 나라를 다스리는 권세를 받습니다(계 13:7). 그리고 이스라엘 민족이 하나님께 매일 드리는 제사를 제하여 버리고 예루살렘 성전을 헐어버리고 진리를 땅에 던지며 자신의 뜻대로 행합니다(단 8:11-12).

적그리스도는 세계의 모든 군대들이 따르고 그의 편에 서게 할 것이며 하나님의 성전에 미운 물건을 세우고 자신이 지성소에 앉아서 스스로 하나님이라 합니다. 이스라엘과 세계 나라들과의 세운 7년 언약을 배반하여 악행하는 자를 궤휼로 타락시키고 자기 뜻대로 행하며 스스로 높여 모든 신보다 크다 할 것입니다(단 11:31).

적그리스도는 후삼 년 반이 되면 전삼 년 반 동안 자신을 도왔던 자들을 서서히 버리기 시작합니다. 이방 종교자들의 세계 종교 통합으로 인해 남은 자들을 괴롭혀온 이슬람, 힌두교, 불교, 여호와 증인, 몰몬교, 제칠일 안식일교, 통일교 등의 이방 종교자들과 이방 신들을 인정치 않고 멸해 버릴 것입니다.

적그리스도는 음녀인 로마 가톨릭이 짐승인 자신을 위해 전삼 년 반에는 종교 통합에 앞장섰고 후삼 년 반에는 남은 자들을 괴롭히고 죽이는 일에 열심을 내었으나 서서히 음녀인 로마 가톨릭을 멀리 하고 후삼 년 반 끝에는 불로 멸해 버립니다.

적그리스도는 세력의 신인 사탄에게 금, 은, 보석, 보물을 드려 숭배할 것입니다. 그리고 견고한 산성들을 취할 것이며 자신에게 아부하는 자에게는 영광을 더하며 여러 백성을 다스릴 권세를 주고 뇌물을 받고 땅을 나눠 줄 것입니다(단 11:38). 적그리스도는 권세로 애굽의 모든 금과 은을 잡을 것이며 리비아 사람과 에디오피아 사람들이 그의 시종이 될 것입니다(단 11:43).

2) 적그리스도의 통치 기간

적그리스도의 통치 기간을 다니엘에는 남은 자들을 기준으로 말씀하십니다. 성도가 적그리스도에게 붙인바 되어 한 때와 두 때와 반 때 즉 3년 6개월의 기간을 지내리라 말씀하고 있습니다(단 7:25). 요한계시록에서도 42달 일할 권세을 받았다고 말씀합니다(계 13:5).

남은 자 가운데 후삼 년 반에 보호처에 들어가지 못한 남은 자는 광야와 동굴 등에서 3년 6개월의 대환난을 통과해야만 하고 순교를 당하게 됩니다.

남은 자들은 예수 그리스도의 이름을 붙잡고 유리하거나 핍박을 받고 순교 당해도 그리고 부모, 자식, 형제, 친구, 동족의 배신을 경험하고 세상에 두렵고 떨려오는 일들이 많아도 오직 하늘에 소망을 두고 주님과 동행하기에 최후의 승리자가 될 것이며 천년왕국에서 주님과 함께 왕노릇 하는 축복을 받을 것입니다.

2. 땅에서 올라온 짐승 – 거짓 선지자

후삼 년 반의 특징 가운데 하나가 바로 땅에서 올라오는 짐승인 거짓 선지자들의 등장입니다. 성경은 그들을 양 무리를 멸하며 흩는 목자들이라 표현합니다(렘 23:1).

예수님이 이 땅에 공생애를 시작하시기 전에 세례 요한이 먼저와서 주의 길을 예비하고 평탄케 했던 것처럼 거짓 선지자들도 적그리스도의 대행자이며 예비하는 자들입니다(계 13:11).

1) 거짓 선지자의 정체

성경은 땅에서 다른 짐승이 올라오는데 그들의 모습은 새끼양 같이 두 뿔이 있고 용처럼 말한다고 말씀합니다. 주의해서 보아야 할 말씀이 바로 새끼양 같다라는 말씀입니다. 세상 사람들에게 비추어지는 모습은 순하고 온유한 것처럼 보이지만 뿔이 있는 악한 존재이고 용처럼 말을 하는 사탄의 종들입니다

전삼 년 반에도 많은 적그리스도들과 거짓 선지자들이 등장했지만 후삼 년 반에 등장하는 땅에서 올라오는 짐승인 거짓 선지자들은 앞의 거짓 선지자들과는 질적으로 틀리며 저들은 악한 마귀가 직접 적그리스도와 함께 힘과 능력을 주는 자들입니다.

2) 거짓 선지자들의 권세

땅에서 올라오는 거짓 선지자들의 몇가지 특징을 보면,

첫째, 저가 먼저 바다에서 나온 짐승인 적그리스도의 모든 권세를 그 앞에서 행하고 세계 모든 나라와 백성들과 모든 민족들에게 처음 짐승 곧 죽었다가 다시 살아난 적그리스도에게 경배하게 하고 섬기라 할 것입니다(계 13:12).

둘째, 땅에서 올라온 거짓 선지자들은 큰 이적을 행합니다. 사람들 앞에서 불이 하늘로부터 땅에 내려 오게 하는 이적을 행할 것입니다.

엘리야 선지자가 이스라엘 민족 앞에서 바알의 선지자 450명과 갈멜산에서 참 하나님과 참 신이 누구이신지 대결할 때에 하나님이 하늘에서 불을 내려 응답하셨습니다. 하나님이 불로서 엘리야에게 응답하셨고 이스라엘 민족에게는 여호와만이 참 신이시요 참 하나님이심을 알게 하셨습니다.

마귀와 적그리스도 그리고 거짓 선지자들까지 하나 같이 하나님의 말씀을 흉내내기를 좋아합니다. 사탄은 자신이 하나님이라 칭함을 받고 하나님처럼 영광을 받으려고 합니다. 적그리스도도 자신이 메시아이기를 원하며 거짓 선지자들도 하나님의 선지자들처럼 인정받기를 원합니다.

후삼 년 반에 땅에서 올라온 거짓 선지자들이 구약의 엘리야 선지자가 한 것처럼 그것을 흉내내어 불이 하늘로부터 땅에 내려오게 하는 이적을 나타냅니다.

거짓 선지자들은 마귀가 참 신이며 적그리스도가 인류를 구원할 메시아라고 주장하고 마귀와 적그리스도를 경배하고 섬기라 강요할 것입니다(계 13:13). 땅에서 올라온 거짓 선지자들은 많은 이적들을 행할 것인데 아마도 하나님의 선지자들이 행했던 이적과 기적들을 저들도 흉내낼 것입니다.

셋째, 거짓 선지자들은 세상 사람들에게 죽었다가 다시 살아난 적그리스도의 우상을 만들 것을 명령합니다. 성경말씀을 읽지 않고 말씀에 거하지 않는 사람들, 어린 양의 생명책에 녹명되지 않은 자들은 땅에서 올라온 짐승인 거짓 선지자들의 행하는 이적을 보고 미혹을 받고 우상에게 절합니다.

넷째, 에스겔 골짜기에 하나님이 에스겔을 통하여 마른 뼈들에게 생기를 명하여 들어가라 할 때에 생기가 마른 뼈들에 들어가 큰 군대를 이룹니다. 이처럼 거짓 선지자들은 사탄의 권세를 받아 적그리스도의 우상에게 생기를 주어 적그리스도의 우상으로 말하게 하고 우상에게 절하지 않는 자들은 지위 고하를 막론하고 몇이든지 다 죽입니다.

이때에 남은 자들의 엄청난 순교가 일어납니다. 예수를 구주로 고백하고 우상에게 절하지 않는 남은 자는 아마도 단두대에서 목이 잘리는 순교를 당하게 될 것입니다.

아이러니컬하게도 남은 자들은 믿음을 지키기 위해 순교하여 천국 가지만 일부 극진파 무슬림들과 이방종교인들은 자신들이 믿는 종교를 위해 우상에게 절하지 않고 죽음을 당합니다. 그러나 그들은 예수 그리스도를 믿지 않으므로 구원을 받지 못합니다.

땅에서 올라온 거짓 선지자들은 적그리스도의 우상에게 절하지 않는 자는 한 나라의 대통령, 세계적인 부자, 유명한 탤런트, 정치가, 스포츠 맨 또는 연세가 많은 할아버지, 할머니 또는 아저씨, 아주머니, 청년, 학생, 하물며 어린아이와 아기까지도 죽입니다.

다섯째, 마지막으로 땅에서 올라온 거짓 선지자의 중요한 임무가 세계 모든 사람들에게 짐승의 표을 받게 하는 것입니다. 성경은 작은 자나 큰 자나 부자나 빈궁한 자나 자유한 자나 종들로 그 오른손에나 이마에 666표를 받게 하는 것과 매매하는 것을 통제하고 있습니다.

남은 자들은 큰환난이라 불리는 후삼 년 반에 하나님이 예비해 두신 보호처에 들어가거나 산과 광야에서 유리하고 또한 순교의 제물이 됩니다.

그런데 한 가지 궁금하지 않습니까? 왜 바다에서 나온 짐승인 적그리스도와 땅에서 올라온 짐승인 거짓 선지자들은 사람의 많은 인체 가운데 오른손이나 이마에 짐승의 표을 받게 하려는 것일까요?

첫째, 그것은 하나님의 말씀을 사단이 대적하기 위한 것입니다. 오른손의 의미는 주의 권능을 나타냅니다.

"주의 오른손이 권능으로 영광을 나타내시며 주의 오른손이 원수를 부술 것이며"(출 15:6).

둘째, 오른 손은 주의 구원과 성도를 붙들며 정의가 충만합니다. 주께 피하는 자를 그 일어나 치는 자에게서 오른손으로 구원하시며(시 17:7), 주의 오른손이 성도를 붙들고(시 18:35), 주의 오른손에는 정의가 충만하며(시 48:10), 성도에게 응답하사 오른손으로 구원합니다.(시 60:5)

또한 오른손은 주님의 사랑하는 자를 건지시기 위하여 성도에게 응답하사 오른손으로 구원하시며(시 108:6), 오른손으로 붙드시며(사 41:10), 하나님이 오른손으로 예수님을 높이셨습니다(행 2:33).

이마는 성도가 구원의 확증을 받는 곳입니다.

"이르시되 너는 예루살렘 성읍 중에 순행하여 그 가운데서 행하는 모든 가증한 일로 인하여 탄식하며 우는 자의 이마에 표하라 하시고"(겔 9:4).

하나님의 종들이 인침을 받는 곳입니다.

"가로되 우리가 우리 하나님의 종들의 이마에 인치기까지 땅이나 바다나 나무나 해하지 말라 하더라"(계 7:3).

144,000의 이마에 어린 양의 이름과 하나님의 이름이 있습니다.

"또 내가 보니 보라 어린 양이 시온산에 섰고 그와 함께 십 사만 사천이 섰는데 그 이마에 어린 양의 이름과 그 아버지의 이름을 쓴 것이 있도다" (계 14:1).

성경적인 이마의 의미는 하나님의 사람, 하나님의 종, 휴거 받을 자들과 남은 자들에게 주시는 구원의 인침 자리입니다. 마귀와 적그리스도 그리고 거짓 선지자들은 어떻게 하든지 성경적인 것에 반대하는 생각과 행동과 정책을 펴서 하나님을 대적하기를 원하는 것입니다. 그래서 저들은 하나님의 구원의 상징인 오른손이나 이마에 짐승의 표를 받게 하는 것입니다.

LAST TIME

이스라엘 심판과 도피처 2장

1. 적그리스도와 짐승 군대의 예루살렘 침략

적그리스도는 후삼 년 반이 시작되면서 열 불인 열국과 세계 군대를 자신의 편에 두고 하나님의 성전이 있는 예루살렘과 이스라엘을 침략 합니다.

이사야서의 말씀에 하나님이 이스라엘을 심판하시기 위해 기를 세우시고 먼 나라들을 불러 땅 끝에서부터 오게 하십니다.

하나님의 명령으로 세계 군대가 빨리 달려올 것이며, 곤핍하여 넘어지는 자도 없고, 조는 자나 자는 자도 없으며, 그들의 군복과 군화를 풀지 않고 그들의 살은 날카롭고 모든 활은 당기어 졌습니다(사 5:26-30).

세계 군대의 말굽은 부싯돌 같고 차 바퀴는 회리바람 같이 빠를 것입니다. 그 군대의 부르짖음이 암사자 같고, 소리지름은 어린 사자와 같을 것이며, 그들이 부르짖으며, 물건을 움키어 염려 없이 가져가도 이스라엘을 건질 자가 없습니다.

적그리스도와 세계 군대들에 의해 예루살렘 성전이 더럽힘을 받습니다. 적그리스도가 이스라엘 민족의 매일 드리는 제사를 폐하고 성전의 성소와 지성소 안에 더럽고 가증한 멸망케 하는 미운 물건을 세웁니다.

적그리스도는 자신이 이스라엘과 예루살렘 성전을 이용하여 취할 이익을 취할 것을 다 얻은 후 결국 주후 70년에 로마 군대가 예루살렘 성전을 파괴시킨 것처럼 예루살렘 성전을 파괴해 버립니다.

> "군대는 그의 편에 서서 성소 곧 견고한 곳을 더럽히며 매일 드리는 제사를 폐하며 멸망케 하는 미운 물건을 세울 것이며"(단 11:31).

2. 이스라엘 심판

1) 심판의 이유

후삼 년 반 이스라엘이 심판받는 가장 큰 이유는 예수님을 그리스도로 영접하지 않고 믿지 않는 죄이며 전삼 년 반 성전을 건축하고 하나님께 제사를 드렸지만 유대인들의 마음은 미혹하는 자들에게 이끌려서 하나님의 말씀을 버리며 거룩하신 자의 말씀을 멸시하는 죄를 지었기 때문입니다(사 5:24).

전삼 년 반 동안 두 증인의 기적과 이적을 체험하고도 하나님의 말씀을 깨닫지 못하고 회개치 않은 죄와 메시아닉 쥬 형제, 자매들과 남은 자들을 핍박하는 일에 동조하거나 묵인해 버린 죄를 지었습니다. 더욱 큰 죄는 적그리스도를 메시아로 섬기고 이 세상의 어두움의 주관자들과 짝하는 범죄를 지었습니다.(단 8:12)

또한 예루살렘이 멸망하고 유다가 엎드러진 것은 이들의 언어와 행위가 여호와를 거스려서 그 영광의 눈을 촉범하였고 그들의 안색이 스스로 증거했습니다.

그들은 죄를 자복하지 않고 도리어 자랑스럽게 나타내었습니다. 이러한 행위가 소돔과 같았습니다. 그러므로 그들의 영혼에 화가 임하여 재앙을 자취했습니다(사 3:8-9).

이스라엘 민족은 '악을 선하다 하며 선을 악하다' 하는 죄와 '흑암으로 광명을 삼으며 광명으로 흑암을 삼았고' 또한 '쓴 것으로 단 것을 삼으며 단 것으로 쓴 것을 삼는 죄를 지었습니다. 그들은 스스로 '지혜롭다, 명철하다' 하는 교만과 늘인 목과 정을 통하는 눈으로 다녔습니다.

유대인들은 자신들이 세계의 중심이라 생각하여 안일한 생활에 젖어 들어갑니다. 그들은 포도주를 마시며 독주를 만들고 아침에 일찍이 일어나 독주를 따라가며 밤이 깊도록 머물러 포도주에 취하는 죄를 짓고 뇌물로 인하여 악인을 의롭다 하고 의인을 악하다하여 그 의를 빼앗는 악한 죄를 지었습니다(사 5:18-23).

이스라엘을 미혹하는 이 세상 어둠의 주관자들 가운데 유대인들이 다수 있습니다. 저들은 유대인이라 하나 진정한 유대인이 아닌 바로 사단의 회에 속한 자들입니다. 표면적으로는 유대인이지만 사탄의 앞잡이요 오히려 적그리스도와 함께 유대인들을 미혹하고 자신들의 동족인 유대인들을 죽이는 일에 앞장을 섭니다.

전삼 년 반의 이스라엘은 하나님 앞에 겸손해야 합니다. 그리고 범죄하지 말아야 합니다. 하나님은 이스라엘을 사랑하셔서 전 세계에 흩어졌던 유대인들을 고토 이스라엘로 부르셨습니다. 그리고 이스라엘을 침략한 곡과 연합국의 군대을 쳐서 심판하셨고 이스라엘로 세계 모든 민족 위에 뛰어나게 하셨습니다.

그러나 하나님은 하나님 말씀에 계속적으로 불순종 하는 이스라엘을 향해 결코 피할 수 없는 심판을 내리시겠다고 선언하십니다.

2) 심판의 결과

이스라엘이 무지해서 예수 그리스도가 아닌 거짓 메시아인 적그리스도와 짝하고 하나가 되는 무지함으로 인해 죄를 지어 하나님의 심판이 내립니다.

만군의 여호와께서 칼을 향해서 명령하십니다.

"깨어서 내 목자, 내 짝된 자를 치라 목자를 치면 양이 흩어지려니와 작은 자들 위에는 내가 내 손을 드리우리라."

"이러므로 나의 백성이 무지함을 인하여 사로잡힐 것이요"(사 5:13).

성경은 하나님의 심판하심으로 이스라엘의 3분의 2가 멸절되고 3분의 1은 거기 남으리라 하셨습니다. 남은 유대인의 3분의 1을 불 가운데 던져 은 같이 연단하며 금 같이 시험할 것이라 말씀하십니다(슥 13:8). 여호와께서 이스라엘 백성에게 노를 발하시고 손을 들어 그들을 치시므로 산들은 진동하며 그들의 시체는 거리 가운데 분토같이 됩니다(사 5:25). 심판의 날에 일곱 여자가 한 남자를 붙잡고 자신들의 먹을 것과 입을 것 말고 여자들의 수치를 면케해 달라고 매달립니다(사 4:1).

또한 이스라엘 가운데 귀한 자는 주리고 무리는 목마를 것이며 천한 자는 굴복되고 귀한 자는 낮아지고 오만한 자의 눈도 낮아집니다(사 5:13-15).

여호와께서 하루 사이에 이스라엘 중에서 머리와 꼬리며 종려가지와 갈대를 끊으십니다. 머리는 곧 장로와 존귀한 자요 꼬리는 곧 거짓말을 가르치는 선지자입니다(사 9:14-15).

3. 피난처

한국의 6·25 전쟁은 북한 공산 집단의 남침으로 나라가 일순간에 풍전등화에 놓였고 한반도의 대부분이 북한군의 수중에 넘어갔고 대구만 남아 있었습니다.

하나님이 대구를 피난처로 남겨 피난민들이 대구로 들어와 안전하게 거하게 하셨습니다. 하나님은 북한군이 마지막 남은 대구를 향해 공격할 때에 마지막 방어선인 안강과 포항를 통해 적의 공격을 지연시키셨고 미국 맥아더 장군의 인천상륙작전을 통해 대구를 보호해 주셨습니다.

남은 자들이 대환란이라 불리는 후삼 년 반에 하나님의 전적인 역사로 지구의 어딘가에 숨김을 받습니다. 이스라엘에 심판이 임할 때 남은 자들은 자신들을 친 적그리스도와 이 세상 어두움의 주관자들을 의뢰하지 말고 이스라엘의 거룩하신 자 여호와를 진실히 의뢰해야 합니다. 그리고 남은 자 곧 야곱의 남은 자가 능하신 하나님께로 돌아올 것입니다(사 10:20-21).

출애굽시에 하나님이 이스라엘 민족의 집에 어린 양의 피를 문설주에 바를 것을 명하셨습니다. 어린 양의 피가 있는 곳은 사람의 지위의 높고 낮음에 관계 없이 하나님의 천사도, 죽음도 넘어 갔습니다. 이와 같이 성경은 남은 자를 위해 "그 날에 여호와의 싹이 아름답고 영화로울 것이요 그 땅의 소산은 이스라엘의 피난한 자를 위하여 영화롭고 아름다울 것이며 시온에 남아 있는 자, 예루살렘에 머물러 있는 자 곧 예루살렘에 있어 생존한 자 중 녹명된 모든 사람은 거룩하다 칭함을 얻으리니"(사 4:2-3)라고 말씀하십니다.

후삼 년 반에 예수 그리스도의 보혈의 피에 젖어 있는 남은 자들을 하나님이 보호해 주십니다. 성경은 남은 자들에게 "내 백성아 갈찌어다 네 밀실에 들어가서 네 문을 닫고 분노가 지나기까지 잠간 숨을찌어다"(사 26:20)라고 하십니다.

이스라엘 민족은 40년 광야에서 하나님의 전적인 은혜로 살았습니다. 사람의 힘으로는 살수 없는 광야에서 만나와 메추라기를 주셨고 바위에서 물이 흘러 넘치게 하셨고 불기둥과 구름 기둥으로 인도하셨습니다.

이사야 선지자는 남은 자와 40년 광야 생활을한 이스라엘 민족을 비교합니다.

> "여호와께서 그 거하시는 온 시온산과 모든 집회 위에 낮이면 구름과 연기, 밤이면 화염의 빛을 만드시고 그 모든 영광 위에 천막을 덮으실 것이며 또 천막이 있어서 낮에는 더위를 피하는 그늘을 지으며 또 풍우를 피하여 숨는 곳이 되리라"(사 4:5-6).

다윗은 이스라엘의 왕이 되기전 사울 왕에게 오랜 세월 쫓기는 신세였습니다. 황무지 요새에서도 십 황무지 산골에서도 그들은 유리 방황 했습니다. 사울이 매일 다윗과 그의 사람들을 찾되 하나님이 다윗을 사울의 손에 붙이지 아니하셨습니다.

다윗이 하나님을 의지하고 하나님만 바라볼 때에 다윗 뿐만아니라 함께 동행했던 사람들도 보호를 받았습니다. 아비가일이 다윗을 향해 "사람이 일어나서 내 주를 쫓아 내 주의 생명을 찾을찌라도 내 주의 생명은 내 주의 하나님 여호와와 함께 생명싸개 속에 싸였을 것이요 내 주의 원수들의 생명은 물매로 던지듯 여호와께서 그것을 던지시리이다"(삼상 25:29)라고 고백했습니다.

남은 자는 만군의 여호와 하나님을 거룩하다 선포하고 두려워하며 놀랄 자를 삼아야 합니다. 그리하면 하나님이 거룩한 피할 곳이 되십니다(사 8:13-14).

과거, 현재, 미래 언제나 성도의 참된 은신처는 성령 하나님이십니다. 요한계시록 17:13에 "곧 성령으로 나를 데리고 광야로 가니라"고 말씀하십니다. 성령의 능력은 환난의 때에도 이 땅에 남은 자들을 위해 구원의 역사를 하십니다.

적그리스도와 거짓 선지자들과 열 뿔은 이스라엘과 유대인들을 지구상에서 말살시키기 위해 모든 최첨단 군사 장비를 사용합니다. 성경 스가랴서의 말씀에 적그리스도의 군대가 이스라엘 사람의 2/3를 죽인다고 말씀합니다.

세계 2차 대전 당시 독일의 히틀러가 제수이트(예수회)의 영향을 받아 유대인 600만 명 이상을 죽인 것처럼 적그리스도와 그의 군대는 유대인들을 무참히 공격하여 어린아이, 노인, 부녀자들을 긍휼히 여기지 않고 참혹하게 죽입니다.

후삼 년 반의 대환난이 일어날 때 하나님이 남은 자들 가운데 일부가 보호처인 페트라로 들어갑니다. 이 보호처는 오직 하나님이 준비하신 곳으로 사람은 알 수 없습니다.

누구든지 여호와의 이름을 부르는 자는 구원을 얻습니다. 여호와의 말씀대로 시온산과 예루살렘에서 피할 자가 있고 남은 자 중에 여호와 하나님의 부름을 받을 자가 있습니다(욜 2:32).

아마 적그리스도는 보호처에 성도가 있다는 소식을 듣고 세계 군대를 모을 것입니다.

공군 전투기를 출격시키고 해군 함대를 발진시켜 공격하고 육군의 탱크, 장갑차, 미사일 등을 동원해 보호처로 진격시킬 것입니다. 그러나 페트라을 함락시키지 못합니다.

피난처인 페트라에 각종 첨단 무기들이 발사되지만 무기들이 가까이만 가도 자동 폭파되거나 부서져 버리고 전투기도 모두 추락합니다. 탱크와 장갑차는 땅이 입을 벌려 집어삼켜 버립니다.

"그런즉 이와 같이 이제도 은혜로 택하심을 따라 남은 자가 있느니라" (롬 11:5).

요한계시록 12장에는 한 여자가 등장합니다.

"그 여자가 광야로 도망하매 거기서 일천 이백 육십일 동안 저를 양육하기 위하여 하나님의 예비하신 곳이 있더라"(계 12:6).

그 여자는 바로 말세의 교회이고 후삼 년 반 기간에 하나님의 예비하신 곳에서 숨김을 받습니다. 그들이 무엇을 먹고 어떻게 사는 것은 전적인 하나님의 은혜와 섭리입니다.

이스라엘 민족이 40년간 광야에서 살아갈 때에 저들의 몸에 옷이 낡지 아니하였고 너희 발의 신이 해어지지 아니 하였습니다(신 29:5). 모든 것이 전적인 하나님의 은혜로 구름기둥, 불기둥, 만나, 메추라기, 생수의 물등의 이적과 기적이 일어 났고 하나님의 직접적인 간섭과 도우심으로 살았습니다.

디셉 사람 엘리야 선지자는 3년 반의 기근의 때에 시돈 사람 사르밧 과부의 집에서 거하게 되었습니다. 사르밧 과부가 엘리야의 말에 순종할 때에 저와 엘리야와 식구가 여러날 먹었으나 통의 가루가 다하지 아니하고 병의 기름이 없어지지 아니했습니다(왕상 17:15-16). 하나님은 엘리야와 그 가족을 돌보아 주셨습니다.

엘리야 선지자가 이세벨의 칼을 피하여 로뎀나무 아래 앉아서 죽기를 하나님께 간구했습니다. 그리고 사십 주 사십 야를 행하여 하나님의 산 호렙에서 "이스라엘 자손이 주의 언약을 버리고 주의 단을 헐며 칼로 주의 선지자들을 죽였음이오며 오직 나만 남았거늘 저희가 내 생명을 찾아 취하려 하나이다" 호소했습니다.

그러나 하나님은 이스라엘 가운데서 바알에게 무릎을 꿇치않고 그 입을 바알에게 맞추지 아니한 칠천인을 남기시고 저들을 숨기신 일(왕상 19:18)을 말씀하셨습니다.

후삼 년 반에도 숨김을 받은 칠천인과 같이 남은 자 가운데 숨김을 받고 피할자들이 있습니다. 이사야 선지자는 남은 자를 '그루터기'와 '거룩한 씨'로 비유해서 말씀합니다.

> "그 그루터기는 남아 있는 것 같이 거룩한 씨가 이 땅의 그루터기니라"
> (사 6:13).

하나님은 구약 시대에 피의 보수자들을 피해서 거하시게 할 곳인 도피성을 허락해 주셨습니다(수 20:2-3). 피의 보수자는 누구입니까? 바로 사단, 적그리스도, 거짓 선지자들입니다.

하나님은 후삼 년 반에 남은 자들을 대적자긴 적그리스도와 세계 정부에게 붙이시지 않고 한 처소에 두실 것임을 약속하셨습니다. 오바댜 선지자는 "사거리에 서서 그 도망하는 자를 막지 않을 것이며 고난의 날에 그 남은 자를 대적에게 붙이지 않을 것이니라"(옵 1:14)고 말씀합니다.

1) 도피처 시기와 기간과 장소

성경은 도피처 시기가 후삼 년 반이 시작 될 때에 일어날 것임을 요한계시록에서 말씀 하고 있습니다. 후삼 년 반 세계 군대가 이스라엘을 침략하여 예루살렘을 에워싸고 공격하고 또한 적그리스도가 하나님의 지성소에 들어가 자기 자신을 하나님이라 선포합니다. 그제야 메시아로 알았던 적그리스도가 사탄의 종인 것을 깨닫게 됩니다.

성경말씀에 교회인 여자가 아들을 낳습니다. 이는 장차 철장으로 만국을 다스릴 남자인데 그 아이를 하나님 앞과 그 보좌 앞으로 올려가는 이때가 전삼 년 반이 끝나고 후삼 년 반이 시작할 때이고 교회인 여자가 광야로 도망가는 때입니다. 교회인 여자가 도망하는 광야는 남은 자를 1,260일 동안 양육하시기 위하여 하나님의 예비하신 보호처입니다.

적그리스도는 많은 사람으로 더불어 7년 언약을 굳게 정하지만 이레의 절반인 후삼 년 반이 시작되면 제사와 예물을 금지할 것이며 또 잔포하여 미운 물건이 날개를 의지하여 서고 군대의 주재이신 하나님을 대적하며 성소를 헐고 하늘에 거하는 자들을 훼방할 그 때에 남은 자들은 피합니다. 도피처의 기간은 후삼 년 반 동안이며 1,260일입니다.

성경은 한 이레의 절반과 한 때 두 때 반 때와 42달을 말씀하고 있습니다.

"그가 그 이레의 절반에 제사와 예물을 금지할 것이며"(단 9:27).

"성도는 그의 손에 붙인바 되어 한 때와 두 때와 반 때를 지내리라" (단 7:25).
"짐승이 큰 말과 참람된 말하는 입을 받고 또 마흔 두달 일할 권세를 받으니라"(계 13:5)

도피처 장소로는 성경에서 산과 광야로 나타내고 있습니다. 예수님은 후삼 년 반에 "그 때에 유대에 있는 자들은 산으로 도망할찌어다"(마 24:16). 또한 "그 때에 유대에 있는 자들은 산으로 도망할찌며 성내에 있는 자들은 나갈찌며 촌에 있는 자들은 그리로 들어가지 말찌어다"(눅 21:21)라고 하셨습니다.

주님이 유대에 남은 자들이 먼저 산으로 도망하라고 하시며 그날이 안식일이나 겨울이 되지 않도록 기도하라고 말씀하십니다. 또한 세계 각처의 남은 자들도 하나님이 예비하신 광야로 도망합니다.

성경은 남은 자들이 숨김을 받는 곳을 밀실이라 그리고 대환난을 분노라 표현하십니다.

"내 백성아 갈찌어다 네 밀실에 들어가서 네 문을 닫고 분노가 지나기까지 잠깐 숨을찌어다"(사 26:20).

2) 도피처에 들어갈 자들

남은 자는 악을 미워하고 선을 사랑하며 공의를 사랑합니다. 아모스 선지자는 "너희는 악을 미워하고 선을 사랑하며 성문에서 공의를 세울지어다 만군의 하나님 여호와께서 혹시 요셉의 남은 자를 긍휼히 여기시리라"(암 5:15)고 말씀합니다.

남은 자는 여호와의 말씀을 듣습니다(렘 42:15). 그리고 남은 자를 하나님이 권고하십니다. "여호와가 그들을 권고하여 그 사로잡힘을 돌이킬 것임이니라"(습 2:7)고 말씀합니다.

남은 자는 악을 행치 아니하며 거짓을 말하지 아니하며 입에 궤휼한 혀가 없으며 먹으며 누우나 놀라게 할 자가 없습니다(습 3:13). 그리고 남은 자는 공의를 행하는 자입니다.

남은 자는 유다 족속에서 피한 자입니다. 유다 족속의 피하고 남은 자는 다시 아래로 뿌리가 서리고 위로 열매를 맺을지라(왕하 19:30). 남은 자는 여호와의 부르심을 받은 자들이고(욜 2:32), 하나님의 계명과 예수님을 향한 믿음을 지키는 자들입니다(계 14:12).

남은 자는 여호와의 규례를 지키는 겸손한 자들이고 그들은 여호와를 찾으며 공의와 겸손을 구하므로 여호와의 분노의 날에 숨김을 얻습니다(습 2:3). 성경은 그들을 작은 자들이라 말씀하면서 "작은 자들 위에는 내가 내 손을 드리우리라"(슥 13:7) 하십니다.

미가서에는 이스라엘의 남은 자 가운데 보호처에 들어갈 사람들을 한 처소에 둘 것이라 하시고 보호받는 인수가 많을 것이며 그들의 소리가 크게 들릴 것이라 말씀합니다.

마라나타.

유브라데(Euphrates) 전쟁 ^{3장}

성경의 종말에 일어날 전쟁에 관하여 많은 교인들이 잘못 이해하는 부분들이 있습니다. 바로 '유브라데 전쟁'과 '아마겟돈 전쟁'을 동일시하여 같은 전쟁으로 해석하는 것입니다.

요한계시록 9장의 유브라데 전쟁과 요한계시록 16장의 아마겟돈 전쟁은 다른 시기의 전쟁입니다.

전자인 유브라데 전쟁은 후삼 년 반 전반에 세계 나라들이 벌이는 핵전쟁이고 후자인 아마겟돈 전쟁은 후삼 년말 말미에 세계 군대가 모여서 예수님의 재림 직후에 하늘의 군대와 적그리스도의 세계 군대가 싸우는 전쟁입니다.

성경에서 유브라데강은 '그 강, 하수'로 불리기도 합니다(신 11:24). 유브라데 강은 티그리스 강과 함께 메소포타미아에 있는 중요한 강으로 현재는 이라크에 위치합니다.

성경적으로 유브라데는 아브라함의 자손에게 허락한 동편 경계선이며(창 15:18) 12지파 가운데 르우벤 지파의 동편 경계선입니다(대상 5:9), 다윗 왕도 영토를 유브라데까지 확장하려고 했습니다(삼하 8:3).

역사적으로 바벨론 왕 느부갓네살이 유브라데를 탈취하고(왕하 24:7) 예레미야는 하나님의 말씀대로 허리띠를 이 강변에 감추었습니다(렘 13:4-5). 세계 군대가 이스라엘 침략하므로 하나님의 심판을 받게 됩니다. 이것이 바로 유브라데 전쟁입니다.

1) 유브라데 전쟁 시기

첫째, 유브라데 전쟁 시기는 오직 하나님만이 정확하게 아시는 "연월일시"입니다.

> "네 천사가 놓였으니 그들은 그 년 월 일 시에 이르러 사람 삼분의 일을 죽이기로 예비한 자들이더라"(계 9:15)

둘째, 둘째 화인 여섯째 천사가 나팔을 불 때입니다.

> "여섯째 천사가 나팔을 불매"(계 9:13).

셋째, 큰 강 유브라데에 결박한 네 천사를 놓아주라고 할 때입니다.

> "나팔 가진 여섯째 천사에게 말하기를 큰 강 유브라데에 결박한 네 천사를 놓아 주라 하매"(계 9:14).

넷째, 후삼 년 반의 전반기에 일어납니다.

2) 유브라데 전쟁의 결과

세계 3차 대전이라 불리우는 유브라데 전쟁은 2억명의 세계 군대가 이라크에 위치한 유브라데에 모입니다.

"마병대의 수는 이만만이니"(계 9:16).

세 재앙인 불과 연기와 유황이 나온다. 즉 미사일, 전차, 대포등 각종 최첨단의 신무기들이 등장합니다.

"불과 연기와 유황이 나오더라"(계 9:17).

지구상의 사람 3분의 1이 유브라데 전쟁으로 죽임을 당하게 됩니다. 세계 열강들이 유브라데 강이 있는 이라크 지역에 모여 싸우고 핵무기를 사용함으로 피해 지역이 전 세계적으로 확산될 것입니다.

"사람 삼분의 일이 죽임을 당하니라"(계 9:18).

유브라데 전쟁의 결과로 적그리스도와 열 뿔과 거짓 선지자들이 승리하게 되고 적그리스도와 거짓 선지자들이 42달 동안 세계를 지배하는 권세를 받게 되는 배경이 됩니다.

유브라데 전쟁을 기점으로 후삼 년 반이 시작되어 전 세계가 적그리스도의 권세 아래 들어가게 됩니다.

"또 짐승이 큰 말과 참람된 말하는 입을 받고 또 마흔 두달 일할 권세를 받으니라"(계 13:5).

LAST TIME

우상 숭배와 짐승의 표(666) ^{4장}

1. 우상 숭배

　우상 숭배는 창조주 하나님이 아니신 존재나 사물을 하나님인 것처럼 숭배하는 것이고 사람이나 사물 즉 태양,달, 별, 나무, 돌, 왕, 영웅, 연예인, 스타, 동물, 동상 등을 향한 숭배의 행위입니다. 이같은 우상 숭배는 그것들을 최고의 존재로 인정할 때 생겨납니다.

　십계명의 제1계명 "너희는 내 앞에서 다른 신들을 네게 있게 말지니라"우상숭배를 금지하시는 말씀입니다. 제1계명의 참 의미는 오직 하나님만이 참 신이시며, 섬김을 받아야 될 분이시고 하나님만이 창조주가 되신다는 말씀입니다. 만약 사람이 하나님이 아닌 이방신을 섬기면 사탄, 귀신을 섬기는 것이고 그 사람의 영혼은 지옥의 형벌을 받습니다.

　하나님이 하박국에 "새긴 우상은 그 새겨 만든 자에게 무엇이 유익하겠느냐 부어 만든 우상은 거짓 스승이라 만든 자가 이 말하지 못하는 우상을 의지하니 무엇이 유익하겠느냐"(합2:18)라고 말씀하십니다.

하나님의 말씀에서 떠난 큰 음녀인 로마 가톨릭은 가톨릭 신자들이 창조주 하나님께만 바쳐야 하는 믿음·충성·헌신을 교황과 마리아 그리고 죽은자들인 자칭 성자들을 섬기게 하고 죽은 조상들에게 제사를 허용했습니다.

큰 음녀인 로마 가톨릭은 십계명 제2계명인 "너를 위하여 새긴 우상을 만들지 말고 아무 형상이든지 만들지 말며, 그것들에게 절하지 말며, 그것들을 섬기지 말라."는 말씀을 완전히 거역하는 우상 숭배의 죄악을 짓고 있습니다. 그들은 이러한 악한 죄을 자행할 뿐만 아니라 자신들에 맞는 십계명을 만들어 성경의 십계명을 변개시키는 죄를 지었습니다.

로마 가톨릭이 하나님이 주신 십계명을 변개하고 조상들의 제사나 마리아와 자칭 성자들에게 기도케하므로 하나님의 말씀보다 로마 가톨릭의 법이 더욱 위에 있다는 것을 나타내고 있습니다. 이러한 행위들은 로마 가톨릭 신자들에게는 후삼 년 반에 적그리스도의 짐승 우상에게 절하게 하는 결과을 낳습니다.

큰 음녀 로마 가톨릭이 사람들에게 정당화 시킨 조상 제사나 자칭 성자들 그리고 마리아에게 기도하는 우상 숭배의 행위가 휴머니즘(인간적인) 모습처럼 보일지 몰라도 그것은 사탄과 귀신에게 하는 행위이므로 많은 사람들의 영혼을 파멸케하여 지옥으로 이끌어 갑니다.

중세 시대에 많은 크리스천이 로마 가톨릭에 의해서 순교 당했습니다. 순교 당한 많은 크리스천은 로마 가톨릭이 지향하는 하늘의 중재자인 성모 마리아와 자칭 성인들과 성물들에게 절하는 우상 숭배와 그리고 사람들이 신부에게 죄를 고하는 고해 성사 등을 인정하지 않았기에 핍박을 받고 순교를 당했습니다.

후삼 년 반에도 이와 같은 일들이 일어납니다. 전삼 년 반 끝에 적그리스도가 죽었다가 다시 살아나서 자신의 본색을 드러내고 땅에서 올라온 짐승 곧 거짓 선지자들이 나타나서 적그리스도의 짐승 우상을 만들어 절하게 하여 우상 숭배하게 합니다. 남은 자들은 우상에게 절하는 것은 곧 자신의 영혼을 파멸시키는 것임을 알아야 합니다.

한국 교회의 믿음의 선배이신 주기철 목사님은 신사 참배가 성경말씀이 금하는 우상 숭배임을 깨달으시고 일본 정부의 압박에도 굴하지 않고 신사 참배가 죄요 신사에 절하고 참배하는 것이 우상 숭배임을 설교하므로 많은 핍박을 받고 영광스러운 순교의 길을 가셨습니다.

당시 주기철 목사님의 마음을 힘들게 했던 것 가운데 하나가 일부 목회들이 신사 참배를 하는 악한 죄를 짓고도 신사에 참배하지 않는 주기철 목사님을 오히려 죄인 취급하는 것이었습니다. 신사 참배가 우상 숭배라고 설교해야 함에도 불구하고 오히려 목숨을 구걸하여 일본 정부와 권력의 눈치를 보고 강단에서 '신사 참배는 우상숭배가 아니라 나라의 법에 순종하는 일이다'라며 많은 교인들을 속이고 기만하여 우상 숭배의 죄에 빠지게 했습니다.

후삼 년 반에도 배교한 목사들과 거짓 선지자들을 통하여 우상 숭배하게 하는 일들이 자행됩니다(시 106:36).

1) 우상 숭배 대상

후삼 년 반에 땅에서 올라오는 거짓 선지자들이 모든 사람들에게 우상 숭배하게 하는 대상은 바로 죽었다가 살아난 적그리스도입니다.

성경은 적그리스도의 머리가 상하여 죽게 되었고 죽게 되었던 상처가 나으매 적그리스도가 살아나 온 땅과 온 세상의 많은 사람들이 놀라고 신기해 하고 경이롭게 여겨 살아난 적그리스도를 따를 것이라 말씀합니다.

또한 하늘 전쟁에서 패해 땅으로 쫓겨난 사탄이요 마귀인 용이 짐승인 적그리스도에게 권세를 주어 사람들이 용에게 경배하며 짐승에게 경배하여 "누가 이 짐승(적그리스도)과 같으뇨 누가 능히 이로 더불어 싸우리요"(계 13:4)라고 합니다.

2) 우상 숭배을 돕는 자들

적그리스도의 짐승 우상을 만들고 우상 숭배하도록 돕는 자들은 바로 땅에서 올라온 짐승인 거짓 선지자들입니다. 거짓 선지자들은 적그리스도의 권세를 사람들 앞에서 행하고 땅과 땅에 거하는 자들로 처음 짐승인 적그리스도에게 경배하게 할 것입니다(계 13:11,12). 땅에서 올라온 거짓 선지자들은 큰 이적을 행하되 심지어 사람들 앞에서 불이 하늘로부터 땅에 내려 오게 하고 적그리스도에게 받은바 이적들을 행하므로 땅에 사는 자들을 미혹할 것입니다.

그리고 그들은 세상 사람들에게 칼에 상하였다가 살아난 짐승을 위하여 우상을 만들라 명령하고 거짓 선지자들은 사탄의 권세를 받아 적그리스도의 짐승 우상에게 생기를 주어 우상으로 말하게 합니다(계 13:13,14).

3) 우상 숭배의 결과

성경 학자들이 후삼 년 반을 대환난이라 칭하는것은 마귀의 멸망 받을 때가 가까이 왔고 어떤 시대보다도 더 많은 박해와 핍박과 순교가 있기 때문입니다.

짐승 정부의 거짓 선지자들은 적그리스도의 짐승 우상을 만들어 놓고 절하게 합니다. 후삼 년 반에 구원 받은자와 구원 받지 못한 자, 믿는 자와 믿지 않는 자 그리고 누가 과연 남은 자인지 확연히 구분됩니다.

적그리스도의 짐승 우상에게 절하는 자들은 대부분 짐승의 표를 자동으로 받게 됩니다. 우상에게 절한 자들은 구원의 기회가 완전히 사라집니다. 회개를 하고 싶어도 회개할 수 없습니다.

남은 자 가운데 숨김을 받은 자, 광야와 산과 들에서 유리하는 자들이 있고 그 외에 남은 자들은 후삼 년 반에 핍박과 환난이 와도 적그리스도의 짐승 우상에게 절대로 절하지 않으므로 짐승의 우상에게 경배하지 아니하는 자는 몇이든지 다 죽이는 거짓 선지자들과 로마 가톨릭 등을 통해 엄청난 핍박을 받고 순교를 당합니다.

남은 자들이 비록 육신은 핍박 받고 순교해도 영혼은 영원한 천국에 들어가 하나님과 거하게 됨을 믿고 담대함으로 하나님의 말씀에 순종해야 합니다.

예수 안에서 죽으면 천국입니다. 할렐루야!

2. 짐승의 표

후삼 년 반에 우상 숭배와 함께 절정을 이루는 것이 바로 "짐승의 이름, 짐승의 표 666"입니다. 현재도 "짐승의 표 666"의 그림자이자 예표인 베리칩으로 인해 "받아도 된다", "받으면 안된다"는 논란이 많이 일어나고 있습니다. 교회는 교회들마다 의견이 다르고 목회자는 목회자들마다 의견이 다릅니다.

그러나 크리스천은 베리칩 자체를 받지 말아야 합니다. 왜냐하면 베리칩 안에는 이미 "짐승의 표인 666"이 들어가 있습니다. 베리칩 자체는 "짐승의 표인 666"은 아니지만 "짐승의 표 666"의 그림자입니다.

사탄 마귀는 하나님이 말씀하신 일들을 따라하기를 좋아합니다. 요한계시록 7장에 하나님이 천사들에게 하나님의 종들의 이마에 인칠 것을 명령하셨듯이 사단도 하나님의 말씀을 따라해서 짐승의 표를 사람들에게 받게 합니다.

하나님은 하나님의 종들의 이마에 인을 쳐 하나님의 소유임을 표시하십니다. 사단도 자신의 능력을 적그리스도에게 주어 자신에게 속한 사람들을 짐승의 표666을 받게 하고 마귀 자식을 만들어 하나님을 대적하게 합니다.

땅에서 올라온 짐승 곧 거짓 선지자들은 모든 자 곧 작은 자나 큰 자나 즉 권세를 가진자 각 나라 대통령과 국회 의원들과 평민들 그리고 부자와 빈궁한 자나 자유한 자나 종들로 그 오른손에나 이마에 표를 받게 할 것입니다.

사람의 이마는 하나님의 종들과 십사만 사천 그리고 하나님께 속한 사람들이 받는 곳이며 오른손은 하나님의 능력을 나타내실 때 사용하시는 곳입니다. 사단이 사람의 이마와 오른손에 "짐승의 표 666"을 받게 하는 것은 하나님의 소유를 자신의 소유로 만들었음을 선포하고 나타내는 것입니다.

성경은 "짐승의 표 666"은 땅에 거하는 자들이면 어느 누구를 막론하고 받지 않으면 안 되는 것임을 말씀하고 있습니다. 이는 후삼 년 반을 하나님이 적그리스도를 통해 통치하게 하시고 누가 진짜 성도인지 가짜 신자인지 시험하시는 기간으로 주셨습니다.

성경은 "짐승의 표 666"의 사용처에 대해서 첫째로는 사고 파는 매매의 수단이 될 것이며 후삼 년 반에 생명책에 기록되어 있지 않은 사람은 누구든지 표를 받게 될 것이라 말씀하십니다.

"짐승의 표 666"은 후삼 년 반에 적그리스도의 강력한 통치 체제를 유지하는 수단이 되며 누구든지 그 표를 가진 자 외에는 매매가 불가능하며 표를 받은 자는 언제 어디서나 추적당하고 생각까지도 통제됩니다.

예수님을 믿는 사람은 모두가 구원 받기 위해 기도해야 합니다. 왜냐하면 죽임을 당한 어린 양의 생명책에 창세 이후로 녹명되지 못한 자들은 이 표를 받아 짐승을 경배하며 용을 경배하기 때문입니다(계 13:8).

성경은 어린 양의 생명책에 녹명되지 못하고 거짓 선지자들의 협박과 핍박 그리고 고문이 두렵고 무서워 짐승의 표 666을 이마나 손에 받게 되면 하나님의 진노의 포도주를 마시게 될 것이라 말씀합니다(계 14:9-10).

성경은 고난과 환난에 대해서 '잠시 잠깐'이라 말씀하십니다. 후삼 년 반의 고난을 이기지 못하고 인내하지 못해 "짐승의 표 666"을 받으면 거룩한 천사들과 어린 양 앞에서 불과 유황으로 고난을 받게 됩니다. 그런데 불과 유황의 고난은 천년, 만년, 천만년이 지나면 그치는 것이 아니라 세세토록 받게 됩니다.

모든 크리스천은 천국이나 지옥이 잠시 잠깐 거치는 장소가 아니라 영원하고 영원한 장소인 것을 아시고 예수 그리스도의 이름으로 순교자의 각오로 담대하게 살아야 합니다.

성경은 짐승의 표를 받은 자들이 밤낮 쉼을 얻지 못한다고 말씀하십니다. 적그리스도와 거짓 선지자들이 짐승의 표를 받은 자들을 통제하고 움직이기 때문에 자신들의 의지대로 쉬고 싶어도 쉴 수가 없고 자고 싶어도 잘 수 없는 불쌍한 존재가 됩니다(계 14:11).

성경은 일곱 대접 재앙들 가운데 첫째 대접이 땅에 쏟아질 때 악하고 독한 헌데가 짐승의 표와 우상에게 경배하는 자들에게 날것이라 말씀합니다(계 16:2).

짐승의 표를 받지 않고 짐승 우상에게 절하지 아니한 남은 자에게 지혜와 총명이 있습니다. 성경은 지혜와 총명이 있는 사람이 짐승의 수를 셀 수 있다고 말씀하십니다(계 13:18).

남은 자는 짐승과 우상과 짐승의 수를 이깁니다. 왜냐하면 하나님이 반드시 함께하시고 보호해 주시기 때문입니다. 그리고 "짐승의 표 666"에 대한 불안과 염려를 물리칩니다.

환난의 때에 짐승의 우상에게 절하지 아니하고 이마와 오른손에 666의 표를 받지도 아니한 순교자들이 살아나서(부활체) 첫째 부활에 참여하고 그리스도로 더불어 천 년 동안 왕 노릇합니다(계 20:4-5).

5장 순교자

　적그리스도와 거짓 선지자들은 남은 자들을 핍박하고 모두 죽여 씨를 말리려고 할 것입니다. 적그리스도와 거짓 선지자들은 많은 남은 자들을 죽이게 되면 그 죽인 만큼 성도들의 수가 줄어들게 되고 고문 등의 비참한 광경을 남은 자들이 보게 되면 무서워 우상에게 절하거나 짐승의 표를 받아 배교할 것이라 생각합니다.
　그러나 남은 자들은 순교를 각오하고 믿음을 지키고 순교의 자리에 나아갑니다. 후삼 년 반에 적그리스도와 거짓 선지자들은 남은 자들을 유혹하고 핍박도 해보지만 남은 자들은 순교을 각오하여 예수의 증거와 하나님의 말씀을 지키고 짐승과 적그리스도의 우상에게 경배하지도 아니하고 이마와 손에 그의 표를 받지도 않습니다. 적그리스도와 거짓 선지자들은 남은 자들로 인해 엄청난 스트레스를 받게 되고 결국 남은 자들의 목을 벨 것입니다(계 20:4).
　1991년 3월 26일을 미국의 교육의 날로 선언하는 법이 통과되었습니다. 이때 함께 통과된 법안이 바로 노아 법입니다. 노아법은 성경 안에 있는 법이 아닌 유대인들의 탈무드에 기록되어 있는 법입니다.

노아의 법에 의하면 '예수님을 메시아로 믿는 크리스천은 우상숭배자이며 그들은 목을 베서 죽여야 된다'라고 합니다. 그리스도인이 가장 강한 때는 주를 위해 죽을 결심을 했을 때입니다. 삶과 목숨에 대한 애착은 사람들을 비굴하게 만들고 죄와 타협하게 합니다.

어린 양 예수님의 피와 말씀으로 무장하면 아무리 환난 때에라도 반드시 이기고 순교로서 승리할 것입니다. 남은 자의 인내는 하나님의 계명과 예수 믿음을 지키는 것입니다. 주안에서 죽는 자들은 복이 있습니다. 하나님은 남은 자들이 저희 수고를 그치고 쉬게 하신다고 했습니다(계 14:12,13).

남은 자는 죽음을 두려워 말고 죽는 것을 무서워 말아야 합니다. 오히려 주님을 배반하고 영혼을 더럽힌 상태에서 죽을까 두려워해야 됩니다.

사탄은 우리의 믿음을 공격하려고 두려움과 공포를 줍니다. 두려움과 공포을 주어서 사탄을 두려워하게 하고 무서워하게 함으로, 하나님께 대한 믿음을 흔들려고 합니다. 환난 때에 남은 자는 에스더 왕후처럼 "죽으면 죽으리라"는 비장한 믿음을 가져야 됩니다.

순교자들이 죽기 전에 주님께 했던 기도는, 자신을 살려 달라는 내용이 아니라 도리어 "주여 믿음 없이 죽지 않도록 도와주소서"라고 기도했습니다. 남은 자가 믿음이 흔들리면 절대로 사탄과의 영적 전쟁에서 승리할 수 없습니다.

그러나 하나님께 대한 굳센 믿음만 있다면, 그 어떠한 사탄과의 전쟁에서도 반드시 승리할 수 있습니다. 하나님은 우리들을 끝까지 사랑하시고 보호해 주십니다. 하나님의 보호는 순교의 순간에도 함께하실 것입니다. 다음의 글은 유대인 역사학자 요세푸스와 존 팍스의 순교사의 내용들을 요약했습니다.

1. 초대 교회 사도들의 순교

사도 바울은 목이 잘려 순교했습니다.

사도 베드로는 로마에서 십자가에 거꾸로 매달린 채 못 박혀 순교했습니다.

사도 안드레(베드로의 형제)는 스키타이에서 X자형 십자가에 매달려 순교했습니다.

사도 야고보(세베대의 아들이요, 요한의 형제)는 칼로 목베임을 당해 순교했습니다.

사도 요한은 95년 로마신에 경배하지 않으므로 끓는 가마솥에 던져졌으나 죽지 않고 밧모섬에 유배되어 요한계시록을 기록 했습니다.

사도 빌립이 프리기아의 히에라폴리스에서 기둥에 꽁꽁 매달려 돌에 맞아 순교 했습니다.

사도 바돌로매는 아르메니아에서 산 채로 가죽이 벗겨진 뒤 십자가에 못박혀 순교했습니다.

사도 도마(디두모)는 인도에서 온 몸이 창에 찔려 순교했습니다.

사도 마태는 에디오피아에서 미늘 창에 찔려 순교했습니다.

사도 유다(다대오)는 페르시아에서 창에 찔린 후 도끼로 참수 당해 순교했습니다

사도 시몬(젤로)은 영국에서 십자가 처형으로 순교했습니다

사도 야고보(작은)는 예루살렘에서 돌에 맞아 순교 했습니다.

사도 마가는 알렉산드리아에서 온몸이 찢겨서 순교했습니다.

사도 누가는 올리브나무에 목매여 순교했습니다.

사도 맛디아는 예루살렘에서 참수형을 당해 순교했습니다.

2. 로마 시대의 고문

　로마시대에 예수를 믿다가 잡히면 매를 맞았습니다. 그런데 이 매가 보통 매가 아니라 채찍으로 뼈와 장기가 드러날 때까지 얻어맞습니다. 이 광경이 얼마나 끔찍하고 잔인했던지 때리는 사람조차도 몸서리를 치면서 채찍을 휘둘렀다고 합니다.

　닿기만 해도 살갗이 찢어지는 면도날 같은 조개껍질들이 빽빽하게 들어차 있거나 창날이 빽빽하게 꽂혀 있는 방으로 끌려갔으며 그 방에서 그들은 온몸이 피투성이가 될 때까지 굴러야 했습니다.

　성도가 고문받다가 만신창이가 되면 로마 군인들은 그리스도인들을 끌어다가 사자밥으로 던져주었습니다. 그런데 사자밥이 되기만을 기다리고 있는 그리스도인들의 감방 옆에는 황금으로 만든 거대한 마차가 서 있는데 로마 군인들이 원하는 단지 한 마디 "더 이상 예수를 믿지 않겠다"는 말만하면 황금마차의 탑승하여 콜로세움을 빠져 나갈 수 있었습니다.

　로마 시대에 수백만 명에 이르는 그리스도인들이 콜로세움에 잡혀왔습니다. 그러나 황금마차를 타고 떠난 그리스도인은 단 한 명도 없었다고 합니다.

3. 중세 시대 고문

　중세시대에 로마 가톨릭에 의해 크리스천이 이단으로 정죄되어 온갖 고문을 당하고 참혹하게 순교 당했습니다. 가톨릭 사제들은 개신교도들에게 끓는 기름을 부었고, 관절을 잡아 빼었고, 창자를 끄집어

내었으며, 온 몸을 창으로 찌르거나 채찍질 했고, 이마를 쇠사슬로 꽉 죄어 눈알이 튀어 나오게 하였고, 불 붙은 나무로 남자와 여자의 성기를 지졌고, 가위로 여성의 가슴을 잘라내었고, 갈고리로 살을 긁어내었습니다.

또한 철판에 생사람을 구웠고, 나사로 손가락을 죄어 부수며, 혀를 잘라 내고, 입술 코 귀 손가락 발가락을 잘라내고, 뼈들을 부러뜨렸으며, 산채로 관에 넣어 생매장 했고, 생살을 바늘로 꿰매었으며, 산 채로 독사들이 든 푸대에 넣었고, 산 채로 물에 던졌으며, 사나운 개들을 풀어 뜯어 먹게 하였고, 동굴로 피난해 숨은 사람을 연기를 피워 질식사 시켰습니다.

4. 순교자의 당한 고문 방법

1) 옷을 입히거나 또는 발가벗겨서 표범, 사자, 곰, 산돼지, 들소 앞에 던져졌다.
2) 머리위에서부터 발끝까지 끓는 역청을 부었다.
3) 끓는 납을 녹여 등에 붓고 육체 중에 가장 긴감한 부분을 불로 지졌다.
4) 고문대의 네 구멍에 사지를 넣어 잡아 당겼다.
5) 막대기와 몽둥이로 치고 가죽 끈과 밧줄로 채찍질 하였다.
6) 무서운 태형으로 쳤다.
7) 빨갛게 달아오른 놋판으로 지졌다.
8) 불붙는 석쇠위에 올려놓고 지졌다.
9) 살이 타는 뜨거운 쇠의자에 앉혔다.

10) 뜨거운 인두로 지졌다.
11) 공중에 매달아 온 몸을 몽둥이로 때렸다.
12) 발을 공중에 꺼꾸로 매달아 밑에 불을 피워 질식하게 하였다.
13) 여자들을 발가벗겨 한쪽 발을 묶어 공중에 매달았다.
14) 기계로 양쪽 나무 가지를 당겨 그 가지에 사지를 묶어 가지를 재 자리로 가게하여 사지를 찢었다.
15) 두마리의 황소로 양쪽에서 사지를 묶어 당겨 찢었다.
16) 널판지에 못을 박아 뾰족한 부분을 위로 두고 높은 곳에서 사람을 그곳에 떨어뜨렸다
17) 두 손을 올려 기둥에 묶어 발이 땅에 닿지 않게 하여 몸이 조여지게 하였다.
18) 눈과 코 손과 발을 베어내고 육체를 토막 내었다.
19) 피부 껍질을 벗기고 사지를 잡아당겼다.
20) 온갖 고문과 매를 맞고 짖 이겨진 몸에 식초와 소금을 섞어 부었다.
21) 소변을 보지 못하게 금지하였다.
22) 손톱 밑을 날카로운 대나무 침으로 찔렀다.
23) 칼로 치고 찔렀다
24) 불로 태웠다
25) 굶겨 죽였다
26) 십자가에 못 밖았다
27) 거꾸로 십자가에 못 밖았다
28) 참수형 당했다.
29) 도끼로 찍었다
30) 어린 아이도 돌로 쳤다.

만약 이글을 읽는 순간 두려움이 들면 하나님께 부르짖고 기도하십시오

"하나님! 고문과 죽음의 앞에서도 담대하게 하소서. 순교의 마지막 순간에도 오직 예수님만 의지하게 하옵소서."

예수 그리스도의 이름으로 승리하세요. 마라나타!

LAST TIME

6장 로마 가톨릭의 멸망

　성경은 로마 가톨릭을 많은 물위에 앉은 큰 음녀라 말씀하십니다. 로마 가톨릭은 백성과 무리와 열국과 방언들을 다스려 왔으며 땅의 왕들을 다스리는 큰 성입니다(계 17:18).
　전삼 년 반 동안 로마 가톨릭은 많은 국가의 대통령과 백성들에게 절대적인 영향을 미쳤고 교황은 적그리스도와 함께 하나님의 위치까지 올라섰으며 세계 민족들이 적그리스도의 등을 타고 있는 음녀 로마 가톨릭의 권력과 힘 그리고 사악한 교리들로 인하여 맹목적으로 믿고 따릅니다(계 17:15).
　음녀 가톨릭은 마리아나 자칭 성인들의 동상을 만들어 절하게 하여 우상 숭배하게 하고 7년 환난 때에 교황의 우상과 적그리스도의 우상 등을 만들어 많은 사람들을 섬기게 하고 타락 시킵니다.
　개신교의 많은 목사들은 로마 가톨릭과 유엔의 깃발 아래 반강제적인 각종 프로그램을 아무 여과없이 받아들이고 서서히 그것들에 의해서 동화되어 갑니다.
　종교 통합에 앞장서는 목사들은 더 더욱 음녀인 '로마 가톨릭의 개'

가 되어 개신교 교인들을 미혹하고 우상에게 절하게하며 짐승의 표 666을 받는 일에 앞장설 것입니다.

성경은 이것이 바로 음행이요 음행의 포도주에 취하는 것이라 말씀합니다. 음행하는 목사들은 그것이 성경말씀에 어긋나는 것인지는 알지만 말씀을 바로 깨닫지 못하여 어떤 연관성이 있는지도 알지 못하고 멸망을 받게 됩니다(계 17:2).

큰 음녀인 로마 가톨릭이 전삼 년 반에 가장 중요한 임무가 바로 기독교인들을 미혹하는 일과 미혹되지 않는 성도를 죽이는 일을 하는것 입니다.

중세시대에 예수회 멤버들이 종교 재판소를 만들어 약 1억 명 가까운 개신교인들을 죽였던것과 같이 7년 환난 기간에도 로마 가톨릭과 제수이트들이 큰 역할을 할 것입니다.

성경은 요한계시록 20장을 통해 첫째 부활에 참여하는 수 많은 순교자들이 일어난다고 말씀하고 있습니다. 음녀인 로마 가톨릭은 남은 자들을 크리스천이라는 이유만으로 괴롭히고 핍박할 것입니다.

적그리스도의 충성된 개가된 로마 가톨릭은 환난의 때에 미친듯이 광분하여 성도가 마리아와 자칭 성인들의 우상에게 절하지 않고 하나님께 예배를 드리며 성경을 읽고 찬양을 한다는 명목으로 죽일 것입니다.

로마 가톨릭은 성도들의 피와 예수 증인들의 피에 취한자들입니다(계 17:6). 그러나 로마 가톨릭은 적그리스도에게 자신들이 이용 당하고 있는 것도 모르고 전삼 년 반 때 처럼 자신들이 적그리스도를 움직이는 것으로 착각합니다.

전삼 년 반에는 적그리스도와 열 뿔이 음녀인 로마 가톨릭의 힘과 권력을 이용하여 남은 자를 괴롭혔었습니다. 특히 비밀조직인 예수회가 앞장을 섰습니다.

후삼 년 반이 되면서 다시 살아나 바다에서 나오는 짐승이 된 적그리스도와 땅에서 올라오는 거짓 선지자가 사탄의 엄청난 힘을 받아 적그리스도는 예루살렘 성전의 지성소에 앉아 자기 자신이 하나님이라 선포하고 우상 숭배와 짐승의 표로 힘을 과시합니다.

전삼 년 반 동안 적그리스도와 열 뿔 나라들에게 도움을 주던 음녀 로마 가톨릭이 후삼 년 반에는 도리어 적그리스도와 거짓 선지자들에게 걸림돌과 못마땅한 존재로 여겨집니다.

성경은 "일곱 대접을 가진 일곱 천사 중 하나가 와서 말하여 가로되 이리 오라 많은 물위에 앉은 큰 음녀의 받을 심판을 네게 보이리라"(계 17:1)라고 말씀하시며 적그리스도가 음녀 로마 가톨릭의 힘을 빼앗고 예수회와 교황 그리고 로마 가톨릭 멤버들은 심한 갈등과 충격에 빠질 때 멸망시킵니다.

1. 큰 음녀의 멸망 시기

큰 음녀인 로마 가톨릭의 멸망은 아마도 일곱 대접 재앙의 때이고 예수 그리스도의 재림하시기 전에 멸망 받을 것입니다. 또한 적그리스도가 스스로 크다 하고 사람들이 섬기는 열조의 이방신들과 여자의 사모하는 것을 돌아보지 아니하며 아무 신이든지 인정하지 아니할 때입니다(계 11:37).

적그리스도가 전삼 년 반까지는 이방 종교들을 인정하고 받아들이는 정책을 펼치며 함께 기독교인들을 괴롭게 하고 핍박했지만 후삼 년 반이 되어서는 자신과 사탄외에는 어떤 종교도 인정치 아니고 파괴할 것입니다.

2. 음녀 로마 가톨릭의 최후

적그리스도가 죽었다가 살아난 후에 그가 모든 것보다 스스로 크다고 하고 자신을 하나님이라 하여 어떤 종교든지 어떤 신이든지 돌아보지 아니하고 멸망시키려 합니다.

그러므로 성경은 "그가 모든 것보다 스스로 크다 하고 그 열조의 신들과 여자의 사모하는 것을 돌아보지 아니하며 아무 신이든지 돌아보지 아니할 것이나"(계 11:37)라고 말씀하십니다.

전삼 년 반 동안 적그리스도와 합하여 사치하고 기독교인들을 순교하도록 죽인 음녀 가톨릭을 열 뿔과 짐승과 거짓 선지자들이 미워하여 망하게 하고 벌거벗게 하고 그 살을 먹고 불로 살라버릴 것입니다(계 17:16). 예수님의 지상 재림이 있기 전에 큰 음녀 가톨릭, 교황 그리고 그를 따르는 천주교인들은 모두가 망하고 불심판을 받게 될 것입니다.

역사적으로 중세 시대와 전삼 년 반 동안 성도를 괴롭히고 죽였던 로마 가톨릭의 교황과 주교와 신부들과 수녀들 그리고 그들을 따랐던 가톨릭 신자들 까지 죽임을 당하고 영원한 불못가운데로 떨어질 것입니다. 가톨릭 신자들이여 큰 음녀인 로마 가톨릭에 속지 말고 빨리 주님께로 돌아와서 구원함을 받으시기를 부탁드립니다.

4부
환난 후

LAST TIME

성경은 7년 환난이 지난 후에 즉시(Immediately after the tribulation) 일어날 일에 대해 말씀하십니다. 휴거 되지 않고 남은 자 가운데서 도피처(Refuge)에 있거나 핍박과 환난을 피해 산과 굴과 광야에서 살아 남은 성도가 되셨다면 잠시만 기다리십시요. 재림의 주님이 여러분을 불러 모으실 것입니다.

마태복음은 7년 환난 후에 관하여 자세히 말씀하십니다. 환난 후에 만물의 징조들이 일어나는데 즉시 해가 어두워지며 달이 빛을 내지 아니하며 별들이 하늘에서 떨어지며 하늘의 권능들이 흔들립니다.

그리고 이러한 만물의 징조가 있을 때에 인자이신 예수 그리스도의 징조가 하늘에서 보입니다. 그 때에 땅의 모든 족속들이 통곡하며 그들이 만왕의 왕이신 예수님이 구름을 타고 능력과 큰 영광으로 오는 것을 보게 됩니다.

주님은 큰 나팔소리와 함께 천사들을 보내시어 천사들이 주님의 택하신 자들을 세계 모든 곳 하늘 이 끝에서 저 끝까지 사방에서 모으십니다.

누가복음의 환난 후에 대한 말씀으로 해와 달과 별들에 징조가 있겠고 땅에서는 민족들이 바다와 파도의 우는 소리를 인하여 혼란한 중에 곤고하리라 했습니다.

또한 사람들이 세상에 임할 일을 생각하고 무서워하므로 기절한다고 합니다. 이는 하늘의 권능들이 흔들리고 만왕의 왕이신 주님이 구름을 타고 능력과 큰 영광으로 오는 것을 사람들이 볼것이라 말씀하고 있습니다.

하늘에서는 어린 양의 혼인잔치가 일어나고 주의 재림으로 땅에서는 적그리스도와 거짓 선지자들이 아마겟돈 전쟁을 일으키고 전쟁의 결과로 적그리스도와 거짓 선지자들이 심판을 받게 됩니다.

천 년 왕국이 시작되면서 사탄 마귀는 천 년 동안 무저갱에 갇히게 되고 온 세상은 죄가 없는 새 하늘과 새 땅에서 천 년 동안 주님과 함께 거하게 됩니다. 천 년이 지난 후 사탄 마귀가 무저갱에서 풀려나 하나님을 대적하여 곡과 마곡 전쟁을 일으키고 최후를 맞이하게 됩니다.

마지막 백보좌 심판이 있고 사망과 음부도 심판을 받고 생명책에 이름이 있는 자들은 새 하늘과 새 땅에 들어가게 됩니다.

어린 양의 혼인잔치와 재림 1장

1. 어린 양의 혼인잔치

하나님의 마지막 일곱 번째 대접 심판이 끝나면 새로운 세계가 나타나게 되는데 이 세계가 곧 우리 주 예수 그리스도가 통치하시는 천년왕국입니다. 천년왕국이 말씀대로 이루어지 전에 하늘에서는 어린 양의 혼인잔치가 일어나고 땅에서는 아마겟돈 전쟁이 일어납니다.

교회가 아직도 성경이 아닌 잘못된 종말론 대문에 어린 양의 혼인잔치가 "7년 공중 휴거 기간"으로 오해 했으며 성경말씀과도 맞지 않은 "7년 공중 혼인잔치"란 말로 소망을 가진 적도 있었습니다.

휴거는 반드시 이루어지지만 7년 공중 휴거가 어린 양의 혼인잔치가 아님을 깨닫기를 바랍니다. 성경은 "우리가 즐거워하고 크게 기뻐하여 그에게 영광을 돌리세 어린 양의 혼인 기약이 이르렀고 그 아내가 예비하였으니"라고 말씀하십니다.

하나님은 어린 양의 혼인잔치에 참여할 그 아내들을 예비하지 아니하시고는 일곱째 나팔로 이 땅을 심판하실 수 없습니다.

이들은 이미 흰옷 입은 무리들로 전 세계에서 뽑아 내셨습니다(계 7:9,14). 하나님은 두 증인의 예언 사역을 통해 이들 어린 양의 신부될 아내를 이처럼 미리 예비하시고 그들을 후3년 반의 대 환난에서 건져 내시기 위해 예비처로 인도하셨습니다.

1) 어린 양의 혼인잔치 시기

후삼 년 반에 큰 음녀 로마 가톨릭과 적그리스도와 거짓 선지자들이 온갖 화려한 옷과 귀금속으로 사치를 하고 교만으로 극치를 달린 후에 일어납니다.

그때 남은 자들은 하나님의 보호처나 아니면 토굴과 산과 광야에서 유리하며 어렵고 힘든 삶을 살았고 그들가운데 상당수가 순교로 이땅에서 삶을 마쳤습니다.

주님이 지상 재림하시기전 적그리스도와 거짓 선지자인 짐승과 짝한 큰 음녀 로마 가톨릭이 심판을 받아 큰 음녀는 수치를 당하고 짐승에 의하여 벌거벗게 되고 불에 살라지게 되어 하나님의 종들의 피를 흘린 값을 받게 됩니다. 그의 심판은 참되고 의로운지라 음행으로 땅을 더럽게 한 큰 음녀를 심판하사 자기 종들의 피를 그의 손에 갚으셨도다(계 19:2).

어린 양의 혼인잔치는 하늘에 있는 군대들이 희고 깨끗한 세마포를 입고 백마를 타고 예수님을 따라 아마겟돈 전쟁을 하기 전에 일어납니다. 남은 자 가운데 죽지 않고 살아 남은 자들을 주님이 세계 사방에서 불러내시고 휴거된 성도들과 순교 당한 성도가 함께 예수님께 칭찬과 영광과 존귀를 받습니다(벧전 1:7).

2) 어린 양의 혼인잔치의 장소

하나님이 거하시는 하늘에서 이루어집니다.

"하늘에 허다한 무리의 큰 음성 같은 것이 있어 가로되 할렐루야 구원과 영광과 능력이 우리 하나님께 있도다"(계 19:1).

3) 어린 양의 혼인잔치 청함을 받는 자들

들림받아 변화체를 입은 성도와 그리스도 안에서 죽은 자들이 살아나 부활체를 입은 성도 그리고 7년 환난기에 순교 당한 성도들입니다.

어린 양의 혼인잔치에 청함을 받는 자들은 과거 그리스도 안에서 죽은 자들이 살아서 부활체를 입고 들림받은 성도들입니다. 또 에녹과 엘리야처럼 육신을 입고 있을 때와 그리고 기름 준비한 슬기로운 다섯 처녀 처럼 변화체를 입고 들림 받은 성도들입니다.

또한 7년 환난에 남은 자들은 음녀들과 적그리스도와 거짓 선지자들의 짐승들이 들끓는 세상에서 믿음을 지켰고 지하 동굴이나 광야에 숨기도 하고, 감옥에 갇히기도 하고, 짐승의 밥이 되기도 하고, 칼에 맞아 순교당하기도 했으며 목베임을 받기도 했습니다. 이렇게 어려움과 순교를 당한 순교자들이 청함을 받을 것입니다.

"그러므로 형제들아 더욱 힘써 너희 부르심과 택하심을 굳게 하라 너희가 이것을 행한즉 언제든지 실족지 아니하리라"(벧후 1:10).

4) 어린 양의 혼인잔치에 입는옷

신랑되신 어린 양께서 혼인잔치의 신부에게 빛나고 깨끗한 세마포 옷을 입게 허락하셨으니 이 세마포 옷은 성도들의 옳은 행실이라 말씀하고 계십니다.

주님의 신부는 화려하고 사치스러운 옷을 입는 것이 아니라 빛나고 깨끗한 세마포 옷을 입으며 단아하고 정결한 옷을 입습니다. 왕족이나 귀족들 처럼 사치하고 꾸미고 화려하게 입는 옷이 아니라 빛나고 깨끗한 세마포입니다.

> "그에게 허락하사 빛나고 깨끗한 세마포를 입게 하셨은즉 이 세마포는 성도들의 옳은 행실이로다 하더라"(계19:8).

어린 양의 신부된 성도들은 저들이 이세상에 사는 동안 옳은 행실로서 신앙의 정절을 지키고 인내하고 사랑하며 믿음을 굳게 지켜온 성도들입니다.

> "하나님을 사랑하는 것은 이것이니 우리가 그의 계명들을 지키는 것이라 그의 계명들은 무거운 것이 아니로다 대저 하나님께로서 난 자마다 세상을 이기느니라 세상을 이긴 이김은 이것이니 우리의 믿음이니라" (요일5:3,4)

어린 양 되신 예수 그리스도는 성도에게만 헌신과 인내를 요구하시지 않고 친히 예수님이 말할 수 없는 고난과 아픔과 수치를 당하시고 십자가에 못 박히신 후에 죽으시고 부활의 첫 열매가 되셔서 하늘로 승천하셨으며 재림 바로 전에 하늘에서 주님의 신부들과 어린 양의 혼인잔치를 하십니다. 성경은 신부들에게 어린 양의 혼인잔치에 청함을 받은 자들은 복이 있도다 말씀하고 계십니다.

"어린 양의 혼인잔치에 청함을 받은 자들은 복이 있도다"(계19:9).

세상에 가장 복이 있는 사람이 누구입니까? 성도가 주님의 말씀 안에 거하고, 말씀을 묵상하며, 주님의 뜻대로 살아갈 때에 이런 기쁨과 감격 속에서 살 수 있으며 또한 믿음의 중심을 지키며 주와 복음역사를 섬기기 위해서 좀 고생하며 살지라도 장차 주님 나라에서 주님과 연합되어지는 어린 양의 혼인잔치에 참여하는 것이 최고의 축복이요, 은총입니다.

"이 모든 것이 이렇게 풀어지리니 너희가 어떠한 사람이 되어야 마땅하뇨 거룩한 행실과 경건함으로 하나님의 날이 임하기를 바라보고 간절히 사모하라 그 날에 하늘이 불에 타서 풀어지고 체질이 뜨거운 불에 녹아지려니와"(벧후 3:11,12).

가나 혼인잔치에서 주님은 물이 변하여 포도주 되게 하셨습니다. 성도가 예수님을 신랑으로 모시고 그의 뜻에 순종하여 살게 될 때에 맹물같은 인생이 포도주와 같이 맛있고 향기 나고 환상적인 삶으로 변화될 수 있습니다. 신랑되신 주님과 연합되어지는 삶을 살기만 하면 얼마든지 하루하루의 삶이 혼인잔치와 같이 감격과 기쁨으로 넘치는 삶이 될 수 있습니다.

"땅이 싹을 내며 동산이 거기 뿌린 것을 움돋게 함 같이 주 여호와께서 의와 찬송을 열방 앞에 발생하게 하시리라"(사 61:11).

2. 예수 그리스도의 재림

만왕의 왕 예수 그리스도의 재림 정확한 시기는 오직 하나님만이 아시고 성도는 시대를 분별할 뿐입니다. 예수님의 공중 재림인 휴거도 예수님과 천사도 알지 못한다고 밝히셨고 하나님의 시간에 의해서 휴거 시키십니다(마 24:56).

그러나 우리가 알아야 할 것은 휴거도 말씀에 징조에 의하여 시대를 분별한것과 같이 재림 또한 성경적인 말씀의 징조로 알 수 있다는 사실입니다. 예수 그리스도의 재림은 어느 시기에나 일어 나는 일이 아니며 반드시 인류의 최종말에 재림하십니다.

성경은 재림의 시기에 하늘이 열리고 백마 탄자 예수 그리스도께서 공의로 심판하며 싸우실 때라 하셨고 마태복음에서는 인자의 징조가 보일때라 말씀하셨습니다.

또한 재림의 시기는 큰 음녀 로마 가톨릭이 적그리스도와 거짓 선지자들에게 불타 없어지고 하늘에서는 어린 양의 혼인잔치가 열리고 후에 아마겟돈 전쟁을 인하여 예루살렘으로 적그리스도와 거짓 선지자들이 세계 군대를 모을 때입니다.

"또 내가 하늘이 열린 것을 보니 보라 백마와 탄 자가 있으니 그 이름은 충신과 진실이라 그가 공의로 심판하며 싸우더라"(계 19:11)

재림의 징조는 감람산의 한가운데가 동서로 갈라지고 매우 큰 골짜기가 되고 산 절반은 북으로, 절반은 남으로 옮기웁니다(슥 14:4). 그리고 "그 날에는 빛이 없겠고 광명한 자들이 떠날 것이라"(슥 14:6) 하셨으며 그 택하신 자들을 하늘 이 끝에서 저 끝까지 사방에서 모으십니다.

> "그 때에 인자의 징조가 하늘에서 보이겠고 그 때에 땅의 모든 족속들이 통곡하며 그들이 인자가 구름을 타고 능력과 큰 영광으로 오는 것을 보리라 저가 큰 나팔소리와 함께 천사들을 보내리니 저희가 그 택하신 자들을 하늘 이 끝에서 저 끝까지 사방에서 모으리라"(마 24:30-31).

주님의 재림의 방법은 먼저 구름을 타고 오십니다. 마태복음에는 "그 때에 인자의 징조가 하늘에서 보이겠고 그 때에 땅의 모든 족속들이 통곡하며 그들이 인자가 구름을 타고 능력과 큰 영광으로 오는 것을 보리라"(마 24:30) 말씀하고 계시고 데살로니가후서는 "예수께서 저의 능력의 천사들과 함께 하늘로부터 불꽃 중에 나타나실 때"(살후 1:7)라고 말씀하셨습니다.

또한 충신과 진실이라는 이름을 가진 재림의 주님은 백마를 타십니다. 예수님의 눈은 불꽃같고, 그 머리에는 많은 관을 쓰셨고 그 입에서는 예리한 검이 나옵니다.

그 옷과 다리에는 만왕의 왕, 만주의 주라는 이름이 새겨져 있으며 주님은 온 세상을 다스리는 권세로 악의 세력을 타파하십니다. 맹렬한 진노로 짓밟으십니다. 공의로 심판하십니다.

> "또 내가 하늘이 열린 것을 보니 보라 백마와 탄 자가 있으니 그 이름은 충신과 진실이라 그가 공의로 심판하며 싸우더라 그 눈이 불꽃 같고 그 머리에 많은 면류관이 있고 또 이름 쓴 것이 하나가 있으니 자기 밖에 아는 자가 없고 또 그가 피 뿌린 옷을 입었는데 그 이름은 하나님의 말씀이라 칭하더라 하늘에 있는 군대들이 희고 깨끗한 세마포를 입고 백마를 타고 그를 따르더라"(계 19:11-14).

만왕의 왕 예수님의 재림 장소는 이스라엘의 예루살렘 앞 동편 감람산에 서실 것입니다.

"그 날에 그의 발이 예루살렘 앞 곧 동편 감람산에 서실 것이요" (슥 14:4).

아마겟돈 전쟁과 적그리스도의 멸망 ^{2장}

1. 아마겟돈 전쟁

"세 영이 히브리 음으로 아마겟돈이라 하는 곳으로 왕들을 모으더라"
(계 16:16).

므깃도

아마겟돈은 요한계시록 16장에 기록된 말씀입니다. '아마겟돈' (Amageddon)의 의미는 '므깃도산'이라는 히브리어를 그리스어로 옮긴 것입니다. 므깃도란 말은 여호사밧의 골짜기, 판결의 골짜기를 의미합니다. 성경은 아마겟돈 전쟁을 하나님의 큰 잔치의 날, 하나님 곧 전능하신 이의 큰 날이라고도 합니다(계 16:13).

요한계시록 16장에는 적그리스도가 큰 날의 전쟁을 위하여 그의 군대들을 아마겟돈으로 모으는 것으로 매듭지으며 일곱째 대접 심판으로 넘어가고 있습니다. 그리고 요한계시록 19:11에 이 사건을 다시 진행시키고 있습니다.

1) 아마겟돈 전쟁 장소

이스라엘에 있는 넓은 평야 지대인 므깃도입니다. 므깃도는 이스라엘에서 가장 기름진 땅으로 넓은 평야 지역이며 이스라엘의 유일한 곡창지대이고 이스라엘 전체 면적의 5%를 해당하는 지역입니다.

무엇보다 정치, 경제, 군사적인 측면에서 아주 중요한 지역입니다. 구약시대 이스르엘 평야에서 가장 큰 도시는 므깃도였으며 예로부터 가나안 땅을 장악하려면 므깃도를 장악해야 한다고 할 정도로 므깃도는 중요한 위치입니다.

솔로몬 왕은 므깃도의 중요성을 알고 견고한 북방요새로 만들었으며 므깃도는 주전 923년 에굽 왕 시삭에 의해 파괴되었다가 아합 왕 때 다시 재건되었고 요시야 왕은 하나님의 말씀을 어기고 북진하는 애굽왕을 막다가 므깃도에서 죽임을 당했습니다. 그리고 므깃도는 24번이나 파괴되었다가 재건된 흔적을 가지고 있다고 합니다.

2) 아마겟돈 전쟁 시기

첫째, 세 번째 화가 있을 때인데 일곱째 나팔이 불려지고 일곱 대접 심판 가운데 여섯째 천사가 대접을 큰 강 유브라데에 쏟을 때입니다. 이때에 동방에서 오는 왕들이 후삼 년 반 끝에 아마겟돈에 모입니다. 그리고 만왕의 왕대신 예수 그리스도의 재림 직후입니다.

"또 여섯째가 그 대접을 큰 강 유브라데에 쏟으매"(계 16:12).

둘째, 하나님 곧 전능하신 이의 큰 날을 위해 세 더러운 영이 용의 입과 짐승의 입과 거짓 선지자들의 입에서 나와 천하 임금들을 모을 때입니다.

"하나님 곧 전능하신 이의 큰 날에 전쟁을 위하여 그들을 모으더라"(계 16:14).

셋째는 유브라데 강물이 말라서 동방에서 오는 왕들의 길이 예비될 때입니다.

"강물이 말라서 동방에서 오는 왕들의 길이 예비되더라"(계 16:12).

3) 아마겟돈 전쟁의 원인

만왕의 왕 예수 그리스도께서 구름을 타시고 능력과 큰 영광으로 오신 재림을 목격한 세상 사람들의 통곡과 불안한 마음과 적그리스도에게 실망감과 분노를 가졌을 때에 적그리스도와 거짓 선지자들이 군대를 일으킵니다.

"그 때에 인자의 징조가 하늘에서 보이겠고 그 때에 땅의 모든 족속들이 통곡하며 그들이 인자가 구름을 타고 능력과 큰 영광으로 오는 것을 보리라"(마 24:30).

예수 그리스도께서 그 날에 예루살렘 앞 곧 동편 감람산에 주님의 발이 서실 것입니다(슥 14:4). 적그리스도와 거짓 선지자들의 군대가 알고 만왕의 왕이신 예수님과 하늘 군대를 향해 대적하기 위해 전쟁을 일으킵니다. 종말에 적그리스도는 최종적으로 주님이 계신 예루살렘에 대한 공격을 시도합니다.

한 가지 꼭 아셔야 할 사항이 주후 70년 로마 장군 디도가 예루살렘을 공격한 그때의 상황과 너무나도 흡사하기 때문에 신학자들 가운데 이 사건을 지난날의 사건으로 넘겨 버림으로 종말론 해석에 혼선을 가져옵니다(슥 14:1-5; 마 24:16-22; 눅 21:20-24).

"또 내가 보매 그 짐승과 땅의 임금들과 그 군대들이 모여 그 말 탄자와 그의 군대로 더불어 전쟁을 일으키다가"(계19:19).

4) 아마겟돈 전쟁을 일으키는 자들

세 더러운 귀신의 영인데 사탄, 적그리스도, 거짓 선지자 입에서 나와서 세상 임금을 미혹합니다. 아마겟돈 전쟁은 세계 열강의 군대들이 최첨단 무기과 핵폭탄으로 싸우는 전쟁이 아니라 적그리스도와 열 뿔 그리고 거짓 선자들에게 조종을 받는 천하 임금들이 모여 재림하신 주님과 하늘의 군대들과 싸우는 전쟁입니다.

아마겟돈에는 거짓 선지자의 선동에 의해 이미 동방으로부터 열 뿔에 속한 왕들의 군사들을 총집결시켜 놓았습니다(계 16:12-16).

"세 더러운 영이 용의 입과 짐승의 입과 거짓 선지자의 입에서 나오니 저희는 귀신의 영이라"(계 16:13).

5) 아마겟돈 전쟁의 결과

짐승과 거짓 선지자가 함께 잡히고 만왕의 왕 예수 그리스도의 입으로 나오는 검에 적그리스도의 군대가 죽으며, 모든 새가 짐승 군대의 시체들로 인해 배불리울 것입니다.

적그리스도와 거짓 선지자들이 멸망을 받게 됩니다. 적그리스도와 거짓 선지자들이 하나님이 허락하신 후삼 년 반이 지나 자신들의 시간이 얼마 남지 않음을 알기고 세상 임금들과 아마겟돈 전쟁을 일으키지만 오히려 만왕의 왕이신 예수 그리스도와 천군 천사들에 의해서 최후를 맞이하게 됩니다.

주님이 적그리스도와 거짓 선지자들을 심판하십니다. 적그리스도와 거짓 선지자는 산채로 유황불 붙는 못에 던져져 멸망받습니다.

> "짐승이 잡히고 그 앞에서 이적을 행하던 거짓 선지자도 함께 잡혔으니 이는 짐승의 표를 받고 그의 우상에게 경배하던 자들을 이적으로 미혹하던 자라 이 둘이 산채로 유황불 붙는 못에 던지우고 그 나머지는 말 탄 자의 입으로 나오는 검에 죽으매 모든 새가 그 고기로 배불리우더라"
> (계 19:20-21).

하나님의 사자인 천사가 무저갱 열쇠와 큰 쇠사슬을 손에 가지고 내려와서 사탄을 잡아 일천 년 동안 결박하고 무저갱에 던져 잠그고 인봉해 버립니다. 이 모든 사건은 하나님의 말씀대로 이루어집니다.

> "또 내가 보매 천사가 무저갱 열쇠와 큰 쇠사슬을 그 손에 가지고 하늘로서 내려와서 용을 잡으니 곧 옛 뱀이요 마귀요 사단이라 잡아 일천 년 동안 결박하여 무저갱에 던져 잠그고 그 위에 인봉하여 천 년이 차도록 다시는 만국을 미혹하지 못하게 하였다가 그 후에는 반드시 잠간 놓이리라"
> (계 20:1-3).

사단이 천 년 동안 결박 당하여 무저갱 속에 구금하는 일이 복음을 전하기 위해 사단의 권한을 제한한 것이라 영적으로 해석하거나 천 년 왕국의 천 년 기간이 무천년설을 주장하는 사람들처럼 결코 신약 시대를 의미하는 것이 아님을 깨닫기 바랍니다.

3장 천년왕국

　천년왕국은 성경의 종말론에 있어서 반드시 이루어질 말씀입니다. 천년왕국을 어떻게 해석하느냐에 따라서 종말론 이론이 변하게 됩니다. 최근에는 유감스럽게도 "무천년설"의 학설이 한국 교회를 어지럽히고 있으며 천년왕국을 영적으로만 해석을 합니다.

　다니엘서는 천년왕국을 망하지 않을 영원한 한 나라(단 2:44), 인자에게 주신 한 나라(단 7:13, 14), 때가 이르매 성도가 얻은 나라(단 7:22) 라고 말씀하고 있으며, 이사야 선지자는 여호와를 아는 지식이 충만한 세상(사 11:9), 새로운 세계(사 35:5-10), 새 하늘과 새 땅(사 65:17)이라 했습니다.

　스가랴 14:9-11에 "여호와께서 천하의 왕이 되시리니"라고 말씀하시고 요한계시록은 "세상 나라가 우리 주와 그 그리스도의 나라가 되며", "천 년 동안 그리스도와 더불어 왕 노릇하는 나라"라고 분명히 말씀하고 있습니다. 천년왕국은 시간적으로 천 년 동안만 이루어진 한정된 나라이고 천국은 모든 성도가 삼위일체 되신 하나님과 영원히 사는 곳입니다.

천년왕국과 영원한 천국은 주의 재림시까지 살아 있는 성도들과 순교자들에게 큰 소망과 위로와 힘이 되는 나라이며 지구상의 모든 시대의 성도가 이 나라들을 소망하고 있습니다. 성도가 주님의 재림을 간절히 사모하여 기다린 이유도 이같은 천년왕국의 축복과 영원한 천국의 축복이 있기 때문입니다.

"그리스도로 더불어 천 년 동안 왕노릇하니…그들이 하나님과 그리스도의 제사장이 되어 천 년 동안 그리스도로 더불어 왕노릇 하리라"(계 20:4, 6).

현재 사람들이 살아가는 이 세계에서는 천년왕국을 이룰 수 없습니다. 그 이유는 오늘의 세계는 죄로 저주받은 땅이기 때문에 하나님의 백성들에게 천년왕국의 축복된 생활을 만들어 낼 수 없는 것입니다.

하나님은 "보라 내가 새 하늘과 새 땅을 창조하나니 이전 것은 기억되거나 마음에 생각나지 아니할 것이라"고 말씀하심과 같이 천년왕국의 새 하늘과 새 땅도 말씀으로 재창조하실 것입니다. 마지막 심판의 때 이 세계는 일곱째 대접 심판인 불로 소멸되어 버리고 아마도 셋째 날 창조 이전의 상태로 돌아갈 것입니다.

1. 천년왕국의 시기

만왕의 왕 주 예수 그리스도께서 지상 재림 하셔서 적그리스도와 거짓 선지자들과 싸워 승리하시고 악한 마귀를 천 년 동안 무저갱에 가둘 때입니다.

"그리스도로 더불어 천 년 동안 왕노릇하니…그들이 하나님과 그리스도의 제사장이 되어 천 년 동안 그리스도로 더불어 왕노릇 하리라"(계 20:4,6).

2. 천년왕국의 기간

성경말씀 그대로 천 년 동안 입니다.

"그들이 하나님과 그리스도의 제사장이 되어 천년 동안 그리스도로 더불어 왕노릇 하리라"(계 20:6).

3. 천년왕국의 생활

새 하늘과 새 땅으로 말씀하셨는데 이사야 65장에 "보라 내가 새 하늘과 새 땅을 창조하나니"라고 말씀하시는데 여기 새 하늘과 새 땅은 영원한 천국이 아닌 천년왕국을 의미합니다.

천년왕국은 거룩한 산 모든 곳에서 해됨도 없고 상함도 없다고 말씀하십니다(사 11:9). 또한 천년왕국은 죄가 역사하지 않습니다. 그 이유는 사단이 천년 동안 무저갱에 결박된 채 갇혀 있을 것이기 때문입니다.

사단이 없으면 죄에서 온 모든 저주가 풀립니다. 우리의 죄는 그리스도의 피로 이미 속죄함 받았음으로 사단이 없어진 시대가 되면 다시는 죄가 가져다주는 저주가 없습니다.

죄가 없으므로 "이리가 어린 양과 함께 거하며 표범이 어린 염소와 함께 누우며 송아지와 어린 사자와 살찐 짐승이 함께 있어 어린 아이에게 끌리며 암소와 곰이 함께 먹으며 그것들의 새끼가 함께 엎드리며 사자가 소처럼 풀을 먹을 것이며 젖먹는 아이가 독사의 구멍에서 장난하며 젖뗀 어린 아이가 독사의 굴에 손을 넣을 것이라"(사 11:6-8)고 말씀하십니다.

천년왕국은 "이전 것은 기억되거나 마음에 생각나지 아니할 것이며", 주님이 "예루살렘으로 즐거움을 창조하며 그 백성으로 기쁨을 삼으시고", 그 백성에게서 "우는 소리와 부르짖는 소리가 그 가운데서 다시는 들리지 아니할 것이며", 사람의 수한은 아주 길어져 오래 삽니다. 성경은 "거기는 날 수가 많지 못하여 죽는 유아와 수한이 차지 못한 노인이 다시는 없을 것이라"고 말씀하고 계십니다.

천년왕국 백성들은 "가옥을 건축하고 그것에 거하겠고 포도원을 재배하고 열매를 먹을 것이며 그들의 건축한 데 타인이 거하지 아니할 것이며 그들의 재배한 것을 타인이 먹지 아니합니다."

하나님의 백성들의 "수한이 나무의 수한과 같겠고 나의 택한 자가 그 손으로 일한 것을 길이 누릴 것임이며 그들의 수고가 헛되지 않겠고 그들의 생산한 것이 재난에 걸리지 아니하리니 그들은 여호와의 복된 자의 자손이요 그 소생도 그들과 함께 될 것임이라"고 말씀하고 있습니다.

천년왕국의 생활 가운데 가장 멋있는 것은 주님이 우리가 주님을 부르기 전에 주님이 먼저 응답하겠고 성도가 말을 마치기 전에 주님이 들어 주시는 축복입니다.

4. 천년왕국의 백성

첫째, 첫째 부활에 참여한 자들입니다. 이 첫째 부활에 참예하는 자들은 복이 있고 거룩하고 둘째 사망이 첫째 부활에 참예한 자들을 다스릴 권세가 없습니다. 이들은 모두가 순교한 하나님의 백성들입니다. 첫째 부활에 참예한 자들은 하나님과 그리스도의 제사장이 되어 천년 동안 그리스도로 더불어 왕노릇 합니다.

둘째, 천년왕국에서 살아갈 그 나라의 백성들입니다. 이들은 주님의 공중 재림시 휴거되어 공중으로 끌려 올려 간 모든 지상의 성도들입니다.

셋째, 보호처에서 후삼 년 반 동안 보호를 받은 사람들과 광야와 산과 동굴 등에서 살아 남은 자들입니다.

5. 천년왕국의 4가지 학설

1) 무천년설(Amillennialism)

문자적 천년을 부정하고 상징적 또는 영적으로 해석하며 그리스도의 초림으로부터 재림 사이의 전체 기간을 상징한 것으로 보는 견해입니다.

즉, 지상에서 실제로 천년왕국이나 혹은 전 세계적인 평화와 의의 시기가 도래하지 않는다는 주장으로 천년왕국을 부인하고 이것을 상징적 또는 우화적인 것으로 처리해 버립니다. 무천년설을 고집하는 자들은 '그리스도의 재림으로 천년기가 끝난다'라고 강조합니다.

무천년설의 해석 가운데 종말에 세상이 극도로 타락한다는 점과 하나님을 대적하는 사단의 세력이 등장한다고 주장한 점에 있어서는 전천년설과 일치하며, 천년의 기간이 재림 전에 있다고 주장한 점에서는 후천년설과 일치합니다.

2) 후천년설 (Postmillennialism)

천년왕국이 그리스도의 재림보다 앞선다는 주장입니다. 세상은 자동적으로 이상적인 낙원이 되고 상징적 의미의 천년왕국이 이 땅 위에 건설된다는 것입니다.

후천년설은 그리스도의 재림 이전에 인류의 대부분이 복음을 받아들임으로 말미암아 여호와를 아는 지식이 세상에 충만케 되고 복음이 세상을 지배하게 된다고 주장합니다. 천년왕국이 성령의 초자연적 역사로 실현되거나 아니면 복음 전파가 점차적으로 확산되어 마침내 올 것이라고 생각합니다.

후천년설을 주장하는 사람들은 점진적 향상의 시대을 말하는데 오순절 이후 악이 점차 감소되고 복음의 확장으로 선이 증가된다는 것입니다.

후천년설은 천년을 문자적으로 생각하여 천년왕국은 그리스도의 재림 전에 천년 동안 계속될 복음과 평화의 시대를 가리킨다고 주장합니다.그러나 세계는 복음의 평화가 넘쳐야 함에도 불구하고 현실적으로 볼 때 그 반대의 현상들이 많이 일어나고 있습니다.

후천년설은 그리스도께서 천년왕국을 다스리기 위해 육체로 재림하시리라는 것과 그의 강림 때 성도가 육체적으로 부활하여 천년왕국에서 그와 함께 왕노릇하리라는 사실을 배제해 버립니다.

3) 전천년설(Premillennialism)

세대주의 전천년설과 역사적 전천년설이 있습니다. 전천년설은 문자 그대로 예수께서 천년왕국 이전에 재림하신다는 학설이며 초대 교회에서도 전천년설을 정통 교리로 받아들였습니다. 전천년설은 대환난을 기준으로 삼아 대환난전 재림론의 세대주의적 전천년설과 대환난후 재림론의 역사적 전천년설로 나눕니다.

세대주의적 전천년설에 의하면, 그리스도께서는 공중에 비밀 재림하시고 그때 신자들은 휴거되어 공중에서 7년간 혼인잔치를 하며, 그동안 지상에 남아 있는 유대인들과 불신자는 7년 대환난을 통과하고, 이 환난을 통해 유대인들은 대규모로 회개할 것입니다. 이 7년이 끝나면 주님은 성도들과 함께 지상에 재림하여 천년왕국을 건설하신다는 주장입니다.

역사적 전천년설에 의하면, 그리스도께서는 천년왕국 전에 지상에 한번 재림하시고 공중과 지상에 두번 재림하시지 않는다. 즉 교회는 유대인이나 불신자들과 함께 환난을 통과하며, 그 환난 후에 주께서 재림하시고 성도들은 그를 영접하기 위해 휴거되며 함께 지상에 내려온 다음에 천년왕국이 어떤 변형된 세계에서 이루어질 것이라고 봅니다.

성도들의 성경 해석의 자세는 성경에서 말씀하신 이단은 분별하고 신앙의 차이는 넓게 포용해야 합니다. 무엇보다 성경이 말하는 것만 알고자 하는 자세를 가져야 하며, 절대 주장은 하지 말아야 합니다. 어떤 신학 입장도 완전한 해답은 없다는 것을 인정하며 가장 중요한 것은 그리스도께서 재림하신다는 것과 우리가 하나님의 백성이라는 사실입니다.

LAST TIME

4장 곡과 마곡 전쟁. 마귀의 최후

1. 곡과 마곡 전쟁

천년왕국은 오직 하나님의 공의가 온 땅에 충만하고 만왕의 왕이신 예수 그리스도의 의로우신 통치로 평화와 의와 사랑과 축복만이 넘치는 곳이었습니다.

천년이 차므로 사탄이 무저갱의 결박에서 놓이게 되어 땅의 사방 백성들인 곡과 마곡을 미혹합니다. 마치 하나님의 창조하신 에덴동산에 마귀의 유혹으로 죄가 들어왔던 것처럼 사단의 놓임을 받음으로 천하를 미혹합니다.

이때 지구상에는 죄가 들어와 평화가 사라지고 전쟁이 다시 한 번 일어나게 됩니다. 이것이 바로 곡과 마곡 전쟁입니다. 사단에게 미혹된 반역의 무리들인 곡과 마곡은 성도들의 진뿐 아니라 주님의 왕궁을 이루고 있는 "사랑하시는 성"을 두르었고, 성도들도 이들과 싸우기 위해 진을 칩니다.

"천 년이 차매 사탄이 그 옥에서 놓여 나와서 땅의 사방 백성 곧 곡과 마곡을 미혹하고 모아 싸움을 붙이리니 그 수가 바다의 모래 같으리라 그들이 지면에 널리 퍼져 성도들의 진과 사랑하시는 성을 두르매 하늘에서 불이 내려와 그들을 태워버리고"(계 20:7-9).

곡과 마곡 전쟁은 천년왕국의 천 년이 끝나고 마귀가 무저갱에서 놓임을 받을 때 일어납니다.

"천년이 차매 사단이 그 옥에서 놓여"(계 20:7).

곡과 마곡 전쟁의 특징은 지구상의 마지막 전쟁이며, 지구상의 마지막 미혹으로 사탄이 땅의 사방 백성인 곡과 마곡을 미혹합니다.

"나와서 땅의 사방 백성 곧 곡과 마곡을 미혹하고 모아 싸움을 붙이리니 그 수가 바다 모래 같으리라"(계 20:8).

곡과 마곡 백성은 누구인가? 천 년 동안 천년왕국에 들어가게된 성도들은 이미 이 땅에서 예수를 믿어 구원함을 받은 하나님의 백성들입니다. 이사야서의 말씀처럼 천년왕국 수한은 나무의 수한과 같이 오래 살것이라 했으므로 천년왕국는 많은 성도들의 자녀들인 2세들이 죄를 알지 못한 상태에서 태어나고 자라나는데 이러한 환경을 성경은 "송아지와 어린 사자와 살찐 짐승이 함께 있어 어린 아이에게 끌리며, 젖먹는 아이가 독사의 구멍에서 장난하며 젖뗀 어린 아이가 독사의 굴에 손을 넣을 것이라"(사 11:6-8)고 말씀하십니다.

천년왕국의 2세들은 죄 없는 세상에서 죄 없는 생애를 살았지만 그들이 거듭난 체험을 하지 못했습니다. 사람은 누구나 그리스도로 말미암아 거듭나야하며 진심으로 예수님을 구주로 고백할 때 구원의 은혜가 주어지고 영원한 천국의 시민으로 살 수 있습니다.

천년왕국에서 태어나고 자란 2세들도 마찬가지로 거듭남의 은혜가 있어야합니다. 만약 거듭남의 체험이 없으면 청함은 받되 택함을 받을 수가 없습니다.

천년왕국에도 청함을 받아 태어난 자들이 많이 있지만 택함을 받지 못한 사람들이 매우 많이 있고 택함을 받지 못한 무리들은 무저갱에서 잠시 풀려난 사단의 미혹을 받아 곡과 마곡의 세력을 이루어 하나님을 대적하게 됩니다.

천년왕국이 지나고 지구상에는 곡과 마곡이 등장하게 됩니다. 곡과 마곡이란 환난 전에는 이스라엘을 침략하는 러시아와 그 연합국들이였지만 천년왕국 후에는 거듭남의 체험이 없는 사람들이고 사단의 미혹을 받은 사람들을 가리킵니다. 결론적으로 곡과 마곡은 하나님의 백성을 괴롭히고 하나님을 대적할 땅의 모든 백성들을 지칭합니다(겔 38:1-6, 14-16).

곡과 마곡의 수는 천년왕국 동안 사람들이 늘어나므로 미혹 받은 땅의 백성들인 곡과 마곡의 수가 바다 모래 같이 많습니다(계 20:8). 그리고 곡과 마곡의 땅의 백성들이 널리 퍼져 성도들의 진과 사랑하시는 성을 두르게 됩니다(계 20:9).

곡과 마곡의 최후는 하나님이 하늘에서 불을 내리셔서 땅의 사방 백성인 곡과 마곡을 소멸하십니다.

"하늘에서 불이 내려와 저희를 소멸하고"(계 20:9)

2. 마귀의 최후

이사야에 사탄이 나오는데 사탄의 원래 이름은 루시퍼(Lucifer)로 되어있습니다.

로마 가톨릭에 의해 성경이 조금씩 변개되어 예수님의 별칭인 새벽별을 사탄인 루시퍼에 사용했습니다. KJV외 다른 성경들은 루시퍼를 아침의 아들 계명성(새벽별)으로 표기하고 있습니다.

> How art thou fallen from heaven, O Lucifer, son of the morning! how art thou cut down to the ground, which didst weaken the nations!(사 14:12).

사탄이 된 루시퍼는 천사들 가운데서도 지혜와 능력이 뛰어났던 천사장이었으나 교만한 마음이 생기고 타락하여 하나님의 자리를 탐내었고 자기 밑에 있는 천사들을 미혹해서 하나님께 반역을 시도했습니다.

여호와의 말씀이 또 내게 임하여 가라사대 인자야 두로 왕을 위하여 애가를 지어 그에게 이르기를 주 여호와의 말씀에 너는 완전한 인이었고 지혜가 충족하며 온전히 아름다왔도다(겔 28:11-12).

에스겔 28:11-19 말씀을 보면 하나님이 루시퍼 천사장을 창조하실 때 기뻐하셨고 그를 각종 보석으로 두루고, 천사들이 그를 위해 연주하게 했으나 루시퍼는 하늘나라의 재물을 관리하면서 욕심이 생겨 부정한 방법으로 탈취하였고 교만하였으며 심판을 받아 땅으로 내 쫓김을 당해 몰락하게 되었습니다.

천 년 동안 무저갱에 있었던 사탄 마귀는 땅의 백성 곡과 마곡을 유혹하여 하나님께 마지막 도전을 하고 그 결과 곡과 마곡 백성은 불로서 죽임을 당하고 사탄 마귀 또한 최후를 맞이합니다. 사탄 마귀는 무저갱에서 불과 유황 못에 들어가게 됩니다. 거기는 적그리스도와 거짓 선지자들이 이미 들어가 있는 곳입니다.

"또 저희를 미혹하는 마귀가 불과 유황 못에 던지우니 거기는 그 짐승과 거짓 선지자도 있어 세세토록 밤낮 괴로움을 받으리라"(계 20:10).

LAST TIME

5장 백보좌 심판. 사망과 음부 심판, 새 예루살렘

1. 백보좌 심판

백보좌는 흰 보좌(Great white throne)라는 말로서 희다는 것은 성결, 정결, 거룩함을 뜻합니다. 성결,정결,거룩함은 어두움에 있던 모든 것이 밝히 드러나는 것을 말합니다.

하나님의 전능 앞에서는 지으신 것이 하나도 빠짐없이 나타나고 모든 만물이 사람들을 살피시는 하나님의 눈앞에 벌거벗은 것 같이 드러날 것입니다(히 4:13).

백보좌 심판은 불신자들에 대한 심판입니다.

"지으신 것이 하나라도 그 앞에 나타나지 않음이 없고 오직 만물이 우리
를 상관하시는 자의 눈앞에 벌거벗은 것 같이 드러나느니라"(히 4:13).

백보좌 심판을 피할자들이 있습니다. 그들은 7년 환난 전에 주님의 신부의 자격으로 변화체를 입고 휴거된 성도들과 과거 그리스도 안에서 죽어 부활체를 입고 살아난 성도가며 그리고 7년 환난에서 순교 당

하여 첫째 부활에 참예한 성도들입니다.

　백보좌 심판대의 두 종류의 책이 있습니다. 하나는 심판을 받게될 불신자들이 기록된 책이고, 다른 하나는 생명책으로 생명의 부활을 한 성도가 기록된 책입니다.

　　"선한 일을 행한 자는 생명의 부활로 악한 일을 행한 자는 심판의 부활로
　　나오리라"(요 5:29).

　성경의 심판 유형을 알아보면,
　첫째, 그리스도의 심판대입니다. 성도가 주님께 성도 자신의 살아온 인생을 고백하는 시간입니다. 구원을 이미 받은 성도가므로 구원을 결정짓는 곳이 아닙니다.
　구원은 우리를 위하여 행하신 그리스도의 십자가의 보혈의 피와 예수 그리스도를 향한 우리의 믿음으로 이미 결정되었습니다.

　　"이는 우리가 다 반드시 그리스도의 심판대 앞에 드러나 각각 선악간에
　　그 몸으로 행한 것을 따라 받으려 함이라"(고후 5:10).

　성도는 예수 그리스도를 믿고 따르고 동행하므로 모든 죄는 다 용서 받았고, 이로 인해 다시는 정죄 받지 않습니다 그러므로 그리스도의 심판대는 정죄 받는 시간이 아니라 내 삶에 따라 예수 그리스도에게 상급을 받는 시간입니다.
　그리스도의 심판대는 성도가 얼마나 충성하며 그리스도를 섬겼는지에 따라 상급을 받는 곳입니다.

　　"여호와를 경외하는 자와 그 이름을 존중히 생각하는 자를 위하여 여호와
　　앞에 있는 기념책에 기록하셨느니라"(말 3:16).

> "그리하면 목자장이 나타나실 때에 시들지 아니하는 영광의 면류관을 얻
> 으리라"(벧전 5:4)

둘째, 하나님의 심판대입니다. 그리스도의 심판대와 같이 성도의 상급을 결정하는 행위의 심판입니다. 상급은 분명히 성도의 행위로 말미암아 결정됩니다. 지금은 부활체나 변화체를 입지 못하고 육신을 입고 있기 때문에 상급을 못 누리며 영광을 못 누리는 것입니다.

> "보라 내가 속히 오리니 내가 줄 상이 내게 있어 각 사람에게 그의 일한
> 대로 갚아 주리라"(계 22:12).

셋째, 불신자의 심판대로서 형벌에 대한 행위의 심판입니다. 백보좌 심판 때에 불신자들의 몸이 다시 살아납니다. 성경은 바다가 그 가운데서 죽은 자들을 내어주고 또 사망과 음부도 그 가운데서 죽은 자들을 내어준다고 말씀하십니다.

불신자들이 자신들의 행위에 대한 백보좌 심판을 받기 위해 음부의 고통가운데 있던 그들의 영과 죽은 육체가 만나 심판을 받게 됩니다.

2. 사망과 음부의 최후

천년왕국에 사는 백성들은 죄를 짓게 하는 사탄이 천 년 동안 무저갱에 들어가 있었으므로 죄를 짓지 않았습니다. 그러나 죽음이 있었던 것은 마지막까지 사망과 음부가 남아있어 천년왕국 백성들에게 죽음이 있었습니다.

사망의 역할은 영혼과 육을 분리시키는 일을 합니다

성경은 한 사람 아담의 범죄를 인하여 사망이 그 한 사람으로 말미암아 왕노릇 하였다 말씀하셨고 한 분 예수 그리스도로 말미암아 은혜와 의의 선물을 넘치게 받는 자들이 생명 안에서 왕노릇 할 것이라 하셨습니다(롬 5:17).

음부는 예수 그리스도 안에서 죽지 않은 불신자들을 가두어 두는 곳이며, 영원한 장소가 아니라 불못에 들어가기 위한 임시 고통받는 장소입니다. 사망과 음부도 불못에 던지우니 이는 둘째 사망 곧 불못에 들어가게 됩니다.

적그리스도와 거짓 선지자 그리고 사탄이 붙잡혀 산채로 유황 불못에 던지워져 영원한 형벌을 받게 된 것 같이 사망과 음부도 동일하게 유황 불못에 던져져 최후를 맞게 됩니다.

"사망과 음부도 불못에 던지우니 이것은 둘째 사망 곧 불못이라"
(계 20:14).

3. 새 예루살렘

이사야의 새 하늘과 새 땅은 천년왕국을 말씀하고 있고, 요한계시록의 새 하늘과 새 땅은 영원한 천국을 말씀하므로 구분되어야 합니다.

새 하늘과 새 땅은 현재 지구상의 사람들이 사는 땅이나 하늘이 아닌 전혀 새로운 곳입니다. 하나님과 예수님과 성령님이 함께하시는 곳으로 천국이 아닌 새로운 하늘과 땅입니다.

성경은 "처음 하늘과 처음 땅이 없어졌고 바다도 다시 있지 않더라"고 말씀하시고 거룩한 성 새 예루살렘이 하나님께로부터 하늘에서 내려오니 말씀하십니다. 하나님이 계신 곳이 천국이요 구원함을 받은 성도가 사는 곳은 새 하늘과 새 땅이 있는 곳입니다.

> "또 내가 새 하늘과 새 땅을 보니 처음 하늘과 처음 땅이 없어졌고 바다도 다시 있지 않더라 또 내가 보매 거룩한 성 새 예루살렘이 하나님께로부터 하늘에서 내려오니 그 예비한 것이 신부가 남편을 위하여 단장한 것 같더라"(계 21:1-2).

새 하늘과 새 땅에는 거룩한 성 새 예루살렘이 하나님께로부터 하늘에서 내려오는데 그 예비한 것이 신부가 남편을 위하여 단장한 것 같더라 말씀하십니다. 주님이 성도들의 영원한 구주가 되심을 선포하고 있습니다.

마라나타! 주 예수여 오시옵소서.

감사의 말씀

하나님의 시간과 사람의 시간이 다르지만 성경의 시간은 변함없이 말씀에 의해서 이루어졌고, 이루고, 마지막 시간을 이루어갑니다. 말세에 관해서 예수님을 믿지 않는 사람들은 할 수만 있으면 생각지도 않으려고 하고, 부정하려고 합니다. 그러나 그들의 영혼은 마지막 시간이 다가오는 것을 알기에 두려워합니다.

말세에 관하여 거듭나지 못한 교인들은 주일마다 교회에 출석하고, 가끔은 빼먹고, 성경말씀도 어느 정도는 들어서 알기 때문에 막연히 구원은 받겠지 생각하지만, 그들의 영혼은 준비되어 있지 않은 육신 때문에 두려워합니다.

그러나 거듭난 성도는 말세에 대해서 아주 담대합니다. 예수님만이 세계 모든 사람들의 구원자, 메시아, 그리스도, 만왕의 왕이 되심을 알고, 믿고 생명으로 영접하고 받아들입니다. 오직 예수님으로만 삽니다.

주님을 사랑하는 성도들에게 부탁드립니다. 말세에는 말씀이 살아있는 영적인 교회를 가십시오. 영적인 교회는 예수님만을 쫓고, 영의 소욕을 쫓고 설교가 살아 있습니다. 설교가 살아 있는 것은 목사의 설교에 예수님의 생명과 예수님의 피에 젖고 회개와 천국에 대한 소망과 삼위일체되신 하나님이 나타나고, 증거 되고, 현장에서 예수님의 능력이 믿어지고 체험됩니다.

    제가 늘 마음으로 존경하는 "Y교회" 목사님은 언제나 설교에 삼위일체이신 예수님만 증거 하는데, 이러한 교회가 영적인 교회요 주님이 역사하시는 살아 있는 교회입니다. 영적인 교회는 교회의 크고 작음에 있지 않습니다.

    육적인 교회가 무엇입니까? 말씀과 기도가 쉬는 교회입니다. 교인들이 말씀을 읽지 않고 기도하지 않습니다. 목사는 회개를 외치지 않습니다. 교인들은 회개에 대한 말씀을 듣기 싫어합니다. 육적인 교회는 교회의 시스템을 좋아합니다. 그러나 이러한 교회는 '회칠한 무덤'이고, 육적인 사람들은 깨닫지 못하지만 마귀가 교회 안에 집을 짓고 조종하는 교회입니다. 육적인 교회는 예수의 이름이 한번도 언급되지 않는 설교를 하면서도 세상의 온갖 예화를 가지고 "ㅇㅇ는 이렇게 이야기 했습니다", "긍정적인 사고와 생활을 해야 성공합니다"라는 설교를 하고 육적인 교회의 교인들은 그러한 육적인 설교를 즐기지만 자신의 영은 답답해하고 괴로워하는 것을 전혀 모릅니다.

    육적인 교회는 목사님이 종교 통합을 합니다. 말씀에 예수님이 나오지 않고 세상 예화들이 난무합니다. 성공과 잘 사는 것에 대해서만 강조합니다.

    사랑하는 성도 여러분. 신랑되신 예수님이 오시는 그날까지 하나님이 주신 사랑을 가지고 성령님과 동행하는 믿음의 삶을 살아갑시다.

    하나님께 모든 영광을 돌려드립니다.

라스트 타임 Last Time

2012년 10월 1일 초판 발행

지은이 | 알렉스 이

펴낸곳 | 사)기독교문서선교회
등록 | 제16-25호(1980. 1. 18)
주소 | 서울시 서초구 방배동 983-2
전화 | 02) 586-8761~3(본사) 031) 923-8762~3(영업부)
팩스 | 02) 523-0131(본사) 031) 923-8761(영업부)
홈페이지 | www.clcbook.com
이메일 | clckor@gmail.com
온라인 | 국민은행 043-01-0379-646, 기업은행 073-000308-04-020
　　　　　예금주: 사)기독교문서선교회

ISBN 978-89-341-1230-3(03230)

* 낙장·파본은 교환해 드립니다.